Psychisch bedingte Eheunfähigkeit

Europäische Hochschulschriften

Publications Universitaires Européennes
European University Papers

Reihe XXIII

Theologie

Série XXIII Series XXIII

Théologie
Theology

Bd./Vol. 105

Peter Lang
Frankfurt am Main · Bern · Las Vegas

Klaus Lüdicke

Psychisch bedingte Eheunfähigkeit

Begriffe – Abgrenzungen – Kriterien

Peter Lang
Frankfurt am Main · Bern · Las Vegas

CIP-Kurztitelaufnahme der Deutschen Bibliothek

Lüdicke, Klaus

Psychisch bedingte Eheunfähigkeit: Begriffe, Abgrenzungen, Kriterien. – Frankfurt am Main, Bern, Las Vegas: Lang, 1978.
(Europäische Hochschulschriften: Reihe 23, Theologie; Bd. 105)
ISBN 3-261-02494-1

ISBN 3-261-02494-1

Auflage 500 Ex.

Druck: Fotokop Wilhelm Weihert KG, Darmstadt
Titelsatz: Fotosatz Aragall GmbH, Wolfsgangstraße 92, Frankfurt am Main.

Vorwort

Die vorliegende Studie wurde im Wintersemester 1977/1978 vom Fachbereich Katholische Theologie der Ludwig-Maximilian-Universität München unter dem Titel „Psychisch bedingte Unfähigkeit zu Ehevertrag und Eheführung" als Dissertation zur Erlangung des Doktorates im Kanonischen Recht angenommen. Damit konnte ein Studium abgeschlossen werden, während dessen ich vielfältige Unterstützung und Hilfe erfahren habe. Mein Dank gilt zuerst den Lehrern am Kanonistischen Institut der Universität München, den Herren Professoren DDr. Klaus Mörsdorf, Dr. Audomar Scheuermann und Dr. Heribert Schmitz. Sie haben es verstanden, Freude am wissenschaftlichen Arbeiten zu vermitteln. Herr Prof. Dr. Scheuermann hat die vorliegende Arbeit mit großer Aufmerksamkeit kritisch fördernd begleitet. Dafür gebührt ihm mein herzlicher Dank ebenso wie Herrn Prof. DDr. Mörsdorf für das Zweitgutachten.

Zu danken habe ich ferner dem Bischof von Münster, Sr. Excellenz Heinrich Tenhumberg, und dem Offizial in Münster, Dr. Paul Wesemann, die mein Studium finanziell und durch Freistellung von Dienstpflichten im Münsterischen Offizialat ermöglicht und gefördert haben. Dem Bischöflichen Generalvikariat in Münster danke ich für die Unterstützung bei der Drucklegung der Arbeit.

Schließlich sage ich herzlichen Dank meinem ersten Kirchenrechtslehrer, Herrn Prof. DDr. Peter-Joseph Keßler in Münster, dessen Vorlesungen das Fundament für mein Bemühen gelegt haben, die Inhalte der Theologie mit den Methoden der Jurisprudenz zu verbinden.

Klaus Lüdicke

INHALTSÜBERSICHT

EINLEITUNG

Das Kirchenrecht des Codex Iuris Canonici, möge es auch als Recht einer vollkommenen Gesellschaft verstanden worden sein[1], ist ein unvollständiges Recht. Die Autoren des Codex haben die enorme Arbeit geleistet, den in Jahrhunderten angefallenen Rechtsstoff zu systematisieren und zu einem einheitlichen Gesetzbuch umzuformen. Der Codex trägt allerdings die Spuren seiner Herkunft erkennbar in sich: weil er aus einem Fall-Recht hervorgegangen ist, fehlen in ihm Problemstellungen, die im kirchlichen Raum nie zu entscheiden waren.

Es sind bei der Abfassung des kirchlichen Gesetzbuches Felder ohne Normierung geblieben, die zu einem vollständigen Recht gehören, d.h. zu einer Ordnung, die alle Rechtsbeziehungen der Glieder einer Gesellschaft im notwendigen Umfang absichert. Im Codex sind solche Gebiete ohne Regelung geblieben, die noch keine praktische Bedeutung für das kirchliche Leben gewonnen hatten.

Wie stark ein Gesetz abstrahiert ist, wie vollständig der Übergang vom Fall-Recht zum allgemein formulierten Gesetzesrecht vollzogen ist, zeigt sich daran, ob die Rechte, die das Gesetz gewährt, selbständig normiert sind oder im Zusammenhang mit der Weise ihrer prozessualen Durchsetzung. In den

---

[1] Benedikt XV. schreibt in seiner Promulgationsbulle zum Codex Iuris Canonici „Providentissima mater", die Kirche sei von ihrem Gründer Christus so errichtet, daß sie mit allen Merkmalen versehen sei, die jeder societas perfecta angemessen sind. Nachdem Pius XII. in der Enzyklika „Mystici corporis" (AAS 35(1943)226) die Kirche als „societas perfecta genere suo" von der staatlichen Gesellschaft abgesetzt hatte, bezeichnete Paul VI. die Kirche in seiner Ansprache an die Rota zur Eröffnung des Gerichtsjahres 1969 wiederum als eine „società giuridicamente perfetta" (AAS 61(1969)175). Näheres zum Selbstverständnis der Kirche und des Kirchenrechtes bei Werner *Böckenförde*, Das Rechtsverständnis der neueren Kanonistik und die Kritik Rudolf Sohms, Theol. Dissertation Münster 1969. Vgl. ferner Knut *Walf*, Die katholische Kirche – eine „societas perfecta"? in: Tübinger Theologische Quartalschrift 157(1977)107-118.

staatlichen Gesetzen stehen die materiell-rechtlichen Ansprüche und die formalen Voraussetzungen für den Prozeß, mit dem sie durchgesetzt werden, in getrennten Normkomplexen. Im CIC bietet sich ein uneinheitliches Bild. So sind z.B. in den cann. 1667 - 1700 CIC, die im Prozeßrecht stehen, materiell-rechtliche Ansprüche und Normen für den entsprechenden Prozeß noch ungetrennt. Die innerkirchliche Rechtsentwicklung hatte zur Zeit der Abfassung des Codex auf den Gebieten des Schuld- und Eigentumsrecht nicht den Stand erreicht, der eine Trennung von Anspruch und Klage hätte deutlich werden lassen. Die Entwicklung blieb gegenüber der in den zivilen Rechtsgemeinschaften deswegen zurück, weil die Kirche schon lange nicht mehr der gesellschaftliche Raum schuldrechtlicher Verpflichtungen, Ansprüche oder Auseinandersetzungen war. Hier ist es also bei dem doppelten Sinn von „actio" geblieben, was Klage und Anspruch zugleich bedeutet. Die materiell-rechtlichen Ansprüche werden nur im Rahmen ihrer prozessualen Durchsetzbarkeit erörtert. Damit ist die Systematik des Fall-Rechtes nicht weiterentwickelt, sondern es sind lediglich Fallgruppen typisiert.

Auf dem der Kirche spezifischen Gebiet des Sakramentenrechtes ist die prozessuale Regelung von der materiellen getrennt worden. Das Verfahren, wie eine Ehenichtigkeitsklage zu behandeln ist, ist von der Darstellung der Voraussetzungen einer gültigen Ehe unterschieden und an anderer Stelle geregelt worden. So finden sich die Normen für den Eheprozeß als besonderer Gliederungspunkt im Prozeßrecht, das materielle Eherecht fand seinen Platz im Sakramentenrecht.

Das Zusammenspiel von materiellem Eherecht und Eheprozeßrecht ist aber unbefriedigend geblieben, da beide Gebiete verschiedene Gesichtspunkte derselben Rechtswirklichkeit behandeln und diese Tatsache in der Praxis oft übersehen wurde. Das materielle Eherecht mit den Normen über die drei Gültigkeitsvoraussetzungen der Ehe (Hindernisfreiheit, Ehewille und Eheschliessungsform) betrachtet die Ehe auf ihr gültiges Zustandekommen hin. Das Eheprozeßrecht hingegen geht von der Frage aus, ob eine Ehe nichtig ist. Das, was getan und beachtet werden muß, damit möglichst eine gültige Ehe geschlossen wird, ist etwas anderes als das, was bei der Prüfung der Gültigkeit der Ehe zu beachten ist[2]. Den Unterschied der beiden Gesichtspunkte im Eherecht klarzustellen, hat der Codex unterlassen. Ein Teil der Normen über Ehehindernisse und Ehewillensmängel ist zu sehr von der prozessualen Fragestel-

---

[2] Die Einseitigkeit auch heutiger Eherechtsliteratur, die die Probleme fast ausschließlich unter der Fragestellung einer möglichen Ehenichtigkeit oder Lösbarkeit des Ehebandes untersucht, stellt *Morrisey* (Incapacity 5) fest.

lung abhängig. Es gibt Canones, die zu sagen scheinen, wann eine Ehe nichtig ist, die diese Aussage aber letztlich auf die Frage hin formulieren, ob eine Ehe für nichtig erklärt werden könne oder nicht[3].

Das Eherecht ist wegen seiner großen Bedeutung für das Leben der Glieder der Kirche weit entwickelt und auch stark fallunabhängig formuliert worden. Dennoch weist es Lücken auf. Mit einer solchen Lücke hatte sich die Rechtsprechung schon gleich nach Inkrafttreten des Codex auseinanderzusetzen. Es handelt sich um den Ehenichtigkeitsgrund der Geisteskrankheit, der amentia, der ausdrücklich nur im Rahmen der Beweisregeln in can. 1982 CIC genannt ist. Can. 88 § 3 CIC erfaßt mit der Gleichstellung von „rationis usu destituti" mit den „infantes", den Kindern unter 7 Jahren, nur die schwersten Fälle, in denen nämlich jeder Vernunftgebrauch fehlt. Für die Auswirkung Codex die nötigen allgemeinen Normen über die Vertragsschließungsfähigkeit. In den cann. 103 und 104 finden sich lediglich Fragmente eines allgemeinen
In den cann. 103 und 104 finden sich lediglich Fragmente eines allgemeinen
Vertragsrechtes, hier über Zwang, Furcht, Täuschung, Irrtum. Dem entsprechen im Eherecht die angepaßten Normen der cann. 1083, 1084 und 1087 CIC. Auch die cann. 1086 § 1 und 1092 enthalten Gedanken des allgemeinen Vertragsrechtes (Gültigkeitsvermutung der formgerechten Erklärung und Bedingung), die jedoch keine Parallele im Personenrecht haben, das insoweit als „allgemeiner Teil" fungiert, und in dem sich die genannten cann. 103 und 104 finden.

Der Ehenichtigkeitsgrund der Geisteskrankheit hat, weil es im kanonischen Recht keine Auskunft über allgemeines Vertragsrecht gibt,[4] bis heute in der Rechtslehre keinen klaren Platz gefunden, keine feste Zuordnung seiner Rechtsnatur zum System des Codex. Das gilt in verstärktem Maße für einen zweiten auf psychischen Ursachen beruhenden Ehenichtigkeitsgrund, nämlich das sogenannte „Erfüllungsunvermögen". Die Erörterung dieses Mangels auf seiten eines Ehepartners steht gegenwärtig in Rechtsprechung und Literatur auf stark schwankendem Boden. Allen Untersuchungen dieser Fallgruppe ist gemeinsam, daß sie das Vorliegen einer Ehenichtigkeit anerkennen. Was aber der eigentliche Grund ist, ist offenbar schwer zu finden[5].

---

[3] Z.B. can. 1084, 1086 § 2, 1087 § 2

[4] Außer einigen Aussagen über die Gültigkeit von Rechtsakten in den cann. 102-105 CIC findet sich nur ein Verweis auf die jeweils geltenden Zivilrechtsnormen (can. 1529 CIC).

[5] *Lefebvre* (Jurisprudence) gebraucht hier wiederholt bezeichnende Formulierungen bei der Besprechung einiger Rota-Urteile, wenn er sagt, es sei ganz klar gewesen, daß die Ehe nichtig sei, doch sei problematisch gewesen, wie die Nichtigkeit zu begründen

In der nachfolgenden Untersuchung soll ein anderer Weg beschritten werden als der in vielen anderen kanonistischen Arbeiten zum Thema der „psychischen Eheunfähigkeit" gewählte. Gewöhnlich nehmen die Untersuchungen ihren Ausgang von den Unterscheidungen des materiellen Eherechtes und versuchen dann, die in der Praxis der kirchlichen Eherechtsprechung auftauchenden Fragen angemessen einzuordnen[6]. Das Begriffspaar, das die Ergebnisse aller einschlägigen Untersuchungen vorentscheidet, ist das von „Ehehindernis" und „Ehewillensmangel". Eine Erörterung der psychisch verursachten Ehenichtigkeitsgründe auf diese Unterscheidung hin kann nicht leicht zu befriedigenden Ergebnissen führen. Das wird bereits aus den Argumenten deutlich, die von der Frage der Zuordnung, nicht von der Sachproblematik des zu untersuchenden Gegenstandes ausgehen, und z.B. so lauten können: „Die psychische Eheunfähigkeit ist den Konsensmängeln zuzuordnen, weil sie nicht mit dem Begriff des Ehehindernisses vereinbar ist".[7]

Zudem erweist es sich als nicht vorteilhaft, eine der kirchlichen Rechtssprechung noch ziemlich neue Problematik wie neuen Wein erst einmal in alte Schläuche zu gießen, ohne sie für sich und ohne Einordnung in die herkömmlichen Schemata untersucht und abgeklärt zu haben[8].

---

sei (S. 379 zu SRRDec c. Sabattani v. 21. Juni 1957 Bd. 49(1957)500-513; S. 380 zu SRRDec. c. Anné v. 17. Januar 1967 Bd. 59(1967)23-36; S. 382 zu SRRDec c. Lefebvre v. 2. Dezember 1967 Bd. 59(1967)798-807. Es fällt schwer, hier die Grundstruktur kirchlicher Urteilsfindung zu erkennen, die in Anwendung klarer Rechtssätze auf klare Tatsachen besteht und auf diesem Wege zu den Folgerungen gelangt, die den Urteilsspruch ausmachen.

[6] Z.B. *Primetshofer*, Eheunfähigkeit 205

[7] Eine ähnliche Alternative, die keine dritte Möglichkeit erwägt, stellt *Zapp*, Incapacitas 471 auf.

[8] Die Lektüre des Aufsatzes von *Morrisey* „Incapacity" macht deutlich, wie wenig Systematik sich aus der Literatur und Rechtsprechung hat für die Arbeit der CIC-Reformkommission entnehmen lassen. *Morrisey* legt die drei Tatbestände dar, die in der Relatio der Kommission (vgl. Communicationes 3(1971)77) genannt wurden und die später als cann. 296 und 297 in das SE75 Aufnahme fanden. Es springt dabei ins Auge, daß die Tatbestände von den Symptomen her formuliert sind und nicht von den Ursachen, schon gar nicht von den rechtlichen Wirkprinzipien der Nichtigkeitsfolge her. Die Darlegungen *Morriseys* entbehren daher auch eigener klarer und innerhalb seines Aufsatzes durchgehaltener Abgrenzungen. Seine Feststellung (Incapacity 20), die Verteilung der psychischen Ursachen auf die Sparten, die er „incapacity of personal responsibility, of contractual act and of fulfilling the obligations" nennt, sei in gewissem Maße willkürlich, entspricht dem Erkenntnisstand in der Literatur, darf aber nicht für alle Zukunft als vorgegeben hingenommen werden.

Diese Studie nimmt es sich deshalb vor, das Problem der psychisch verursachten Ehenichtigkeitsgründe zunächst begrifflich und inhaltlich zu untersuchen und dann erst den Maßstab des kanonischen Eherechtssystems anzulegen. Erst dann wird eine Entscheidung möglich sein, ob man den neu ins Blickfeld gerückten Fallgestaltungen „mit den im CIC verfügbaren kanonistischen Kategorien und Bestimmungen nicht mehr gerecht werden" kann[9]. Es geht sicher nicht an, Hindernisse und Willensmängel als die naturgegebenen Kategorien schlechthin anzusehen, die das rechtliche System ausmachen. Das Rechtssystem, das sich aus den Inhalten ergibt, nicht aus der bei der Kodifizierung verwendeten Gliederung, darf und muß stets neu bedacht werden. Wenn Sabattani sagt, die Rechtsprechung könne Prinzipien und Maximen, die zuvor festgelegt waren, korrigieren[10], so gilt das nicht nur für die naturwissenschaftliche oder psychologische Vorstellungswelt der Kanonisten, sondern auch für ihre rechtliche. Selbstkritik ist hier durchaus am Platze. Sabattani sagt dazu: „Carnelutti . . . hat gesagt: «Wenn es eine Kategorie von Gelehrten gibt, die dem Fortschritt der Ideen einen hartnäckigen Widerstand entgegensetzen, dann ist es die der Juristen» . . . Diese Gefahr kann tatsächlich bestehen. Es ist notwendig, den Mut zu haben, einige Institutionen, einige Formeln über Bord zu werfen."[11] Den Mut muß man haben, wenn die Sache es erfordert. Daß es aber notwendig wäre, steht ebensowenig fest wie die Meinung Sabattanis, man könne sagen, daß die Bestimmung des Inhaltes des psychischen Unvermögens eine Arbeit von Jahrhunderten sein werde[12]. Vielleicht sieht die Wirklichkeit doch etwas freundlicher aus.

---

[9] *Zapp*, Incapacitas 463
[10] *Sabattani*, Évolution 145
[11] *Sabattani*, Évolution 144
[12] *Sabattani*, Évolution 147

THEMENSTELLUNG

Dem kirchlichen Richter, der über die Klage auf Nichtigerklärung einer Ehe entscheiden soll, stellt sich eine doppelte Frage:

– Welcher Sachverhalt ist im Zuge des Prozesses bewiesen? und:
– Von welcher rechtlichen Erheblichkeit ist der erwiesene Sachverhalt für die Gültigkeit der beklagten Ehe?

Diese beiden Fragen haben in der Regel nicht das gleiche Gewicht. Der Schwerpunkt der Entscheidungsfindung liegt vielmehr meistens auf der Prüfung, ob die tatsächliche Seite der Eheproblematik hinreichend geklärt ist, ob ein Sachverhalt so klar ermittelt ist, daß die rechtlichen Folgerungen daraus mit moralischer Gewißheit ausgesprochen werden können.

Die zweite Frage, die auf die rechtliche Bewertung des Sachverhalts hinausgeht, läßt sich in der Mehrzahl der Fälle leicht beantworten. Der durchaus überschaubare Bereich der Tatbestände, die die Nichtigkeit der Ehe bewirken können, ist in der Zeit seit dem Inkrafttreten des CIC in jeder Richtung durchleuchtet und erörtert worden. Die Sacra Romana Rota, deren Urteile für den kirchlichen Richter Denk- und Argumentationshilfe zu sein pflegen, hat zu jedem geläufigen Klagegrund Maßstäbe dafür entwickelt, wann er als bewiesen angesehen werden darf. Aus ihren Urteilen können die Merkmale abgelesen werden, die zur Erfüllung eines ehevernichtenden Tatbestandes vorliegen müssen.

Dieses Repertoire an Beweisregeln und Tatbestandsmerkmalen, das die ständige Rechtsprechung der Rota erarbeitet hat, macht freilich nicht jedes Urteil leicht. Oft finden sich Fallgestaltungen jenseits des Typischen, oft ist die Entscheidung, ob der fragliche Tatbestand erfüllt ist, alles andere als unproblematisch. In manchen Fällen bedarf der Richter zur Vorbereitung seiner eigenen Entscheidung der Hilfe Dritter, wenn die tatsächliche Würdigung eines Sachverhaltes seine eigene Sachkenntnis übersteigt: so etwa in den Fällen der Geisteskrankheit oder der Impotenz, in denen der CIC die Zuziehung von Fachleuten als Gutachter vorsieht[13].

---

[13] Cann. 1982 und 1976 CIC

In den letzten Jahren sind die kirchlichen Gerichte mit einer steigenden Zahl von Fällen konfrontiert worden, für deren Behandlung die gewohnten Hilfen zu fehlen scheinen. Immer häufiger werden vor den Ehegerichten Nichtigkeitsklagen erhoben, die sich auf die Behauptung stützen, ein Partner sei aus psychischen Gründen zur Ehe nicht fähig gewesen.

Um solche Fälle zu beurteilen, fehlt den kirchlichen Gerichten zunächst ein sicherer Anhalt im geschriebenen Recht. Der CIC kennt die Geisteskrankheit nur beiläufig (can. 1982 CIC), sagt aber nicht ausdrücklich, daß sie die Nichtigkeit der Ehe zur Rechtsfolge hat. Was dem Richter zur Beurteilung der Geisteskrankheit in Hinsicht auf die Ehegültigkeit zur Verfügung steht, ist außer naturrechtlichen Erkenntnissen Rechtsprechung der Rota und kanonistische Literatur. Hier findet er Fälle, an denen er sich orientieren kann. Aus ihnen kann er entnehmen, ob eine bestimmte Geisteskrankheit gewöhnlich so geartet ist, daß sie die Ehe nichtig macht. Stößt er aber auf psychische Phänomene, für die keine solchen Fallentscheidungen vorliegen, dann findet er nirgends einen abstrakt formulierten Tatbestand, an dem er sich orientieren könnte. Man kann den herrschenden Rechtszustand mit der allgemeinen Situation vor dem CIC vergleichen: es gibt Musterentscheidungen und kanonistische Lehrmeinungen, es gibt aber keinen gesetzlich umschriebenen und damit verbindlichen Tatbestand der ehevernichtenden Geisteskrankheit[14].

Gleiche Überlegungen gelten für die Gruppe von Fällen, in denen der psychische Befund auf „Unfähigkeit zur Eheführung" lautet. Auch hier fehlt eine Gesetzesnorm, auch hier gibt es Musterentscheidungen und Literatur, doch sind die hier vertretenen Ansätze noch weitaus verworrener als bei der Behandlung der Geisteskrankheit. Dem kirchlichen Richter ist daher keine wirkliche Hilfe gegeben, deren er sich bei der Fällung seines eigenen Urteils bedienen könnte[15].

---

[14] Deutlich kommt die derzeitige Problemlage der kirchlichen Ehegerichte in folgenden Ausführungen von *Ogorzaly* (Law 103) zum Ausdruck, der über die Erfahrungen mit Fällen psychologischer Unfähigkeit zur Erfüllung ehelicher Pflichten berichtet: „We have had moderate success in processing these cases and have gained some experience in this field. However, wie still find difficulties in crystalizing, that is, finalizing the *in iure* section of these cases."

[15] Aus dieser Situation heraus ist es verständlich, wenn *Finnegan* (Capacity 143) formuliert: „These advances" – gemeint sind die Fortschritte der Verhaltenswissenschaften – „resist canonical formulation as factors necessary to enter a valid marriage, and diminish the clarity and certainty of Tribunal decisions in evaluating the validity of marriage." Sicher mag sich mancher psychologische Befund der kanonistischen Bewertung entziehen, doch lassen sich die „ Faktoren, die zu einer gültigen Eheschliessung nötig sind", durchaus bestimmen.

Ziel dieser Studie soll sein, die Voraussetzungen zu formulieren, unter denen psychische Ursachen eine Ehe nichtig machen. Die rechtliche Problematik, nicht die medizinisch-psychiatrische steht zur Behandlung. Dabei geht es um materiell-rechtliche Aussagen, nicht um die Beantwortung prozessualer Probleme. Die Fälle, in denen eine Ehenichtigkeit zu bejahen ist, sind von denen abzugrenzen, die die Gültigkeit der Ehe nicht berühren. Dabei sind nur die Sachverhalte zu untersuchen, die psychische Ursachen haben.

1. Abstraktes Recht

Die nachfolgenden Überlegungen haben zum Ziel, abstrakte Rechtssätze zu formulieren, die den allgemeinen Maßstab bilden können, an dem man konkrete Sachverhalte messen kann.

Mehrere Autoren und eine Fülle von Rota-Entscheidungen gehen bei ihren Darlegungen von medizinisch-psychiatrisch beschreibbaren Krankheitsbildern aus und untersuchen, ob sie Auswirkungen auf die Gültigkeit der Ehe haben[16].

---

[16] Vgl. z.B. *Cuschieri*, Morbus mentis; *ders.*, Paranoia; *Wrenn*, Outline. Über den Einfluß sexueller Anomalien auf die Ehefähigkeit *Ritty*, Invalidity. Charakteristisch ist in dieser Hinsicht ein von *G. Lesage* und *F.G. Finnegan* herausgegebener Band „Documentation on Marriage Nullity Cases, Ottawa, St.Paul University 1973". Der erste Teil („canonical grounds") ist nach den gesetzlichen Tatbeständen gegliedert: trennende Hindernisse, Formdefekte, Willensmängel, Erkenntnismängel, Mängel der Geistesfähigkeit. Der zweite Teil ist mit „Psychic Causes" überschrieben. Hier erfolgt die Unterteilung nach Krankheitsbildern (Alkoholism, Antisocial Personality, Anxiety Neurosis etc.), nicht nach den rechtlichen Gesichtspunkten, die für die Nichtigkeitswirkung in Frage kommen.

Daß das Denken in Fällen von Ehenichtigkeit aufgrund psychischer Störungen stets bei den Krankheitsbildern und weniger bei den Rechtsprinzipien ansetzt, zumindest aber beide nicht hinreichend klar unterschieden werden, zeigt sich auch daran, daß die „in iure"-Ausführungen von Rota-Urteilen gelegentlich allgemeine Darlegungen über bestimmte Geisteskrankheiten enthalten, wie z.B. die SRRDec c. Anné v. 25. November 1961 Bd. 53(1961)561-571, die der eigentlichen Rechtslage zwölf Zeilen widmet, der Darstellung der Schizophrenie aber 64 Zeilen. Diese unterschiedliche Gewichtung der Problemfelder führt dann leicht zu Sätzen wie dem nachfolgenden, in dem sich die Rechtsausführungen eines Urteils des Ottawa Regional Tribunal c. Latrémouille vom 4. April 1974 (in: StC 8(1974)191-197, hier 195) nahezu erschöpfen: „Concerning the grounds of nullity in the present case, it is sufficient to recall that jurisprudence is rather unanimous in declaring that a serious personality disorder or a serious psychopathic state renders matrimonial consent invalid." Eine umfassende Übersicht über die Rechtsprechung der Rota zu den hier anstehenden Fragen gibt Alexander *Dordett*, Eheschließung und Geisteskrankheit, Wien u.a. 1977.

Dieser Weg ist in der Rechtsprechung durchaus sachgerecht, weil es ihre Aufgabe ist, die Gültigkeit der Ehe konkreter Menschen zu prüfen, die bei Eheabschluß eine bestimmte Krankheit haben. In der Literatur hingegen wäre es angemessen, über die Wertung einzelner Krankheitsbilder hinauszugehen und die gemeinsamen Grundlinien zu formulieren. Soweit die Literatur die bisherige Rechtsprechung referiert, geschieht das verständlicherweise nicht[17]. In anderen Fällen aber wird der Ansatz bei den Krankheitsbildern wohl für unüberschreitbar gehalten[18].

Es soll hier nicht um medizinisch-psychiatrische Befunde gehen, sondern darum, rechtliche Kriterien zu erarbeiten. Der Unterschied sei am Beispiel der Impotenz deutlich gemacht. Es geht nicht um eine halb medizinische, halb rechtliche Aussage wie die folgende: „Die Erektionsunfähigkeit des Mannes macht die Ehe nichtig", sondern um rein rechtliche Aussagen: „Die Unfähigkeit, den ehelichen Beischlaf zu vollziehen, macht den Betroffenen eheunfähig." Eine solche Unfähigkeit kann dann verschiedene tatsächliche Ursachen haben, doch das zu erforschen ist nicht Aufgabe der Kanonisten, sondern der Mediziner, deren Ergebnisse der Richter dann verwertet.

Die psychiatrisch-medizinische Wissenschaft hat Auskünfte gegeben über die Folgen psychischer Krankheiten. Mit solchen medizinischen Auskünften allein kann man aber kein Nichtigkeitsurteil begründen, wenn das – wie Sabattani meint[19] – auch hin und wieder geschieht. Es ist vielmehr nötig, „das Fundament der Untersuchung auf unser Rechtssystem zu stellen, dann das zu erheben, was die dazu befugtere medizinische Wissenschaft über die gegebenen Krankheiten, über ihre Erscheinungsformen, über ihre Wirkungen beiträgt, und schließlich diese Elemente auf die Rechtsschemata anzuwenden, um daraus Rechtsfolgerungen zu ziehen"[20].

---

[17] Z.B. *Köster*, Psychische Eheunfähigkeit

[18] *Boulanger* (Problèmes 216) nennt als Ansatz zur Erweiterung des Feldes möglicher Nichtigkeitsklagen die Ansicht mancher Kanonisten, es sei den Spezialisten der medizinischen Wissenschaft möglich, mit Präzision die psychischen Störungen zu beschreiben, die den Mann und die Frau hindern, eine gültige Ehe einzugehen. Für die schwersten und charakteristischsten Störungen solle man ein trennendes Ehehindernis aufstellen. *Villeggiante* (Incapacità) beschreibt mehrere Fälle von durch psychische Faktoren gescheiterten Ehen und schließt die Frage an, ob das denn wohl mit gültigem Konsens geschlossene Ehen sein könnten (z.B. 25/26).

[19] *Sabattani*, Évolution 145

[20] *Sabattani*, Évolution 145. Das Bemühen um eine Zusammenarbeit der betroffenen Wissenschaften bestimmte z.B. eine Vortragsreihe des „Arcisodalizio della Curia Romana" im Jahre 1973, in der kanonistische, gerichtsmedizinische, psychiatrische und

Es geht hier um abstraktes Recht, weil nur so allgemeingültige Aussagen möglich sind, die auch Fallgestaltungen miterfassen, die medizinisch-psychiatrisch noch nicht sicher abgegrenzt und beschrieben sind. Nur abstrakte Kriterien ermöglichen die sachgerechte Bewertung konkreter Fälle, wenn geurteilt werden muß, ohne daß man sich an schon ergangenen Entscheidungen orientieren kann[21].

2. Materielles Recht

Die Ehe tritt als Problem an den Kirchenrechtspraktiker fast nur im Ehenichtigkeitsprozeß heran. Die Zulassung zur Eheschließung – der erste Moment, in dem es rechtlicher Erwägungen bedarf – geschieht meist ohne grössere Schwierigkeiten. Die Freiheit von Ehehindernissen und die rechte Absicht werden im Brautexamen mehr oder weniger schematisch abgefragt; es werden selten Gründe für eine Verweigerung der Trauung entdeckt.

Wenn dennoch in einer Ehe etwas fehlt, wenn Ehehindernisse bestanden haben oder der Ehewille nicht in Ordnung war, wenn vielleicht die vorgeschriebene Eheschließungsform nicht beachtet worden ist, tritt das alles erst zutage, wenn ein Partner die Nichtigerklärung seiner Ehe erbittet. Der Eheprozeß ist dann die Situation, die den Rahmen für die Prüfung der Ehe auf ihre Gültigkeit hin abgibt. Die Prozeßfrage lautet: Steht es fest, daß die Ehe nichtig ist?[22] Man könnte auch formulieren: Ist erwiesen, daß ein Ehenichtigkeitsgrund vorliegt, so daß die Ehe für nichtig erklärt werden kann? Die Fragestellung des Prozesses ist damit enger als die des materiellen Rechtes. Dieses muß fragen,

---

psychologische Darlegungen konfrontiert wurden (veröffentlicht unter dem Titel „Perturbazioni psichiche e consenso nel matrimonio canonico", Studia et Documenta Iuris Canonici, moderante Pio Fedele, vol. VII, Rom 1976) mit Beiträgen von Pericles *Felici*, Angelo *di Felice*, Angelo *Fiori*, Paolo *Pinelli*, Francesco *Pompedda*, Leonardo *Ancona*, Albino *Ronco*, Urbano *Navarrete* und Pierantonio *Bonnet*.

[21] Die Abstraktion rechtlicher Kriterien ist notwendig, weil man wohl nicht den Standpunkt *Ahern's* teilen kann (Incapacity 244), daß „it is not really important whether inability to fulfill marital obligations is a separate ground for nullity, or whether it is a part of lack of due discretion. What is important is that it is nullifying." Es zeigt sich im weiteren Text seiner Arbeit, daß diese Auffassung auch nicht durchgehalten werden kann, weil unterschiedliche Kriterien anzuwenden sind. Darüber hinaus darf darauf hingewiesen werden, daß die Feststellung einer Nichtigkeitsfolge nur möglich ist, wenn die tatsächliche und rechtliche Fundierung dieser Feststellung klar ist. Sonst ist das Urteil ein Vorurteil.

[22] Vgl. Art. 88 EPO

unter welchen Voraussetzungen die Ehe gültig ist, oder wann sie nichtig *ist*. Der kirchliche Richter muß fragen, wann die Nichtigkeit *erwiesen ist*, wann er die Ehe für nichtig *erklären* kann.

Im Gegensatz dazu geht es hier um materiell-rechtliche Aussagen. Es soll herausgearbeitet werden, wann eine Ehe aufgrund einer psychischen Ursache nichtig *ist*. Nur wenn man klar beschreiben kann, wann das der Fall ist, ist die Voraussetzung geschaffen, um nach den Wegen zu suchen, wie man die Nichtigkeit im Prozeßverfahren beweisen kann.

Auch für den Unterschied zwischen materieller und prozessualer Norm über denselben Gegenstand sei ein Beispiel angeführt, diesmal aus dem CIC selbst. Eine materiell-rechtliche Aussage über den Ehewillen lautet: „Die Willenseinigung der Parteien, die von rechtlich fähigen Personen in vorgeschriebener Weise kundgetan wird, schafft die Ehe. Sie kann durch keine menschliche Macht ersetzt werden."[23] Die prozessuale Aussage, die vor dem Hintergrund der Frage steht, ob die Ehe für nichtig erklärt werden kann, lautet: „Es wird stets unterstellt, daß die innere Willenshaltung mit den Worten oder Zeichen übereinstimmt, die bei der Eheschließung gebraucht werden."[24] Dieser zweite Satz kann ohne den ersten zu falschen Folgerungen führen, weil in ihm eine Aussage darüber fehlt, ob die Ehe auch zustande kommt, wenn die unterstellte Übereinstimmung zwischen Willenshaltung und Willenserklärung fehlt. Das ist nur aus dem zitierten ersten Satz zu entnehmen.

Ziel dieser Untersuchung ist also, die Voraussetzungen materiell-rechtlich zu formulieren. Dabei soll die Frage bewußt ausgeklammert werden, ob diese Voraussetzungen auch bewiesen werden können. Die Beweisbarkeit bewirkt ja nicht die Nichtigkeit der Ehe, sondern macht lediglich die gerichtliche Erklärung möglich, daß die Ehe nichtig ist. Der zweite Schritt soll nicht vor dem ersten getan werden.

3. Psychische Ursachen

Der Gegenstand der nachfolgenden Erörterung ist die Ehenichtigkeit aufgrund psychischer Ursachen. Diese Wahl zwingt unter zwei Gesichtspunkten zur Unvollständigkeit:

– Es kann keine vollständige Bestandsaufnahme der möglichen psychischen Ursachen erfolgen, weil das wohl selbst Fachleuten der Psychologie oder

---

[23] Can. 1081 § 1 CIC

[24] Can. 1086 § 1 CIC

Psychiatrie schwer werden dürfte. Das braucht aber nicht zu geschehen, weil hier ja nur Rechtsprobleme zu untersuchen sind, Tatbestände rechtlicher Art. Die Prüfung, wann diese Tatbestände im Einzelfall durch eine psychische Befindlichkeit erfüllt sind, müssen Richter und Gutachter gemeinsam durchführen.

– Es werden dabei wohl nicht alle rechtlichen Gesichtspunkte erfaßt werden, unter denen psychische Ursachen von Einfluß auf die Gültigkeit der Ehe sein können. Nach dem gegenwärtigen Stand der Literatur scheint mit der Unfähigkeit, eine Ehe zu schließen, und der Unfähigkeit, eine Ehe zu führen, das Feld rechtserheblicher psychischer Befunde abgesteckt zu sein. Der Schein kann aber durchaus trügen, wenn auch gegenwärtig kein Anhaltspunkt dafür gegeben ist.

Die Wahl der psychisch verursachten Ehenichtigkeitsgründe als Thema bringt es mit sich, daß aus dem Gegenstand direkter Betrachtung Sachverhalte ausscheiden, die körperlich, erkenntnismäßig oder willensmäßig bestimmt sind. Von der Impotenz wird aus Gründen der rechtlichen Vergleichbarkeit zu reden sein; die Erkenntnismängel werden insoweit zu besprechen sein, als sie von den psychisch bedingten Nichtigkeitsgründen abgegrenzt werden müssen; und es werden die Unterschiede der psychisch bedingten Nichtigkeitsgründe zu den Willensmängeln zu erörtern sein. Das alles geschieht aber nur, um die psychisch verursachten Ehenichtigkeitsgründe klarer darstellen zu können.

4. Nichtigkeitsgründe

Ziel dieser Arbeit sind Aussagen über psychisch bedingte Ehenichtigkeitsgründe. Es soll herausgearbeitet werden, welche Aussagen zur Beschreibung von Sachverhalten dienen können, die die Nichtigkeit der Ehe bewirken. Dabei werden Fallgestaltungen auszugrenzen sein, die zwar leicht verwechselt werden können, die aber anders zu beurteilen sind, weil sie keine Wirkung auf die Gültigkeit der Ehe haben (vgl. § 16) oder ihre Nichtigkeit aufgrund anderer Gesichtspunkte bewirken (vgl. §§ 7 und 14).

Zusammengefaßt kann gesagt werden: Thema der Untersuchung ist die Beschreibung von Ehenichtigkeitsgründen mit psychischen Ursachen durch Aussagen des abstrakten materiellen Rechtes.

5. Zur Arbeitsmethode

Die Aussagen, die über die psychischen Ehenichtigkeitsgründe zu machen sind, die Gegenstand der Erörterung sein werden, werden nach Sachzusammenhang in Kapiteln erörtert. Die zu klärenden Einzelfragen werden mit durchlaufend numerierten Paragraphen bezeichnet. Dabei wird die Aussage, die gemacht und begründet werden soll, thesenartig vorangestellt. Die nachfolgende Begründung erläutert den Inhalt der These und zeigt die Argumente auf, die sie – eventuell auch im Gegensatz zu anderen Konzeptionen – tragen. Nur in entscheidenden Fragen wird die Auseinandersetzung mit den Lösungen anderer Autoren im Text selbst zu erfolgen haben. Differenzen in Randfragen werden in den Fußnoten aufzuzeigen und eventuell zu erörtern sein.

§ 1

Die natürliche Grundlage der psychisch bedingten Ehenichtigkeitsgründe

These: *Natürliche Grundlage der psychisch bedingten Ehenichtigkeitsgründe ist eine Störung der psychischen Struktur beim Kontrahenten.*

1. Natürliche Grundlage

In dieser These geht es um die Beschreibung der natürlichen Grundlage der psychisch bedingten Ehenichtigkeitsgründe. Die natürliche Grundlage ist der Befund am konkreten Menschen, ist die durch den Psychologen oder Psychiater näher beschreibbare Ursache des Handelns, Reagierens und Redens der Person, das als ungewöhnlich empfunden wird und den Verdacht aufkommen läßt, hier könne eine psychische Abweichung von solcher Erheblichkeit vorliegen, daß die Gültigkeit der Ehe des Betroffenen fraglich erscheint. Die „natürliche Grundlage" in diesem Sinne ist der psychische Zustand der Person. Er muß bestimmte Merkmale aufweisen, damit die Ehenichtigkeit seine rechtliche Folge sein kann.

2. Störung

Die natürliche Grundlage der psychisch bedingten Ehenichtigkeitsgründe muß den Charakter einer Störung, eines Defektes haben, muß sich als Abweichung von der psychischen Normalität beschreiben lassen. Die Voraussetzungen, die eine Eheschließung und eine Eheführung erfordern, sind dem normalen Menschen angemessen. Soweit sie sich auf den geistig-seelischen Bereich beziehen, entsprechen sie einer ungestörten Psyche. Mehr als von einem normalen Menschen verlangt werden kann, kann auch für eine gültige Ehe nicht gefordert werden. Voraussetzungen, die von einem gesunden Ehebewerber nicht erfüllt werden können, können nicht unerläßlich sein für eine gültige Ehe. Ein normaler Mensch kann nicht psychisch eheunfähig sein[25]. Sonst forderte eine Ehe mehr, als ein Kontrahent mit unbeeinträchtigten psychischen Fähigkeiten zu leisten vermöchte. Die Ehenichtigkeit muß Folge einer Abweichung des psychischen Zustandes von der Normalität sein. Soll eine geistig-seelische Befindlichkeit Ursache für die Ungültigkeit einer Ehe sein, dann muß sie sich als ein Defekt, als eine Störung, als eine Abweichung vom psychischen Normalzustand beschreiben lassen[26].

---

[25] Anderer Ansicht scheint James H.Provost zu sein. In einem nicht näher bezeichneten Urteil (in: Jurist 33(1973)418-428, hier 421/422) führt er aus, nach der Begriffsbildung seines Tribunals – er ist Offizial in Helena/USA – werde jedes Unvermögen, die „responsibilities of marriage" zu übernehmen, das psychiatrische Ursachen habe, mit „amentia" bezeichnet, während solches Unvermögen, dessen Ursache „behavioral factors already present prior to the marriage" sind, mit „moralischer Impotenz" bezeichnet werde. Er geht also davon aus, daß es eine Unmöglichkeit für einen Partner gebe, die nicht durch eine Störung der psychischen Struktur bedingt ist. Die von ihm zitierten Darlegungen eines medizinischen Fachmannes, die die „behavioral factors" näher erklären sollen, lassen diese allerdings eher als Fall von Reifungsrückständen erscheinen. Dieses Phänomen würde sich bei der hier getroffenen Abgrenzung nicht unter dem Gesichtspunkt der psychisch bedingten Ehenichtigkeitsgründe einordnen, sondern unter dem der mangelnden Ehereife. Ein weiterer von Provost zitierter Fachmann wertet hingegen solche Fälle als „personality disorder". Die Pathologie dieser Menschen „is ingrained in the structure of their personality" (ebd. 423). Ihre Krankheit brauche allerdings nicht als solche augenfällig zu sein. *Jemolo* (Matrimonio n.49 S. 132) schreibt zur ehevernichtenden Unfähigkeit, die eheliche Treue zu wahren: „La questione però non si può porre che dal punto di vista della sanità mentale: poichè è principio di fede che Dio accorda ad ogni uomo di buona volontà i mezzi e le forze necessarie per adempiere ai suoi precetti, non si può fare questione di abito vizioso, ma soltanto d'infermità mentale." Bei dieser Aussage muß allerdings beachtet werden, daß auch der gesunde Mensch im Stadium noch nicht erlangter Reife *noch* eheunfähig ist. Die Abgrenzungen für die Ehefähigkeit, die das kanonische Recht aufstellt, sind Erfahrungswerte, die den Großteil der Fälle erfassen sollen. Die psychologische Betrachtung der Reifung von Jugendlichen in Mitteleuropa zeigt demgegenüber eine starke Akzeleration der körperlichen Reifung und der rational-intellektuellen Fähigkeiten bei auffallender Verzögerung der Fähigkeit, eine Wertordnung anzuerkennen oder selbst zu bilden. Von daher können die Voraussetzungen zu einem verantworteten Ehekonsens auch bei gesunden Menschen fehlen, die nach den positiven Bestimmungen des CIC nicht an einer gültigen Ehe gehindert sind. Wenn im Folgenden von den Nichtigkeitsgründen aus psychischen Störungen heraus gehandelt wird, soll damit die Nichtigkeitswirkung der fehlenden Urteilsreife (defectus debitae discretionis iudicii), die einen krankhaften Befund nicht voraussetzt, nicht bestritten werden.

[26] Aus dem letzten Satz des nachfolgenden Zitates geht hervor, welches Kriterium ausschlaggebend ist: „Nequit admitti quod laborantes *immoralitate constitutionali* non possint praestare validum consensum matrimonialem. Nam quomodo scire possumus ta-

Ginge es *allein* um die Frage, ob die Ehe gültig ist, dann könnte man vereinfachend untersuchen, ob die erforderliche Urteilsreife vorhanden war. Will man aber genauer sein und unterscheiden, ob die Ehenichtigkeit aus einer entwicklungsbedingt noch nicht erlangten Reife oder aus einer strukturell bedingten Unreife folgt, dann muß man die Untersuchung tiefer ansetzen[27].

Es geht hier um abstrakt-rechtliche Aussagen. Es kann nicht genügen, Befunde vordergründig zu bewerten. Die Feststellung, einer Person habe es an der nötigen Urteilskraft (discretio iudicii) gefehlt, bedarf näherer Erläuterung, wenn man die Ehenichtigkeitsfolge zutreffend begründen will. Es macht durchaus einen Unterschied, ob jemand die Ehe nicht zu erfassen vermag, weil er noch zu jung ist, weil er zu schlichten Gemütes ist oder weil er unter einer psychischen Störung leidet.

---

lem defectum esse adeo gravem, ut homo aestimare nequeat substantialem *valorem* matrimonii? Ipse TANZI, qui nomen illud invenit, fatetur difficile statui posse fines certos inter normam et anomaliam." (*Regatillo*, Ius sacramentarium 772). Die *tatsächliche* Schwierigkeit der Abgrenzung rechtfertigt nicht, das angesprochene Problem beiseite zu lassen. Entscheidend ist aber, daß der ehevernichtende Tatbestand wesentlich durch die Anormalität der psychischen Struktur des Kontrahenten bestimmt ist. Unter dieser Voraussetzung fragt sich, ob es sinnvoll ist, die Unfähigkeit zur Ehe in eine psychologische und eine psychiatrische zu unterteilen, wie es *Villeggiante* tut, wenn er die incapacità di origine psichiatrica als amentia, als Krankheit bezeichnet und sie von der incapacità di origine psicologica unterscheidet, die keine wirkliche Krankheit voraussetze, sondern auf eine auch vorübergehende Störung der normalen Funktion des Intellekts oder des Willens hinauslaufe. Zwischen dauerhaften und vorübergehenden Störungen besteht sicher ein Unterschied, doch läßt er sich nicht mit dem Begriffspaar psychiatrisch/psychologisch beschreiben.

27 *LaDue* (Erweiterung 485) sagt: „Es ist zweifellos richtig, daß, wenn ein Ehepartner zur Erfüllung der grundlegenden Ehepflichten unfähig ist, die Ursache dieser Unfähigkeit zweitrangig bleibt. Die Ehe ist null und nichtig, ohne Rücksicht auf die Ursache der Unfähigkeit, denn die Unfähigkeit selbst macht den Konsens mangelhaft." Diese Aussage führt bei *LaDue* konsequent zu der Frage, ob unsere richterlichen Prozesse überhaupt angemessen sind zur Entscheidung über Ehefälle. „Das Ehegericht ist nicht der Ort, um über die Gültigkeit einer Ehe auf der Grundlage essentieller Unangemessenheit der affektiven und gemüthaften Voraussetzungen der Parteien zu entscheiden" (ebd. 485). Dazu muß gesagt werden: Soweit die Ehe eine Rechtsbeziehung ist, muß ihre Rechtsgültigkeit durch Gerichte in einem geordneten Verfahren überprüfbar sein. Dabei kann man sich nicht damit begnügen, die Ursache einer Eheunfähigkeit offen zu lassen. Richtige rechtliche Begründung setzt richtige Tatsachenkenntnis voraus. Gibt es jedoch eine andere Ebene als die rechtliche, gibt es andere Kriterien für die „Gültigkeit", d.h. die Sakramentalität und Unauflöslichkeit der Ehe als die des Rechtes, dann kann man darüber vielleicht so vereinfachend sprechen, wie *LaDue* es tut. Solche Kriterien nichtrechtlicher Art sind aber bislang nicht plausibel gemacht, noch ist ein Weg gewiesen, sie in der pastoralen Praxis der Kirche zur Geltung zu bringen.

Durch Jugend bedingter Mangel an Urteilsreife muß zunächst als grundsätzlich vorübergehender Zustand angesehen werden, der sich in seinen Auswirkungen vielleicht auf den Ehevertragsschluß beschränkt und die Eheführung der Partner nicht beeinträchtigt.

Schlichtheit des Gemütes, die nur ein geringes Maß an wertendem Erkennen zuläßt, das bei dem Inhaber größerer geistiger Fähigkeiten als unzureichend für eine Entscheidung zur Ehe angesehen werden müßte, muß bei einem Hilfsarbeiter nicht notwendig Ehenichtigkeitsgrund sein. Denn wie für jeden Menschen die Erwartungen an die Ehe verschieden sind, so auch die Anforderungen an die Partner, die die Ehe eingehen. Die Störung der psychischen Struktur schließlich führt zu Unfähigkeiten unüberwindlicher Art, die unter anderem Gesichtspunkt rechtlich zu bewerten sind als die *noch* mangelnde Urteilsreife[28]. Auch im Prozeß spielt die Unterscheidung eine Rolle. Während sich die fehlende Reife junger Menschen leicht aus dem Gesamtbild erschließen läßt, mit dem sie harmoniert, und das von der Umwelt beobachtet und beurteilt werden kann, kann die psychische Störung meist nur durch einen Gutachter diagnostiziert und hinreichend klar beschrieben werden.

Die psychisch bedingten Ehenichtigkeitsgründe setzen also eine Störung der psychischen Struktur voraus, die sich als Abweichung von der geistig-seelischen Normalität darstellt. Diese Abweichung kann nur am Gegenbild der psychischen Struktur eines Menschen gemessen werden, der einem vergleichbaren Milieu angehört, einem vergleichbaren Kulturkreis, der ein entsprechendes Intelligenzniveau besitzt und sich in seinem Verhalten normal zeigt. Der unzureichende Entwicklungsstand ist dagegen ein vorübergehendes Stadium im Werden der Persönlichkeit, das eine verantwortete Eheschließung noch ausschließt. Dieses Stadium muß jeder Mensch durchlaufen und überwinden, um die Ehefähigkeit zu erreichen. Für jeden gibt es die Zeit, in der die Gaben des Erkennens, Wollens und verantworteten Handelns noch nicht in solchem Maße gegeben sind, daß eine rechtsgültige Selbstbindung wie die Eheschliessung schon möglich wäre. Eine Störung der psychischen Struktur schließt es

---

28 *Russon* (Assessment 57-60) nennt eine große Zahl von psychischen Fähigkeiten, die ihm für die „psychic capacity for marriage“ notwendig erscheinen. Er differenziert dabei nicht zwischen Fähigkeiten, die wegen mangelnder Reife fehlen, und solchen, die eine dauerhafte Störung der Persönlichkeit zur Ursache haben. Dementsprechend enthält er sich auch jeder Aussage über die rechtliche Begründung eventueller Ehenichtigkeit. Seine Ausführungen über „lack of capacity for marriage“ machen aber deutlich, wie nötig rechtlich klare Abgrenzungen sind, soll die Beurteilung der Ehegültigkeit nicht vollständig in die Kompetenz der Psychologen abwandern.

aus, daß die Person die Eheschließungsfähigkeit ohne therapeutische Einflußnahme allein mit dem Zeitablauf gewinnt. Die psychische Störung blockiert die Ehefähigkeit. Im Gegensatz dazu entfällt die Unfähigkeit aus mangelnder Entwicklung von selbst.

Problematisch für die praktische Diagnose sind die Fälle verzögerter Reifung. Der normal ablaufende Entwicklungsprozeß der psychischen Fähigkeiten einer Person vollzieht sich innerhalb bestimmter zeitlicher Toleranzgrenzen, so daß Verzögerungen in gewissem Maß nicht als unnormal erscheinen. Wenn aber ein Reifungsprozeß sehr langsam verläuft, so daß der Rahmen des Üblichen stark überschritten wird, stellt sich die Frage nach einer strukturellen Abweichung. Sie wird sich nur anhand des Ergebnisses beantworten lassen, das der Reifungsprozeß später erbracht hat oder – wenn er zur Zeit der Beurteilung noch nicht abgeschlossen ist – voraussichtlich erbringen wird. Zeigt sich danach, daß am Ende der Entwicklung ein Defizit an Reifung zurückbleibt, muß man wohl auf eine psychische Störung schließen. Während die lediglich verzögerte Reifung den Erwerb der Normalität nicht verhindert, schließt die psychische Störung ihn aus. Bei einer lediglich zeitlichen Abweichung der Entwicklung gegenüber dem Normalen braucht man nicht auf einen Defekt der psychischen Struktur zu schließen. Erst wenn die Abweichung qualitativ ist, wenn auch nach dem Abschluß der Entwicklung kein normales Maß der psychischen Fähigkeiten zu erwarten ist, liegen die Voraussetzungen vor, um einen Ehenichtigkeitsgrund der Art ins Auge zu fassen, von der hier zu handeln ist[29].

Dabei ist für die Feststellung der Ursache zu beachten, daß die Trennungslinie zwischen Reifungsverzögerung und struktureller Störung im Einzelfall schwer auszumachen ist. Oft wird erst nach Stillstand der Entwicklung zu sagen sein, ob in einem früheren Zeitpunkt - dem der Eheschließung - schon eine psychische Strukturstörung vorlag oder nur eine zeitliche Verzögerung des qualitativ normalen Reifungsprozesses.

---

[29] Das Vorliegen einer Krankheit („illness“) sieht *Daley* (Distinction 165) als notwendige Tatbestandsvoraussetzung nur bei der Unfähigkeit, Verpflichtungen der Ehe zu erfüllen. Bei der mangelnden discretio iudicii kann seiner Ansicht nach Krankheit mitspielen, sie ist aber nicht notwendige Voraussetzung. Das befriedigt insofern nicht, als hier zwei Ursachen für die mangelnde Urteilsreife nicht unterschieden sind, nämlich Entwicklungsrückstand und psychische Strukturstörung.

3. Psychische Struktur

Die natürliche Grundlage der zu erörternden Ehenichtigkeitsgründe läßt sich als Störung der psychischen Struktur beschreiben.

a) *Psychische* Struktur

Eine Definition des Begriffes „psychisch" zu geben, wollen wir nicht versuchen. Trotz großer Fortschritte der Humanwissenschaften, zu denen auch die Psychologie gehört, gibt es noch keinen allgemeingültigen Begriff dessen, was „Psyche" ist[30]. Das ist daran zu erkennen, daß etwa die Beschreibung von Geisteskrankheiten in der Psychiatrie sich regelmäßig in der Darstellung ihrer Auswirkungen, in Aussagen über das Erscheinungsbild für den Betroffenen und für Außenstehende erschöpft, daß aber eine Auskunft über die Krankheitsursachen, wie sie die Pathologie bei der körperlichen Medizin liefert, schwer zu erhalten ist. Man kennt die Veränderungen im Verhalten eines Menschen, der alkoholabhängig wird. Man kann bestimmen, welcher physiologische Vorgang die Sucht auslöst. Man hat aber keinen beschreibbaren Bezugspunkt nicht-körperlicher Art, an dem die Sucht die sogenannten psychischen Fähigkeiten der Person beeinträchtigt. Man kennt Psychopharmaka, die den psychischen Zustand eines Menschen beeinflussen. Bei ihrer Entwicklung ist man aber mehr auf experimentelles als auf systematisches Vorgehen angewiesen, weil sich ihr Wirkungsansatz nicht leicht beschreiben läßt. Phänomene wie Verstand, Gefühl, Irrationalität, Unterbewußtsein sind umschreibbar, können aber nicht definiert werden.

Von daher bleibt es vage, von *psychischer* Struktur zu sprechen. Wie weit dieser Begriff objektiv faßbar wird, kann nicht vom Fortschritt rechtlicher Erkenntnis abhängen, sondern nur von dem tieferen Eindringen der psychologisch-psychiatrischen Fachwissenschaftler in den Gegenstand ihrer Forschung. Die Sicherheit der rechtlichen Beurteilung einer psychischen Situation kann über den Gewißheitsgrad der Aussage nicht hinausgehen, die von den Fachleuten formuliert wird.

---

[30] Das gilt insbesondere, seit die scholastische Begrifflichkeit und Vorstellung von der geistig-seelischen Struktur des Menschen, wie sie etwa in einer SRRDec c. Canestri v. 16. Juli 1943 Bd. 35(1943)594-612, hier 596/597 übersichtlich dargestellt ist, durch neue psychologische und philosophische Denkansätze und Schulen relativiert ist und kaum noch als Verständigungsbasis zwischen den kirchlichen Gerichten und den Fachleuten der Psychologie und der Psychiatrie dienen kann.

b) Psychische *Struktur*

Wir sprechen von der psychischen Struktur, weil wir die Grundlage der psychisch bedingten Ehenichtigkeitsgründe in einer Befindlichkeit sehen, die den Rahmen setzt für das Erkennen, Wollen und Handeln eines Menschens. Hier sei nur gesagt, was unter „Struktur“ verstanden werden soll. Warum die Merkmale, die der natürlichen Grundlage der zu beschreibenden Ehenichtigkeitsgründe zuzusprechen sind, so geartet sind, daß „psychische Struktur“ ihnen entspricht, wird in den weiteren Thesen und ihrer Erläuterung begründet werden.

aa) Struktur als Rahmen

Struktur ist der Rahmen für das, was sich innerhalb ihrer bewegt, entwikkelt, verändert. Die psychische Struktur ist der Raster für Wohlbefinden, Laune, Tatendrang oder Passivität, für Verlangen und Befriedigung, für alle mit der seelischen Befindlichkeit zusammenhängenden Regungen und Veränderungen. Die psychische Struktur setzt aber auch die Freiräume und unüberschreitbaren Grenzen fest für das Erkennen, Wollen und Handeln einer Person.

(1) Der psychisch gesunde Mensch ist fähig, das in die Tat umzusetzen, was er für erstrebenswert erkannt hat und was er verwirklichen will, sofern dem keine äußeren Hindernisse im Wege stehen. In der gesunden, ungestörten Psyche geschieht der Schritt vom Wollen zum Handeln ohne Hemmnisse. Das Handeln ist selbstverständliche Folge des Willensentschlusses. Eine gestörte Psyche kann aber ein unübersteigbares Hindernis für den Schritt zum Handeln bilden. Sie kann es einer Person unmöglich machen, etwas zu tun, was sie für gut hält und gerne verwirklichen möchte. Der Examenskandidat, der zum dritten Male im schwarzen Anzug vor der Tür des Prüfungsraumes umkehrt, hat keine Erklärung, warum er sich der Befragung nicht stellt, auf die er sich seit Jahren vorbereitet hat und auf die er eingestellt ist. Ihm hilft kein Zureden, und ein Versuch zum Zwang würde bei ihm eine körperliche Krankheit hervorrufen, die ihn examensunfähig macht. Hier blockiert eine Störung der psychischen Struktur ein bestimmtes Handeln, obwohl es am Willen dazu nicht fehlt. Umgekehrt kann die psychische Struktur ein Handeln erzwingen, das die Person gar nicht will. Die kriminologische Forschung hat sich mit dem Phänomen des zwanghaften Handelns auseinanderzusetzen[31], das in Frage

[31] Vgl. auch *Bartoloni*, Capacità 142-143

kommt, wenn ein Täter etwa vorbringt, er habe kein Motiv zur Tat gehabt, und er habe das Verbrechen nur begangen, weil er nicht anders konnte. Oder um auf ein Beispiel aus dem Bereich der Ehe zurückzugreifen: Nymphomane Frauen leiden häufig darunter, daß sie immer neue Sexualbeziehungen suchen müssen, die ihrem Drang noch nicht einmal Befriedigung verschaffen, daß sie aber nicht ausweichen können. Hier liegt kein freier Wille mehr vor, der die Suche nach Sexualverhältnissen steuert. Das Handeln verselbständigt sich zwanghaft. Dieses psychische Phänomen ist in der Rota-Rechtsprechung als einer der ersten Fälle psychisch bedingter Ehenichtigkeitsgründe anerkannt worden[32].

Welche konkreten Erscheinungsformen der Behinderung des Handelns durch die psychische Struktur möglich sind, welche Gegenstände des Handelns betroffen sein können, müssen wiederum die Fachleute erforschen. Sie werden auch Auskunft geben müssen, ob es eventuell eine generelle Handlungsunfähigkeit aus psychischen Gründen gibt. Die möglichen Krankheitsbilder, die so beschrieben werden, müssen dann vom Recht anhand rechtlicher Kriterien geprüft und auf ihre Rechtsfolgen hin untersucht werden.

(2) Die psychische Struktur bildet auch den Rahmen für die Möglichkeit einer Person, etwas zu wollen. Eine Störung dieser Struktur kann verhindern, daß eine Person überhaupt etwas will, daß sie irgendwelche Antriebsimpulse verspürt. Die defekte psychische Struktur kann es verhindern, daß jemand sich seine inneren oder äußeren Bedürfnisse soweit bewußt macht, daß der Wunsch nach ihrer Befriedigung entsteht. Es sind auch Fälle denkbar, in denen eine Person unfähig wird, etwas Bestimmtes zu wollen. So stellt sich etwa der Fall eines Mannes dar, der zugleich ein Verhältnis mit seiner Braut und mit seiner Freundin unterhielt. Die äußeren Umstände, die Erwartung der Familien und die Vorbereitungen, die die Angehörigen getroffen hatten, führten ihn zur Eheschließung, ohne daß er das gewollt oder nicht gewollt hätte. Sicher kann ein solches willenloses Geschehenlassen auf der Entscheidung beruhen, sich nicht zu entscheiden, auf der Absicht also, sich treiben zu lassen, um dem Konflikt zu entgehen. Das ist allerdings bei einer Eheschließung nicht wahrscheinlich. Dem erwachsenen Menschen, der entscheidungs*fähig* ist, wird die Tragweite der Ehe in der Regel bewußt sein. Die Entscheidung, sich treiben zu lassen, ist schon Zeichen für eine Unnormalität im Verhältnis zu lebens-

---

32 Vgl. dazu SRRDec c. Heard v. 5. Juni 1941 Bd. 33(1941)488-496, die auch zu den ersten Urteilen gehört, die psychische Phänomene nicht nur in ihrer Auswirkung auf die Eheschließung, sondern auch auf die Eheführung betrachten.

wichtigen Weichenstellungen. Deutlicher wäre die Sachlage allerdings dann, wenn der Gutachter zu der Feststellung käme, daß eine Störung der psychischen Struktur des Mannes es generell verhindert, daß er in Entscheidungssituationen von einiger Tragweite überhaupt einen Willen bildet[33].

(3) Die psychische Struktur ist der Raster für die Erkenntnisfähigkeit der Person. Damit ist nicht die Intelligenz gemeint, die – auch nicht genau definierbare – allgemeine geistige Leistungs- und Verarbeitungsfähigkeit, die selbst schon Grenzen der Erkenntnisfähigkeit setzen kann. Gemeint sind hier Störungen der psychischen Struktur, die generell oder in Einzelfeldern den Weg vom Wahrnehmen zum Verstehen versperren. In der gesunden psychischen Struktur kann das Erfahrene als erstrebenswert oder abzulehnen verstanden werden. Störungen können hier Hindernisse schaffen, die unübersteigbar sind. Die Behinderung der Erkenntnismöglichkeiten durch Geisteskrankheiten ist bekannt. Es gehört zum Erscheinungsbild vieler als amentia begriffener Krankheitsbilder, daß dem Patienten bestimmte Einsichten nicht vermittelt werden können oder daß doch zumindestens die Reaktion darauf so ist, als sei eine Einsicht nicht erfolgt. Es ist letztlich wieder eine Frage an die Fachleute, ob es die Unfähigkeit gibt, bestimmte Inhalte zu erfassen und zu werten, ohne daß die allgemeinen geistigen Fähigkeiten der Person in gleichem Maße beschränkt wären. Das wäre die Voraussetzung für eine spezifisch ehebezogene Störung, für eine „insania in re uxoria“[34]. Wenn die Fachleute eine so geartete Störung diagnostizieren und hinreichend sicher beschreiben können, muß sie Gegenstand einer rechtlichen Bewertung sein.

bb) Dauerhaftigkeit

Der Begriff der psychischen Struktur wurde auch deshalb gewählt, weil er ein nötiges Merkmal der psychischen Ursachen, die die Nichtigkeit der Ehe zur Folge haben, ausdrückt: die Dauerhaftigkeit der psychischen Störung[35].

---

[33] *Bartoloni* (Capacità) erörtert die Arten und Weisen der Willensfähigkeit von Psychopathen aus gerichtsmedizinischer Sicht.

[34] Von „dementia quoad rem uxoriam“ spricht ein Urteil c. Latrémouille v. 9. April 1969 des Gerichtes von Ottawa (in: StC 3(1969)153-163, hier 154) im Falle eines Homosexuellen, wobei mit dementia ausgedrückt werden soll, „what could be called the unbalancing of intellectual faculties, sometimes caused by emotional factors“ (ebd. 155).

[35] Daß es ihm auf die Dauerhaftigkeit der Ursache ankommt, ist wohl auch den Aussagen *Morriseys* (Incapacity 17) zu entnehmen, wenn er als Voraussetzung für die Ehenichtigkeit in den Fällen, die er „incapacity of contractual act“ nennt und womit

Mit dem Begriff „dauerhaft" ist nun nicht zugleich „unheilbar" gemeint. Die psychische Störung ist insofern dauerhaft, als sie nicht durch äußere Einflüsse bewirkt wird, deren Wegfall auch sie verschwinden läßt. Sie ist insofern dauerhaft, als sie nicht durch die Willenstätigkeit des Betroffenen bewirkt oder behoben werden kann. Sie ist dauerhaft, indem sie nicht von selbst wegfällt und sich der Beseitigung durch den Träger der gestörten Struktur entzieht[36].

Die Störung kann dabei durchaus heilbar sein. Sie kann durch den Eingriff Dritter, z.B. des Arztes, des Psychiaters oder Psychologen, behebbar sein. Die Unheilbarkeit gehört nicht zum Begriff der Strukturstörung. Ob sie notwendig ist, um die Ehenichtigkeit zu begründen, wird gesondert zu erörtern sein. An dieser Stelle ist festzuhalten, daß die Störung insofern als dauerhaft beschrieben wird, als sie nicht von sich aus von vorübergehender Natur ist und durch die Willensanstrengung des Betroffenen nicht behoben werden kann.

Die psychisch bedingten Ehenichtigkeitsgründe werden in zwei Richtungen von anderen Tatbeständen abgegrenzt werden müssen, die die Ehe aus anderen Gesichtspunkten und aufgrund anderer rechtlicher Überlegungen nichtig machen. Das sind zunächst die vorübergehenden Störungen der Gei-

---

er den in can. 296 n.2 SE75 genannten Tatbestand meint, fordert, „that there be a ‚structural' incapacity, . . . but not necessarily in a permanent manner." An anderer Stelle (Legislation 353) spricht er von „constitutional incapacity of a person". Auf die hier angesprochene Unterscheidung zwischen der Dauerhaftigkeit, die die Struktur besitzt, und ihrer Wandelbarkeit wird noch einzugehen sein.

36 In diese Richtung scheint auch die Unterscheidung zu gehen, die Di Felice (SRR Dec v. 8. März 1973 in: Monitor 101(1976)85-91, hier 87) macht: „Dupliciter enim invenitur in hominibus incapacitas ad vitae coniugalis communionem: vel afficit personam, imminutam peculiari statu physico et psychico certe requisito ad valide contrahendum; vel tantum pendet ex levibus vitiositatibus indolis, quae perfici ac in melius converti possunt." Für den ersten Fall, der bei Psychoneurosen und Psychopathien einschlägig sei, nimmt er den Satz „Nemo potest ad impossibile obligari" in Anspruch (vgl. dazu unten § 12). Die Störungen, die die zweite Fallgruppe bilden, charakterisiert er damit: „. . . cum vitiositates illae sint emendabiles et sinant coniugibus pleniorem vitae unitatem in dies adipisci . . ." Es wird nicht deutlich, ob Di Felice die Einflußmöglichkeit der Gatten selbst zum Kriterium macht und ob er die beiden Fälle rechtlich verschieden würdigen will. Er sagt nur, daß sie zu unterscheiden seien, doch spricht er die Konsequenzen nicht deutlich aus. Es ist nicht ausgeschlossen, daß Denkkategorien der amentia-Problematik (vgl. dazu unten § 3) hier noch einwirken, da Di Felice zu Beginn der Rechtsausführungen des hier angezogenen Urteils von einer Ehenichtigkeit „ob defectum discretionis iudicii ex incapacitate suscipiendi onera vitae communis coniugalis, quae a nupturientibus adimpleri non posse dicuntur" spricht. Hier sind Gesichtspunkte der Zurechenbarkeit der Ehekonsenserklärung und ihrer Rechtsunwirksamkeit aufgrund von Unmöglichkeit nicht klar getrennt.

stestätigkeit, die durch Rauschmittel, Hypnose, Schock oder ähnliche Ursachen ausgelöst werden. Auch sie führen die Nichtigkeit der Ehe herbei, die unter ihrem Einfluß geschlossen wird. Auf die Unterschiede in der Begründung wird aber noch einzugehen sein (vgl. § 7).

Der Gesichtspunkt der Dauerhaftigkeit, der Ansiedelung der psychischen Störung im Bereich der geistig-seelischen Struktur, ist darüber hinaus wichtig für die Unterscheidung der psychisch bedingten Ehenichtigkeitsgründe von den Tatbeständen im CIC, die sich auf Defekte des Erkennens, Wollens oder Handelns beziehen. Weiter unten (vgl. §§ 4-6) wird zu formulieren und zu begründen sein, daß die Canones des CIC über Erkenntnismängel, Willensmängel und Fehler im Handeln nicht von einer Un*fähigkeit* zu solchen Aktivitäten ausgehen, daß also gerade die Unfähigkeit aufgrund psychischer Störungen ein wichtiges Unterscheidungskriterium ist. Die Erörterung der verschiedenen Rechtsgedanken, die die Nichtigkeitsgründe des CIC und die hier zu behandelnden Fälle tragen, wird zeigen, daß Voraussetzung für die Ehenichtigkeit aus psychischen Gründen nicht Ursachen bloß vorübergehender Natur sein können, sondern nur solche, die von Dauerhaftigkeit sind und eine wirkliche Unfähigkeit der Person begründen.

§ 2

Unterteilung der psychisch bedingten Ehenichtigkeitsgründe

These: *Psychische Ursachen können die Ehe nichtig machen durch*
– Auswirkungen auf die Eheschließung unmittelbar,
– Auswirkungen auf die Eheführung.

Demgemäß sind zwei Fälle psychisch bedingter Ehenichtigkeitsgründe zu unterscheiden, die hinsichtlich ihrer tatsächlichen und rechtlichen Problematik getrennter Betrachtung bedürfen:
– die Ehevertragsunfähigkeit,
– die Eheführungsunfähigkeit.

Es wurde bei der Erläuterung der Themenstellung schon darauf hingewiesen, daß die Einflüsse psychischer Ursachen auf die Gültigkeit der Ehe unter zwei Gesichtspunkten zu betrachten sind[37].

1. Die Prüfung, ob der Geisteszustand eines Kontrahenten eine Ehewillenserklärung zuließ, ist unter dem Klagegrund „amentia“ seit langem Bestandteil

---

[37] *Ogorzaly* (Law 103) sagt zu den Bemühungen seines Gerichtes in Fällen psychisch bedingter Ehenichtigkeit und als Ergebnis seiner Untersuchungen entsprechender Rota-Rechtsprechung: „As a result of our studies, we find that these cases of psychological inability to fulfill marital obligations or, as some tribunals call them, moral impotence can be attacked from two different viewpoints. From the first viewpoint, the validity of the marriage in question can be attacked on the grounds of defective consent flowing from intellectual or volitional weakness which is caused by mental illness in its broadest sense. From the second viewpoint, the validity of such marriages can be attacked on the grounds of *lack* of the *object* of consent, that is, the party is not capable of fulfilling the essential obligations of marriage.“ Hier ist die Zweiheit möglicher Auswirkungen, die psychische Störungen haben können, deutlich gesehen. Es werden jedoch andere Formulierungen der gemeinten Unterscheidung notwendig sein, wie weiter unten gezeigt werden wird.

der kirchlichen Ehegerichtspraxis. Der unmittelbare Einfluß psychischer Störungen auf die Fähigkeit, einen gültigen Ehevertrag zu schließen[38], ist hier aber nicht unter der Formel „amentia/Geisteskrankheit" zu erörtern; denn der Begriff „amentia" ist in der bisherigen Praxis nicht nur als Rechtsbegriff, sondern in Abgrenzung zu dementia und debilitas mentis auch als medizinisch psychiatrischer, d.h. vor-rechtlicher Begriff verwendet worden. Zum anderen sagt „amentia" allein nichts darüber aus, inwiefern eine psychische Störung, die so bezeichnet wird, von Einfluß auf die Gültigkeit der Ehe ist.

Es soll eine neue Begrifflichkeit gewählt werden, die von dem Ansatzpunkt her kommt, an dem die Gültigkeit der Ehe in Frage gestellt ist: der Unfähigkeit einer Person, einen gültigen Ehevertrag zu schließen. Wie diese Unfähigkeit näher zu beschreiben und abzugrenzen ist, wird im ersten Teil dieser Arbeit erörtert. Der Arbeitsbegriff soll dabei *Ehevertragsunfähigkeit* sein.

2. Auf literarische und gerichtspraktische Versuche der letzten Jahrzehnte stützt sich ein Ehenichtigkeitsgrund, der als Folge der Unfähigkeit betrachtet wird, die Verpflichtungen aus dem Ehevertrag zu erfüllen[39]. Hier hat sich noch keine feste Bezeichnung gebildet. Es ist von moralischer Impotenz ebenso die Rede wie von Erfüllungsunvermögen und Unfähigkeit zur Übernahme der ehevertraglichen Verpflichtungen[40].

---

[38] Mit einer häufig gebrauchten Terminologie kann man sagen: Es geht um die unmittelbaren Beeinträchtigungen des „matrimonium in fieri".

[39] Sehr klar wird die Unterscheidung in einer Decisio der Sectio I der Apostolischen Signatur c. Staffa in einer Causa Harlemensis v. 5. Dezember 1972, Prot.N. 3196/72, in: Apollinaris 46(1973)281-292, und in: Periodica 62(1973)567-580 ausgesprochen: „Hi «recentiores quidam»" – ein Zitat aus einer SRRDec c. Pinto v. 18. März 1971 (in: Periodica 61(1972)439-445, hier 440) – „et ipsa iurisprudentia rotalis... cum de ‚impedimento impotentiae moralis' vel simpliciter de ‚impotentia morali' loquuntur, significare intendunt caput nullitatis diversum ab impotentia coeundi de qua can. 1068, et ab incapacitate emittendi consensum matrimonialem ob aliquem defectum qui ipsas facultates superiores intellectus et voluntatis tali modo afficiat, ut contrahens actum liberum voluntatis in matrimonium contrahendum elicere non possit. «Impotentia moralis» de qua loquuntur hi recentiores «non tangit elementa formalia consensus matrimonialis, a.v. *non inficit cognitionem aestimativam et voluntatem consensum elicientis sub ratione ipsius operantis; tangit autem obiectum consensus*» (coram Anné 17. ian. 1967), quatenus scilicet qui matrimonium init ob aliquod vitium vel perturbationem incapax est adimplendi officia essentialia quae constituunt obiectum contractus matrimonialis."

[40] Von moralischer Impotenz sprechen etwa *Zapp* (Incapacitas 463 und 468), *Keating* (Legal Test 35), Bericht der Codex-Reform-Kommission in: Communicationes 3(1971) hier 77, *Primetshofer* (Eheunfähigkeit 221), *Navarrete* (Incapacitas 78); den Begriff „Erfüllungsunvermögen" findet man u.a. bei *Zapp* (Incapacitas, Titel); Unfähigkeit zur Übernahme der Ehepflichten ist der am meisten gebrauchte Begriff, z.B. *Navarrete* (Incapacitas), *Köster* (Psychische Eheunfähigkeit 101), *Zapp* (Incapacitas 470).

Auch hier soll der Begriff von dem Ansatzpunkt her formuliert werden, an dem sich die psychischen Störungen zeigen und auswirken: der Unfähigkeit, eine Ehe zu führen[41]. Der zweite Teil dieser Arbeit wird sich mit der rechtlichen Grundlage, mit Abgrenzungen und Merkmalen dieser Fallgruppe auseinandersetzen. Der psychisch bedingte Ehenichtigkeitsgrund, der sich in der Unfähigkeit zur Eheführung zeigt, wird als *Eheführungsunfähigkeit* bezeichnet.

[41] Um wieder einen oft gebrauchten Begriff zu erwähnen: Beeinträchtigung des „matrimonium in facto esse" durch psychische Störungen, die eine Ungültigkeit der Ehe bewirken.

I. TEIL

EHEVERTRAGSUNFÄHIGKEIT

1. KAPITEL

RECHTSGRUNDLAGE

§ 3

Rechtsgrundlage der Ehevertragsunfähigkeit

These: *Rechtsgrundlage für die verungültigende Wirkung der psychischen Störungen, die die Eheschließung unmittelbar beeinträchtigen, ist der Grundsatz des natürlichen Rechtes, daß ein Vertrag nur durch zurechenbare Willenserklärungen zustande kommen kann.*

Eine Willenserklärung ist nur dann zurechenbar, wenn der Erklärende bei ihrer Abgabe über ausreichende Fähigkeiten des Erkennens, Wollens und Handelns verfügte.

1. Ehe ist auch Vertrag

Das Zweite Vatikanische Konzil hat in der Pastoralkonstitution „Gaudium et Spes" den Begriff „Vertrag" für die Beschreibung der Ehe absichtlich nicht verwendet und stattdessen von einem „foedus - Bund" zwischen den

Ehegatten gesprochen[42]. Das Bemühen des Konzils um eine theologische, aus den Begriffen der biblischen Texte erfließende Sprache zur Bezeichnung einer komplexen, ganzmenschlichen und sakramentalen Wirklichkeit bringt aber keine Vorentscheidung für den Kanonisten, die Einigung zwischen den Brautleuten nun auch nicht länger als Vertrag zu bezeichnen. Inhalt dessen, was zwischen den Ehegatten zu geschehen hat, damit ihre Verbindung eine sakramentale Ehe wird, ist die Erklärung ihres Willens, der sich auf die Begründung bestimmter gegenseitiger Pflichten richtet[43]. Der für eine beiderseitige übereinstimmende Willenseinigung gebräuchliche und stets in diesem Sinne verstandene Rechtsbegriff ist „contractus - Vertrag"[44]. Mag auch mit diesem Wort nicht alles über die Ehe gesagt sein, so kann doch die Ehe ohne die vertragliche Einigung der Gatten, ohne rechtliche Selbstbindung in Gegenseitigkeit nicht zustande kommen[45].

[42] Vgl. Gaudium et Spes Nr. 48. Kommentierung dazu bei *Häring*, LThK Konz. III 429. Vgl. weiterhin *LaDue* (Love 37/38).

[43] „Talis consensus est *actus voluntatis* indolis pactitiae". (Ansprache Pauls VI. vom 9. Februar 1976 an die Rota zur Eröffnung des Gerichtsjahres, AAS 68(1976)204-208, hier 206.)

[44] Die Codex-Reform-Kommission hat den Begriff „contractus" bei der Neubearbeitung des Eherechtes beibehalten, vgl. can. 242 SE75. *Lefebvre* (Évolution 353 Anm. 24) will zwar den Vertragscharakter der Ehe nicht leugnen, doch sei der Ehevertrag von so spezieller Art, daß er nicht mit anderen Verträgen verglichen werden könne: er sei nicht auflösbar, er ziele nicht auf Rechte ab, sondern auf eine interpersonelle Beziehung („ne porte pas sur des droits, mais sur une relation interpersonelle"). Mit letzterer Aussage wäre das rechtliche Verständnis der Ehe nicht nur erweitert, sondern umgeworfen. Mag es auch nottun, die Auswirkungen der Fähigkeit zu zwischenmenschlichen Beziehungen auf die Gültigkeit der Ehe zu untersuchen, so darf man doch nicht so verkürzend sprechen, daß man die vorgegebene Wirklichkeit – den Ehevertrag – umdeutet, um ein neu erkanntes Merkmal der Wirklichkeit – die interpersonelle Beziehung – ausreichend würdigen zu können. Die Apostolische Signatur hat in einem Urteil c. Staffa v. 29. November 1975 (in: Apollinaris 49(1976)31-48, hier 35) die bisherige Vertragslehre verteidigt: „Ex his patet iudices utriusque instantiae principium «matrimonium facit partium consensus» sumere sensu omnino diverso ac doctrina communis et recta ac constans iurisprudentia. Praeterea gratis et erronee asseritur Concilium Vaticanum II hanc mutavisse doctrinam."

[45] Auch die Frage, wer Spender des Ehesakramentes ist, ob die Eheleute selbst oder der bisher als Amtszeuge bezeichnete Traupriester, erfordert keine Änderung in der Bewertung der Ehe als Vertrag. Ohne die vertragliche Willenseinigung der Partner kann die Ehe nicht zustande kommen, wenn sie auch vielleicht durch den Vertrag allein noch nicht zustande kommt, sondern der Bestätigung durch den Vertreter der Kirche bedarf. Für die letztgenannte Ansicht z.B. *Mörsdorf*, Lehrbuch II 134 und 246/247, sowie *Mörsdorf*, Der ritus sacer in der ordentlichen Rechtsform der Eheschließung, in: Liturgie. Gestalt und Vollzug (Festschrift für J. Pascher) München 1963, 252-266. Gegenteiliger Ansicht *Mosiek*, Eherecht 40.

2. Unzulänglichkeit des allgemeinen Vertragsrechtes

Der CIC kennt kein allgemeines Vertragsrecht. Ein allgemeines „Recht der Willenserklärung" ist nur in Rudimenten vorhanden. Es ist im Codex nur von dem Einfluß der Gewalt (can. 103 § 1), der schweren Furcht, der arglistigen Täuschung (can. 103 § 2) und des Irrtums (can. 104) auf Rechtsakte die Rede[46]. Für Verträge kirchlichen Rechtes werden die Normen des Zivilrechtes, das am Vertragsort gilt, anwendbar gemacht, wenn nicht göttliches Recht oder eine kanonische Norm entgegensteht[47].

Daß es im kircheneigenen Rechtssystem an einem allgemeinen Vertragsrecht fehlt, ist für den Bereich der Vermögensverträge nicht als Mangel anzusehen. Daß der CIC keine Normen dieses Rechtes enthält, hat seinen Grund darin, daß bei der Umsetzung des kanonischen Rechtes vom Fall-Recht in das abstrakte kodikarische Normensystem die Kirche längst nicht mehr Forum und gesellschaftlicher Raum für das Eingehen vermögensrechtlicher Verträge war. Gerade auf diesem Gebiet bedarf es einer gesellschaftlichen Autorität, die die Durchsetzung vertraglicher Ansprüche garantiert. Das war die Kirche mit ihrer größtenteils zur Theorie gewordenen ordentlichen Gerichtsbarkeit und der beschränkten Möglichkeit, ihre Urteile durchzusetzen, nicht mehr.

---

[46] Anscheinend will die Codex-Reform-Kommission den Inhalt des can. 1086 § 1, der sicherlich zum allgemeinen Recht der Willenserklärung gehört, ebenfalls zu den allgemeinen Normen ziehen. Vgl. dazu can. 112 § 2 des Entwurfes für die Normae Generales von 1974.

[47] Can. 1529 CIC. Die Aussage, es mangele an Normen des allgemeinen Vertragsrechtes, heißt nicht gleichzeitig, daß sich nicht an anderem Ort im CIC Normen fänden, aus denen sich Folgen für die Gültigkeit von Verträgen ergeben. Can. 89 – eine Norm aus dem Personenrecht – stellt z.B. fest, daß eine minderjährige Person bei Rechtsgeschäften der Gewalt der Eltern untersteht. Das gilt gemäß can. 88 § 3 auch für die habituell Geisteskranken, die insoweit den unmündigen Kindern unter sieben Jahren gleichgestellt sind. Hieraus läßt sich entnehmen, daß die rechtsgeschäftliche Erklärung eines Geisteskranken nicht rechtswirksam ist, obwohl das nicht ausdrücklich gesagt ist. *Mörsdorf* (Systematik 8) vermerkt das Fehlen wichtiger Regeln unter den allgemeinen Normen des CIC. Er wünscht sich dort einen Abschnitt über die Person und ihr Rechtshandeln, Aussagen über die Rechtsfähigkeit und Geschäftsfähigkeit (ebd. 16). Zweifellos ist die Abhandlung der Geisteskrankheit unter dem Stichwort der „Geschäftsfähigkeit" möglich. Dann bedarf es aber einer Norm im Abschnitt über das rechtsgeschäftliche Handeln, daß die Geschäftsfähigkeit der Person Gültigkeitsvoraussetzung für ihr rechtliches Tun ist. Entsprechendes fehlt heute im CIC.

Das Eherecht des CIC, das einen speziellen Vertrag normiert, der sich in seinen Inhalten stark vom zivilrechtlichen Ehevertrag unterscheidet, hätte sich nicht mit der anpassenden Übernahme der cann. 103 und 104 in die eherechtlichen cann. 1087 und 1083 begnügen dürfen. Zwang, Furcht und Irrtum sind nicht die einzigen allgemeinen Gesichtspunkte, die für die Gültigkeit eines Vertrages und auch des Ehevertrages von Bedeutung sind. Die Überleitungsnorm des can. 1529 CIC, die das staatliche Recht für kirchliche Verträge anwendbar macht, hilft hier auch nicht weiter. Rechtsgrundsätze, die auf diesem Wege heranzuziehen wären, müssen für den Ehevertrag wegen seiner Besonderheiten getrennt formuliert werden. Eine Verschiedenheit der Voraussetzungen für die Ehe je nach der Ausgestaltung des jeweiligen örtlichen Zivilrechtes kommt nicht in Frage. Und es wäre bei der Bedeutung der Ehe als sakramentaler Wirklichkeit und als Hauptgegenstand kirchlicher Rechtsprechung mehr als mißlich, wenn die Normen des jeweiligen staatlichen Rechtes angewendet und dabei auf ihre Widerspruchslosigkeit mit dem göttlichen und kanonischen Recht geprüft werden müßten.

3. Füllung der Lücke

Aus den Normen des CIC läßt sich für ein allgemeines Vertragsrecht zu wenig entnehmen, so daß auch eine Übertragung auf den Ehevertrag nicht geschehen kann. Es ist daher notwendig, im Sinne des can. 20 CIC, der die Anwendung „allgemeiner Rechtsgrundsätze unter Wahrung der kanonischen Billigkeit" zur Füllung von Gesetzeslücken zuläßt, anzunehmen, daß Prinzipien, die für Verträge aus der Natur der Sache heraus gelten, auch für kirchliche Verträge anwendbar sind, soweit daraus kein Widerspruch zu göttlichem Recht und den ausdrücklichen kanonischen Normen entsteht.

Einem solchen Rechtsprinzip, das aus der Natur der Sache folgt, wollen wir uns nähern, indem wir zunächst den Ehevertrag selbst näher betrachten (a) und dann eine besondere Voraussetzung seiner Gültigkeit untersuchen (b).

a) Inhalt eines gegenseitigen Vertrages ist grundsätzlich die Erklärung zweier Vertragspartner, sich einander zu bestimmten Leistungen, Gewährungen, Duldungen oder Unterlassungen zu verpflichten[48]. Im Vertrag ist das Recht stets

[48] Ob die Umschreibung dieses Aktes der Selbstverpflichtung statt mit „consensus" besser mit „donatio" geschieht, und der Inhalt der Zusage statt mit „essentialia matrimonii proprietates" und „bona matrimonii" besser mit „amor conjugalis", wie *Murtagh* (Amor 52 und 55) es will, wiedergegeben wird, darf wohl füglich bezweifelt werden.

die Kehrseite einer Pflicht. Die Übernahme einer Verpflichtung durch einen Partner ist sachlich identisch mit dem Recht des anderen, die Erfüllung der Verpflichtung zu verlangen. Es ist klarer, von der Übernahme von Pflichten durch beide Partner zu sprechen, wenn der Inhalt eines Vertragsschlusses beschrieben werden soll, als von der Übergabe von Rechten. Das Recht ist ja erst Folge der wirksam eingegangenen Verpflichtung.

Inhalt einer Vertragserklärung ist im gegenseitigen Vertrag stets das Eingehen einer Verpflichtung und die Annahme der Zusage, die der andere Teil macht. Bei genauer Unterscheidung der Vorgänge bei Abschluß eines gegenseitigen Vertrages muß man vier Erklärungen sehen, was in can. 1081 § 2 CIC auch deutlich wird:

– die Erklärung des Partners A, sich zu verpflichten,
– die Erklärung des Partners B, die Verpflichtung anzunehmen,
– die Erklärung des Partners B, sich zu verpflichten, und
– die Erklärung des Partners A, die Verpflichtung anzunehmen.

Die beiden Annahmeerklärungen haben im gegenseitigen Vertrag keine große Bedeutung, weil die Erklärung, sich zu verpflichten, in der Erwartung getan wird, daß auch der andere Partner sich verpflichten werde. Die eigene Erklärung soll nur binden, wenn ihr die Verpflichtung des Partners gegenübergestellt wird. In dieser Voraussetzung liegt schlüssig die Annahme der Verpflichtung des anderen Teiles.

Ohne die Vier-Zahl der Erklärungen im gegenseitigen Vertrag in Frage stellen zu wollen, kann man den Vertragsschluß doch vereinfachend beschreiben als die beiderseitige Selbstverpflichtung der Partner zu bestimmten Leistungen, Gewährungen, Duldungen oder Unterlassungen.

b) Der Vertrag kommt also durch Erklärungen zustande, die eine Verpflichtung beinhalten. Wann erlangt aber eine solche vertragliche Willenserklärung, mit der eine Person sich selbst verpflichtet, Rechtswirksamkeit?

Recht ist immer – anders als Gerechtigkeit – eine gesellschaftliche Größe: es ordnet die verläßlichen Lebensbeziehungen der Glieder einer Gesellschaft untereinander. Rechtswirksamkeit ist daher eine Eigenschaft, die die Gesellschaft einer Willenserklärung zuerkennt.

Die Rechtswirksamkeit einer Verpflichtungserklärung tritt ein, wenn die Gesellschaft, in deren Lebensgefüge der Erklärende steht, ihn zur Einhaltung seiner Verpflichtung anhält und ihn u.U. dazu zwingt. Sie tritt ein, wenn die Gesellschaft jedem Handeln, das mit der zuvor erklärten Verpflichtung im Widerspruch steht, die Anerkennung versagt. Sie tritt ein, wenn sich die Gesellschaft mit dem Interesse dessen identifiziert, der durch die Verpflichtung begünstigt wird, und die Beachtung der Verpflichtung und des daraus folgenden Rechtes durch die übrigen Glieder der Gesellschaft zusagt[49].

Eine Erklärung, die auf die Selbstverpflichtung einer Person gerichtet ist, kann von der Gesellschaft nur dann wie dargelegt beantwortet werden, sie kann nur dann Rechtswirksamkeit erlangen, wenn sie dem Erklärenden zuzurechnen ist[50]. Das kann fraglich sein, wenn etwa Sprechen, Unterschreiben, Nicken, gegebenenfalls sogar Schweigen, was nach den jeweiligen gesellschaftlichen Übereinkünften als Verpflichtungserklärung gedeutet werden kann, nicht notwendig Ausfluß eines wirklichen Willens ist. Und selbst wenn es Ausfluß eines solchen Willens der Erklärenden ist, muß der Wille selbst nicht Produkt der geistig-seelischen Persongesamtheit sein, als den die Rechtsordnung den Träger von Rechten und Pflichten versteht. Lediglich dann, wenn die geistig-seelische Persongesamtheit des Erklärenden Urheber der Verpflichtungserklärung ist, kann er für seine Erklärung zur Verantwortung gezogen werden, kann er mit den Folgen seiner Erklärung belastet werden, kann die Erfüllung

---

[49] In einer Welt, in der sich verschiedene Gesellschaften überschneiden – z.B. die kirchliche und die staatliche –, kann der Erklärende die Gesellschaft wählen, in deren Lebensgefüge er sich mit seiner Verpflichtung stellen will. Diese Wahlmöglichkeit wird so wahrgenommen werden, daß die Erklärung vor der Öffentlichkeit abgegeben wird, die die gewünschten Rechtsfolgen garantiert. Die Erklärung, eine unauflösliche Lebensgemeinschaft eingehen zu wollen, hat vor der staatlichen Öffentlichkeit nicht die Folge, daß eine Scheidungsklage später abgewiesen wird. Das Recht des Staates garantiert eine solche Selbstverpflichtung nicht. Er wird also einer neuen Ehe die Anerkennung nicht versagen. Wird die Erklärung jedoch vor der kirchlichen Öffentlichkeit abgegeben, so stimmen die Rechtsfolgen mit dem in der Erklärung Gewollten überein: die Kirche läßt keine Auflösung der Ehe zu und versagt der zweiten Ehe die Anerkennung.

[50] *Morrisey* (Incapacity 13) formuliert den ersten Tatbestand im Bericht der Codex-Reform-Kommission (Communicationes 3(1971)77), der dann can. 296 n.1 SE75 wurde, als „incapacity of personal responsibility". Dieser Begriff ist sehr geeignet, das Problem der Ehevertragsunfähigkeit deutlich zu machen. Leider hält *Morrisey* ihn selbst nicht durch, sondern vermengt ihn mit der Unfähigkeit zur Leistung des Konsensobjektes (ebd. 13 und 16). Sabattani (SRRDec v. 24. Februar 1961 Bd. 53(1961)116-132, hier 117/118) hat Recht, wenn er die Dreiheit der Zurechenbarkeitsstufen des can. 2201 CIC, d.h. des kanonischen Strafrechtes, nicht für auf die Ehe anwendbar hält. Nicht ganz zutreffend ist der erläuternde Satz: „Hic enim non agitur de imputabiiitate actus, sed de sufficientia consensus"(ebd. 118). Der Konsens kann in diesen Fällen – anders als bei den Konsensmängeln des CIC – nur deshalb als insuffizient bezeichnet werden, weil es an der Zurechenbarkeit des Erklärungsaktes fehlt. Auch hier muß der erste Schritt vor dem zweiten getan werden.

der eingegangenen Verpflichtung gegen ihn durchgesetzt werden kurz: kann die Erklärung ihm zugerechnet werden[51].

Bei der Ermittlung des Maßstabes, der an die Voraussetzungen der Zurechenbarkeit einer Erklärung gelegt wird, ist die Ausgangsposition zu beschreiben. Es stehen sich das Interesse an der Wahrung der individuellen Freiheit und das an der Sicherung der Rechtsbeziehungen unter Personen gegenüber.

Extreme Position der individuellen Freiheit wäre es, wenn man eine Verpflichtungserklärung nur dann mit Rechtswirkungen versähe, wenn *positiv erwiesen* ist, daß der Erklärende sie in voller Erkenntnis seines Tuns und in voller Freiheit des Wollens und Handelns abgegeben hat.

Extreme Position der Sicherung interpersoneller Rechtsbeziehungen wäre die Forderung, die Rechtswirksamkeit an die *öffentliche Erklärung* zu knüpfen, ohne daß eine Überprüfung der individuellen Zurechenbarkeit stattfände.

Beide Positionen müssen ausscheiden, wenn der Vertrag als Rechtsfigur seine Funktion im Leben einer Gemeinschaft nicht verlieren soll. Jedes

---

[51] Sehr gut bringt Mattioli (SRRDec v. 20. Dezember 1962 Bd. 54(1962)706-725, hier 710/711) den Zusammenhang zwischen der Urheberschaft der Gesamtpersönlichkeit und der Rechtswirksamkeit der Konsenserklärung zum Ausdruck: „Ubi constet subiectum, sive ante sive post matrimonium, tali aegritudine laborasse ut, integra etiam manente eius intelligendi facultate, salvaque scientia seu notione de qua in can.1082, perturbata tamen in eo appareat harmonica illa ordinatio ac conspiratio superiorum facultatum, intellectus scilicet ac voluntatis, ex qua procedit conscia et libera determinatio ad certum obiectum, cum facultate ad aliud divertendi: morali certitudine iudicari potest ac debet consensum matrimonialem, a tali subiecto externe manifestatum, solummodo apparentem fuisse, et non realem, ideo essentialibus matrimonii iuribus et oblationibus gignendis absolute imparem." *Villeggiante* (Incapacità 46) zitiert eine SRRDec c. Bonet v. 11 Dezember 1967 (Bd. 59(1967)840-849, hier 842), in der es heißt: „Sed, etiamsi intellectus non deficit, deminutio intentionis seu volitionis usque ad suppressionem verae electionis dari potest ex perturbationibus psychologicis, quibus destruitur harmonica conspiratio facultatum hominis in obiectum volitionis. Deest enim proportio inter discretionem huius generis et decisionem voluntatis ab influxu intrinseco ita alienam ut actus ille humanus quo consensus efficitur imputari possit responsibilitati contrahentis." Hier wird die Zurechenbarkeit als Folge der Urheberschaft der ungestörten Persongesamtheit deutlich. Das Verhältnis von Gesamtpersönlichkeit und geistig-seelischen Funktionsbereichen drückt Ewers (SRRDec v. 27. Mai 1972, in: Monitor 98(1973) 208-217, hier 209) so aus: „Quamvis in homine sanae mentis consona utriusque facultatis exstet unitas atque mutua miraque interdependentia, nec eas liceat adeo seiungere ut subiecti rationalis identitas pessumdetur, tamen sive ars psychiatrica sive scientia moralis et iuridica merito distinguunt earundem facultatum proprias uniuscuiusque operationes."

Rechtssystem sieht daher einen Kompromiß vor. Im kanonischen Recht ist er in die Form des Regel-Ausnahme-Verhältnisses gekleidet, das can. 1086 § 1 CIC formuliert: Die abgegebene Erklärung gilt als zutreffende Wiedergabe des Willens, wenn das Gegenteil nicht erwiesen wird. Dabei bestimmt das Interesse an der Rechtssicherheit die Regel, die Wahrung der individuellen Freiheit die Ausnahme[52]. Es wird das vor der Öffentlichkeit Erklärte zugerechnet, wenn nicht feststeht, daß der Erklärende seine Äußerung nicht zu verantworten hat[53]. Er hat sie u.a. dann nicht zu verantworten, wenn ihm bei der Abgabe der Erklärung die ausreichenden Fähigkeiten des Erkennens, Wollens oder Handelns gefehlt haben[54].

---

[52] Ähnliches gilt für can. 1014 CIC. Auch hier stehen sich die Positionen der öffentlichen Rechtssicherheit – die formgerecht geschlossene Ehe, eine soziale Wirklichkeit, gilt als wirksam – und des individuellen Interesses – die Nichtigkeit der formgerecht geschlossenen Ehe soll festgestellt werden – im Regel-Ausnahme-Verhältnis gegenüber. Daß öffentliches und individuelles Interesse Gegensätze seien, wird in jüngerer Zeit zu Recht mit dem Hinweis bestritten, daß es dem öffentlichen Interesse direkt widerspreche, Partner an einer nicht bestehenden Ehe wegen konkreter Nichtwiderlegbarkeit der Vermutung des can. 1014 festzuhalten. Man wird jedoch modifizierend sagen müssen, daß das „öffentliche Interesse“ in sich nicht einlinig ist, sondern den Willen zur Feststellung des objektiv Richtigen mit dem zur Praktizierung des gesellschaftlich Handhabbaren zu vereinbaren hat. Man kommt dann doch wieder zu der oben genannten Alternative, nur daß man das Interesse an der Feststellung der Ehenichtigkeit dann nicht mehr als rein individuell ansieht, sondern als Komponente des öffentlichen Interesses. Diese Komponente kam ja bisher schon zum Ausdruck dadurch, daß das Ehenichtigkeitsverfahren kein processus contentiosus im eigentlichen Sinne war, sondern ein Feststellungsverfahren nach dem Amtsermittlungsprinzip. Zu der hier angeschnittenen Frage nach der Vermutung des can. 1014 CIC und neuerer Überlegungen dazu vgl. *Boulanger*, Problèmes 218 mit weiteren Nachweisen.

[53] Im kanonischen Eherecht wird nicht nur auf die Zurechenbarkeit der Erklärung abgestellt, sondern auch auf die Übereinstimmung zwischen Wille und Erklärung. Der Kontrahent hat eine simulierte Erklärung zwar zu verantworten, doch schafft sie keine gültige Ehe.

[54] Es sind auch andere Möglichkeiten zu erwägen, wie sich das Zustandekommen einer ganzmenschlichen Entscheidung anthropologisch-philosophisch fassen läßt. Das Schema Erkennen-Wollen-Handeln kann insoweit nur beispielhaft verstanden werden. Für den Fall der „personality disorder“ beschreibt *Reinhardt* (Mental Disorder 215) die Ansatzpunkte dieses psychopathologischen Phänomens bei der Erkenntnisfähigkeit und bei der inneren Freiheit des Willens. Der dritte Ansatzpunkt liegt seiner Meinung nach bei der Fähigkeit, eine interpersonelle Beziehung in der Ehe zu verwirklichen. Er beschreibt die Unfähigkeit, andere Personen anders als als Dinge oder als Mittel zur Befriedigung der eigenen Bedürfnisse zu sehen (ebd. 216), doch sollte man nicht wie er den Ton darauf legen, daß hier die Unfähigkeit zu einer *glücklichen* Ehe ausschlaggebend sei, sondern die Unfähigkeit, in der Ehe eine Gemeinschaft von *Personen* zu sehen und zu realisieren. Das

c) Mit der Aussage, daß die Zurechenbarkeit einer Erklärung die ausreichende Fähigkeit des Erklärenden zum Erkennen, Wollen und Handeln voraussetzt, ist die Grenze des abstrakt Formulierbaren erreicht[55]. Die Frage im Einzelfall, wann die genannten Fähigkeiten bei einer konreten Person ausreichen, kann nicht mehr allgemein beantwortet werden[56]. In der Literatur und Rechtsprechung verwendete Begriffe wie „dem Ehevertrag angemessene Urteilsfähigkeit"[57] gehen inhaltlich nicht über das hier genannte Kriterium „ausreichende Fähigkeit" hinaus[58].

Wann die genannten Fähigkeiten ausreichen, ist außerdem von der Art der abzugebenden Verpflichtung abhängig. Bereits das verhindert eine abstrakte Definition dessen, was „ausreichend" näherhin meint[59]. Ein auch

---

genannte Erscheinungsbild als Unfähigkeit zur Liebe zu bezeichnen, führt ins begrifflich Vage und verhindert eine rechtliche Bewertung.

[55] In einem Urteil des Tribunals von Quebec c. Grenier v. 2. Oktober 1970 (in: StC 4(1970)315-320, hier 315) findet sich der zutreffende Satz: „Quaenam mentis discretio, quaenam libertas requiruntur ad matrimonium valide contrahendum quandoque arduum est determinare in concreto." Dabei fehlt es nicht an eingehenden Erörterungen der zu lösenden Frage. So bemüht sich etwa Said (Dec. Vicariatus Urbis v. 13. Mai 1965 in: Monitor 93(1968)306-314; abgedruckt ist nur ein Teil der Rechtsausführungen) um eine umfassende Behandlung des Problems „De necessaria et sufficienti discretione iudicii in contrahente ad validum consensum matrimonialem praebendum requisita."

[56] Rechtsprechung zu den psychosomatischen Voraussetzungen der inneren Willensfreiheit erarbeitet *Lesage* (Jurisprudence 10-11). *Keating* (Legal Test 35) ist der Ansicht, der rechtliche Maßstab für die Beurteilung der „marital insanity" sei ständig zu überdenken und zu reformieren.

[57] So spricht *Villeggiante* (Incapacità 30) von der „maturità di giudizio proportionata alla gravità degli obblighi che dal contratto derivano." Sabattani (SRRDec vom 24. Februar 1961 Bd. 53(1961)116-132, hier 118) sagt: „Unica mensura sufficientis consensus est discretio iudicii matrimonio proportionata." Weitere Belege ließen sich reichlich anführen. *Brown* (Immaturity 55/56) schildert den Übergang in der Rota-Rechtsprechung von der Sanchez-Norm (Todsünden-Norm) zur Thomas-Norm (debita discretio). Von „rectum iudicium" spricht eine SRRDec c. Di Felice v. 9. Juni 1973 (in: Monitor 99(1974)197-205, hier 199): „Qui imperfecta sua maturitate psychologica vel aliis psychologicis implicationibus, inaffectivitate non exclusa, intellectum et voluntatem impedientibus, rectum iudicium de juribus et obligationibus coniugalibus quod matrimonium celebrandum efficere impeditur, consensum a can. 1081 requisitum praestare non valet. Non enim velle potest actu humano positivo, quod facultate critica recte iudicare incapax est."

[58] *Ahern* (Incapacity 233) spricht von „discretion of mind and will proportionate to the nature of marriage" als dem entscheidungserheblichen Kriterium, wenn er es auch als vage bezeichnet, und zwar als notwendigerweise vage (ebd. 234).

[59] *Keating* (Bearing 164) weist darauf hin, daß die scholastische Abgrenzung von Geisteskrankheit danach, ob der Kontrahent zur Setzung eines actus humanus fähig sei, nur negativ brauchbar sei. Wer einen solchen Akt nicht setzen kann, ist zur Ehe nicht fähig,

Kindern möglicher Tauschvertrag (Lutscher gegen Luftballon) erfordert, mag er auch für die Vertragspartner momentan von größter subjektiver Wichtigkeit sein, objektiv nicht dasselbe Maß an Fähigkeit zum Erkennen, Wollen und Handeln wie ein Vertrag, durch den sich beide Partner verpflichten, eine unauflösliche Lebensgemeinschaft in Treue zu gegenseitiger Hilfe und zur Erzeugung und Erziehung von Kindern einzugehen[60]. Allein die Unterschiedlichkeit der Voraussetzungen, die ein Vertrag erfordert, der sich mit seinem Abschluß schon erledigt (Barkauf), und die ein auf Dauerwirkungen gerichteter Vertrag verlangt (Ehe), sind von der Literatur und Rechtsprechung wiederholt erörtert worden[61].

---

aber auch zu keinem anderen Rechtsgeschäft. *Keating* (ebd. 166-170) zeigt, daß auch Thomas von Aquin für die Ehe und für andere Entscheidungen im Leben eine unterschiedliche Urteilskraft verlangte.

Wynen (SRRDec v. 25. Februar 1941 Bd. 33(1941)144-168, hier 150) erörtert zunächst die strafrechtliche Zurechenbarkeit anhand des Begriffspaares cognitio conceptualis/cognitio aestimativa. Letztere pflege einem Kind zu fehlen, dem Erwachsenen dagegen nicht. Er überträgt dann diese Gesichtspunkte auf das Vertragsrecht: „Haec autem essentialis differentia inter puerum et adultum quoad proprii actus imputabilitatem multo magis quam in iure poenali valet in iure civili, et potissimum in iure contractuum. Puer quinque annorum, qui mille libellis ludos et oblectamenta puerilia emit, etsi forte *conceptualiter* bene scit, quid sint mille libellae, ludi et oblectamenta, quid emere et vendere, tamen quia caret requisita mentali evolutione et maturitate, nondum, ne quoad substantiam quidem, *aestimare et ponderare* valeat, quid sit mille libellis oblectamenta ludosque emere. Ideo, etiam spectato solo iure naturae, dici debet *invalide contrahere*."

60 *Ahern* (Incapacity 230) bringt als entsprechendes Beispiel zur Unterscheidung des Grades der erforderlichen Geistesreife den Unterschied im Kauf eines Lotterieloses, eines Gebrauchtwagens und schließlich in der Eheschließung. Auch für die Reife des Willens nennt *Ahern* (ebd. 230/231) Abstufungen: wenig braucht man, um mit der Bahn durch die Stadt zu fahren, mehr, um einen neuen Beruf zu ergreifen, noch mehr für einen gültigen Ehekonsens.

61 Z.B. SRRDec c. Manucci v. 8. August 1931 Bd. 23(1931)371-378, hier 373: „Unde nil mirum, si quis appareat adhuc sua posse apte agere et ordinare negocia, qui tamen ad matrimonium censeri incapax debeat." Es finden sich auch Formulierungen, die auf das Gegenteil zu deuten scheinen. In einer SRRDec c. Fiore v. 16. Mai 1961 Bd. 53 (1961)232-240, hier 233 heißt es: „Maior (mensura discretionis) requiritur quam ad lethaliter peccandum, minor sufficit quam ad ceteros contractus stipulandos." Der Gedanke steht dahinter, daß der Mensch zum Ehevertrag von Natur aus hingeneigt ist, sozusagen von der inclinatio naturalis mitgetragen wird. Fiore relativiert die Aussage aber selbst mit dem Hinweis, daß es Verträge gebe, die nur eine geringe Fähigkeit erfordern. Das Zitat des Thomas von Aquin, in dem der Gedanke von der inclinatio naturalis erörtert wird, gibt als Beispiel für einen „Vertrag", der mehr Urteilsreife erfordere als die Ehe, nur das votum religionis an.

So wenig sich die „ausreichenden" Fähigkeiten abstrakt bestimmen lassen[62], so sicher kann gesagt werden, daß ihr völliges Fehlen die Zurechenbarkeit der abgegebenen Erklärung ausschließt[63]. Läßt sich von einem Ehepartner sagen, daß er zur Zeit der Eheschließung gänzlich unfähig war, überhaupt zu erfassen, was eine Ehe für ihn bedeutet und von ihm fordert, so geht seiner Erklärung ebenso die Zurechenbarkeit ab wie bei der Feststellung, daß er nicht fähig war, überhaupt etwas zu wollen.

Geht es nun darum, einen konkreten Fall von Störung der psychischen Struktur eines Kontrahenten zur Zeit der Eheschließung richterlich zu werten, bleibt nur die Möglichkeit, das tatsächlich vorhandene Maß an Erkenntnis-, Willens- und Handlungsfreiheit zu ermitteln, das sich im Verhalten des Alltagslebens, im rechtsgeschäftlichen Handeln, im religiösen Tun, in Entscheidungssituationen größerer oder geringerer Tragweite zeigt. Wenn die Person sich zu Entscheidungen, die in ihrer Bedeutung der Entscheidung zur Ehe vergleichbar sind, als unfähig gezeigt hat, kann man auf eine fehlende Zurechenbarkeit auch der Ehevertragserklärung schließen[64].

---

[62] *Keating* (Legal Test 22) schreibt dem Gesetzgeber die Aufgabe zu, die Regeln zu formulieren, anhand derer sich das Vorliegen ausreichender Geistesgesundheit feststellen läßt. Er gibt allerdings zu, daß die Richter in der Regel die geistigen Fähigkeiten zu anderen Entscheidungen oder Verhaltensweisen als der Ehe prüfen, die leichter zu fassen sind, um das Ergebnis dann auf die Eheschließungsfähigkeit zu übertragen. In einem kurzgefaßten Überblick über die Rechtsprechung der Rota gibt *Keating* einige Beispiele für die Maßstäbe, die an die erforderlichen Geisteskräfte der Kontrahenten seit dem Erlaß des Codex angelegt worden sind (ebd. 27/28).

[63] Umgekehrt kann man auch sagen, daß die Ehe gültig ist – vorbehaltlich anderer Nichtigkeitsursachen –, wenn die genannten Fähigkeiten unbeeinträchtigt sind. Daß das aber *nur* dann der Fall sei, kann man nicht so einfach sagen, wie es in einer SRRDec c. Ewers v. 13. Mai 1972 (in: DirEccl 83(1972II)219-221, hier 220) aussieht: „Cum in matrimonio contrahendo agatur de adsumendis maximi momenti obligationibus, necessario consequitur, utrumque modum ponendi actum humanum, scilicet advertentiam intellectus in finem et libertatem voluntatis in electionem, omnino esse debere a quolibet impedimento" (wohl zu ergänzen: „liberum"). Zwischen dieser Aussage und der kurz darauf folgenden: „Ex dictis quapropter consequitur invalide elici consensum matrimonialem, si quis, etsi tantummodo actu, mentem ita obnubilatem habeat ut haud intelligat quid faciat aut ad quid se obligat" bleibt der ganze Bereich des Übergangs zwischen der einen Extremposition und der anderen offen. Hier hat die praktisch dornige Prüfung stattzufinden, ob die vorhandenen Fähigkeiten für die Eheschließung im konkreten Fall ausreichen. Um Kriterien bemüht sich u.a. eine SRRDec c. Pinto v. 4. Februar 1974 (in: Monitor 100(1975)106-115).

[64] Latrémouille (in einem Urteil des Ottawa Regional Tribunal v. 28. Oktober 1974 (in: StC 8(1974)449-453, hier 452) will für die Ehereife folgende Definition geben: „Ma-

Die Psychiatrie wird im Falle bestimmter typisierbarer Krankheitsbilder Maßstäbe anbieten, an denen sich erkennen läßt, ob die Fähigkeit des Kranken zu Erkennen, Wollen oder Handeln für eine Eheschließung ausreicht. Die Aufgabe des Gerichtes ist es aber, die Frage an den Gutachter so zu formulieren, daß seine Antwort sich nicht auf die Geschäftsfähigkeit des bürgerlichen Rechts bezieht, sondern auf den Abschluß einer Lebensbeziehung mit der personalen und sozialen und religiösen Bedeutung, die die Ehe nach christlichem Verständnis hat. Die Antwort des Gutachters muß die Entscheidung vorbereiten, ob bei dem Eheschließenden ein ausreichendes Maß an Erkenntnis-, Willens- und Handlungsfreiheit vorlag, das seine Erklärung als Produkt der freien, selbstbestimmten, vor Gott und der Kirche verantwortungsfähigen Person erscheinen läßt.

Aus unserer Themenstellung, aus der Beschreibung der natürlichen Grundlage der psychisch bedingten Ehenichtigkeitsgründe und den Überlegungen zur Rechtsgrundlage ergibt sich danach folgende Definition der Ehevertragsunfähigkeit:

> Ehevertragsunfähigkeit liegt vor, wenn eine Person aufgrund einer Störung ihrer psychischen Struktur nicht über die ausreichende Fähigkeit verfügt, den Ehevertrag inhaltlich zu erkennen, ihn zu wollen oder ihn aus eigenem Antrieb abzuschließen[65].

---

turity for marriage could be defined as a reasonable understanding of the essential values of a living marriage, a practical estimation, above and beyond the purely idealistic or critical plan, of the implications of a life with a person of the opposite sex, consecrated by an indefectible convenant to the eminently human work of procreation and education of children, and to mutual assistance for the human and spiritual enrichment of both persons, necessary to assume the essential properties of marriage: unity, exclusivity, permanence. This understanding or judgement will certainly be different in a person of 21 years of age and in a mature person of 45. For a declaration of nullity, the judges and jurisprudence must try and determine if the minimum exists and not the maximum. Nobody is perfectly mature.“ Wie aber ist das notwendige Minimum zu beschreiben? Und wie ist sein Vorhandensein festzustellen, wenn nicht anhand des Verhaltens der Person im Alltag?

65 Ausdrücklich sei gesagt, daß damit die erarbeitete Rechtsgrundlage im Sinne des § 3 nicht ausgeschöpft, sondern auf den Bereich der strukturellen psychischen Ursachen beschränkt ist. Die Unfähigkeit zu ausreichendem Erkennen, Wollen und Handeln kann auch andere Ursachen haben, wie etwa die vorübergehende Störung der Geistestätigkeit (vgl. dazu § 7) oder noch mangelnde geistig-seelische Ehereife.

2. KAPITEL

Abgrenzungen und Unterscheidungen

§ 4

Abgrenzung der Ehevertragsunfähigkeit von den Erkenntnismängeln

These: *Die Ehevertragsunfähigkeit unterscheidet sich von den Erkenntnismängeln des im CIC normierten Eherechtes dadurch, daß sie nicht allein die Erkenntnis, sondern schon die Erkenntnisfähigkeit ausschließt.*

Wenn bei einem Ehepartner, dessen Ehe auf ihre Gültigkeit überprüft wird, festgestellt wird, daß bei ihm zur Zeit der Eheschließung wegen einer Störung seiner psychischen Struktur die Fähigkeit zu ausreichender Erkenntnis der Ehe gefehlt habe, liegt es nahe, das Ehenichtigkeitsurteil mit can. 1082 § 1 CIC zu begründen. Darin heißt es, daß zu einer Willenseinigung[66] notwendig ist, daß sich die Partner wenigstens nicht darüber im Unklaren sind, daß die Ehe eine dauernde Gemeinschaft von Mann und Frau zur Erzeugung von Kindern ist. Ist can. 1082 § 1 CIC für den erwähnten Fall die gesetzliche Grundlage zur Beurteilung der zum Eheabschluß erforderlichen Erkenntnisfähigkeit bzw. -unfähigkeit?

---

[66] So übersetzt *Mörsdorf* (Rechtssprache 227) den Begriff „consensus“ im can. 1082 § 1 CIC.

1. Erweiterung über den Gesetzeswortlaut hinaus

Can. 1082 § 1 CIC ist sehr umständlich formuliert. Er will sagen, daß die Eheschließung nur möglich ist, wenn beide Partner ein bestimmtes Mindestwissen besitzen, wenn ihnen ein Grundbestand an Kenntnis über die Ehe nicht fehlt.

Rechtsprechung und Literatur befinden sich wohl im Einklang mit den Intentionen des Gesetzgebers, wenn sie aus dem „wenigstens"(„saltem") in can. 1082 § 1 entnehmen, daß hier nur eine negative Abgrenzung vorgenommen ist. Fehlt das Mindestwissen, das in dem genannten can. näher bezeichnet ist, so ist die Willenseinigung sicher nicht rechtswirksam. Die Behauptung, daß sie – was das Wissen bzw. Erkennen angeht – immer rechtswirksam sei, wenn die genannten Inhalte den Partnern bekannt sind, ist im Gesetzestext nicht enthalten[67].

Eine positive Abgrenzung des erforderlichen Wissens wäre auch nicht sachgerecht. Das Bild der Ehe ist stark abhängig von der kulturellen Umgebung, in der sie verstanden, geschlossen und gelebt wird. Was Ehebewerber von der Ehe wissen müssen, damit sie ermessen können, was sie tun, kann nicht zugleich vollständig und allgemeingültig ausgesagt werden. Can. 1082 § 1 CIC beschränkt sich auf das Minimum. Wer nicht weiß, daß die Ehe eine dauernde Gemeinschaft zwischen Mann und Frau zur Erzeugung von Kindern ist (nicht nur das, aber auch das), ist sich über den Gegenstand des Vertrages nicht klar, den er abschließt.

Welches Mindestwissen unter heutigen Voraussetzungen und etwa im mitteleuropäischen Kulturkreis für die Gültigkeit der Ehe zu fordern wäre, ist schwierig abzugrenzen. Das Zweite Vatikanische Konzil hat mit der sehr detaillierten Beschreibung der Ehe neue Maßstäbe gesetzt[68].

---

[67] Wohl aufgegeben ist die Formulierung von Wynen in einer SRRDec v. 25. Februar 1941 Bd. 33(1941)144-168, hier 146): „Canon 1081 § 2 theoretice *definit* consensum matrimonialem, ac sequens canon describit *cognitionem practice necessariam* de natura matrimonii. . . Homines autem, descripto scientia muniti, valide contrahunt, dummodo eorum actus voluntatis saltem implicite complectatur ea quae scitu necessaria sunt; sufficit igitur intentio contrahendi sicuti ceteri homines christiani matrimonium ineunt." Wynen fordert dann auch an späterer Stelle (151) die „discretio et maturitas iudicii contractui matrimoniali ineundo proportionata." *Ahern* (Incapacity 227) weist darauf hin, daß can. 1082 § 1 „appears to give only a partial criterion, i.e., while stating that a certain degree of knowledge is necessary for valid marriage, it does not state that it is sufficient as well."

[68] De Jorio (SRRDec v. 19. Dezember 1961 Bd. 53(1961)610-620, hier 611) zweifelt an der Richtigkeit der Aussage des can. 1082 § 1: „Declarat tantum – fortasse non

Um die mangelnde Kenntnis im Sinne des can. 1082 § 1 CIC von der Ehevertragsunfähigkeit abzugrenzen, ist die Aussage des Codex selbst als Vergleichspunkt zu wählen. Dabei darf nicht irritieren, daß can. 1082 § 1 oder doch wenigstens sein Rechtsgedanke in Literatur und Rechtsprechung auch dann zur Begründung der Ehenichtigkeit herangezogen wird, wenn es sich nicht einfach um Mängel im Wissen eines Partners handelt, sondern um Defekte im Urteilsvermögen oder in der wertenden Erkenntnis, wobei auch kein Unterschied gemacht wird, ob es sich um psychische Störungen, Milieuschäden oder jugendbedingte mangelnde Entwicklung handelt.

Die Tatbestandsmerkmale des can. 1082 § 1 CIC sind einfacher Art: als nötiger Inhalt des Wissens der Partner wird die Ehe als Dauergemeinschaft von Mann und Frau zur Erzeugung von Kindern genannt. Darüber müssen die Ehegatten informiert sein: „necesse est ut . . . saltem non ignorent . ." Die Festlegung des Mindestwissens steht vor dem Hintergrund des Satzes, daß man nicht wollen kann, was man nicht weiß. Um eine gültige Ehe zu schließen, müssen die Partner aber das dauernde und ausschließliche Recht auf den zeugungsgeeigneten Geschlechtsverkehr wollen (vgl. can. 1081 § 2 CIC). Das können sie nur, wenn sie die genannte Mindestvorstellung von der Ehe haben.

Der Codex versteht das Unwissen im Sinne des can. 1082 § 1 als positives Faktum, nach dessen Ursachen nicht gefragt wird[69]. Aus dem Anlaß für die Regelung des § 2 dieser Norm – „nach Eintritt der Pubertät wird diese Unwissenheit nicht mehr vermutet" – läßt sich entnehmen, daß dem Gesetzgeber

---

recte – satis esse ad nuptias valide ineundas contrahentes non ignorare matrimonium esse societatem permanentem inter virum et mulierem ad filios procreandos", übersieht dabei aber, daß er die negative Abgrenzung, die dieser canon trifft – wenn die Kontrahenten das Nötige nicht wissen, ist die Ehe nichtig –, in eine positive verkehrt – wenn die Kontrahenten das Aufgezählte wissen, ist die Ehe gültig –. Gegenstand dessen, worüber die Brautleute „une connaissance et une conscience adéquates au moment où ils s'unissent" haben müssen, ist nach *Lesage* (Jurisprudence 8) ein dreifacher: a) l'exacte perception des réalites communautaires de la vie conjugale; b) la juste appréciation des éléments existentiels du consortium vitae; c) l'accueil sincère et pratique du conjoint en vue des rapports connaturels." Allgemein stellt *Zapp* (Incapacitas 469) fest, daß mit dem erweiterten Eheverständnis des Zweiten Vatikanums auch die Anforderungen an die persönliche Qualifikation gewachsen seien (mit weiteren Nachweisen).

[69] In einer SRRDec c. Fiore v. 16. Mai 1961 Bd. 53(1961)232-240, hier 233 heißt es zu can. 1082 CIC: „Codex I.C., contra, quaestionem necessariae discretionis partim tantum et indirecte tangit, idque duplici ratione: quia, nempe, sub can. 1082, mentis elementum, non voluntatis considerat. . . ; quia, insuper, sub eodem canone, *factum respicit* cognitionis, *facti autem capacitatem* deducendam relinquit."

mit „Unwissen" die Vorstellung eines einfachen Nicht-Informiert-Seins vorgeschwebt hat. Can. 1082 § 2 erhält seine Notwendigkeit aus der 47. Regula Iuris in Sexto, die besagt, daß Unkenntnis vermutet wird, wo Kenntnis nicht bewiesen ist[70].

Diese Regel ist prozessualer Art. Sie ist eine Beweislastnorm, die nicht auf Aktivitäten der geistig-seelischen Tiefenschicht des Menschen abstellt, sondern auf einfaches Wissen oder Nichtwissen. Mit der Wahl der Ausdrücke „ignorantia, non ignorent" ist der Codex über die Kategorien der 47. Regula Iuris nicht hinausgegangen. Eine Auslegung auf „cognoscere", auf ein Erkennen und Verstehen hin, läßt sich aus dem Gesetzestext nicht begründen[71].

---

[70] Die 47. Regula Iuris in Sexto lautet: „Praesumitur ignorantia, ubi scientia non probatur." (nach *Friedberg*, CorpIC II Sp. 1123). Diese Regel kann für den Ehenichtigkeitsprozeß nicht angewendet werden. Sie würde bedeuten, daß *für* die Gültigkeit der Ehe der Nachweis der notwendigen Mindestkenntnis erbracht werden müsste. Das aber geht nicht mit can. 1014 CIC zusammen, wonach die Gültigkeit der Ehe vermutet wird, also keines Beweises bedarf. (Die Zeit vor der Pubertät ist durch can. 1067 § 1 – Hindernis des mangelnden Alters – ausgenommen). Da can. 1082 § 2 die 47. Regula Iuris für den Eheprozeß außer Kraft setzt, kann can. 1014 die Folgerung rechtfertigen, daß nach Erreichen der Pubertät (und des Ehefähigkeitsalters) die zur Gültigkeit der Ehe notwendige Kenntnis anzunehmen ist. Staffa (SRRDec v. 17. Mai 1957 Bd. 49(1957)426-430, hier 427/428) hat Recht, wenn er die Meinung vertritt, nach der Pubertät werde das nötige Mindestwissen vermutet. Doch mit der Formulierung: „Can. 1082 § 2 ait scientiam de natura matrimonii post pubertatem esse praesumendam" überdehnt er die dort gemachte Aussage. Can. 1014 müßte zur Begründung mitgenannt werden, denn erst er schafft nach Aufhebung der einen Vermutung durch can. 1082 § 2 die gegenteilige. Ähnlich Felici (SRRDec v. 3. Dezember 1957 Bd. 49(1957)787-796, hier 789), der sagt: „Urget semper can. 1082 § 2, quo dicitur ante adeptam pubertatem . . . praesumi ignorantiam de natura matrimonii." Zwar wird hier die Unkenntnis vermutet, doch sagt das nicht can. 1082 § 2, sondern die 47. Regula Iuris. Die Nichtigkeit einer vor Erreichung der Pubertät geschlossenen Ehe braucht aber gar nicht mit can. 1082 § 1 und der 47. Regula Iuris begründet zu werden, weil can. 1067 § 1 mit dem Ehefähigkeitsalter eine Grenze setzt, die ohne Rücksicht auf die tatsächliche Kenntnis von der Natur der Ehe absolut zu beachten ist. Wer das Pubertätsalter nicht erreicht hat, heiratet jedenfalls wegen can. 1067 § 1 ungültig. Richtig gibt *Ahern* (Incapacity 232) die Aussage des can. 1082 § 2 wieder: „What the Code does is to deny a presumption: it denies that those who have reached puberty are to be presumed ignorant of the nature of marriage."

[71] Dazu ist folgende Feststellung interessant: Bereits in der dritten vorkodikarischen Auflage des Traktates „De matrimonio" von *Gasparri* – wir zitieren hier gewöhnlich die zweite Auflage der Ausgabe ad mentem Codicis – erklärt der Autor, daß zur Eheschliessung über den einfachen Vernunftgebrauch hinaus „requiritur discretio seu maturitas iudicii contractui proportionata, ita ut contrahens naturam et vim contractus intelligere potest." (Bd. II S. 9 Nr. 881). Denselben Text bringt er 1932 zur Erläuterung des can.

Unsere Ansicht wird durch die Wahl der Pubertät als Kriterium unterstützt, an das sich die Aufhebung der Vermutung der 47. Regula Iuris knüpft. Ist die Pubertät erreicht, wird die Unkenntnis nicht mehr vermutet. Dabei ist nicht zuerst an das Alter gedacht, das can. 88 § 2 CIC nennt, sondern an den Lebenssachverhalt, der das Wissen um den Charakter der Ehe gewöhnlich mit sich bringt [72]. Der Pubertierende macht sich in aller Regel Gedanken über das Verhältnis von Mann und Frau und bezieht dann die nötigen Informationen über die Ehe. Can. 1082 CIC stellt mithin nicht auf die Einsicht oder auf die Einsichtsfähigkeit ab, sondern auf positives Wissen oder Nichtwissen.

Es ist unbestreitbar, daß eine Ehe nichtig ist, wenn ein Partner beim Eheschluß nicht wußte, wozu er sich verpflichtete. Entscheidungen von solcher lebenswichtiger Tragweite können nur in Kenntnis ihrer Bedeutung getroffen werden. Es muß aber doch gefragt werden, ob es einen Unterschied macht, auf welchen Ursachen die Unkenntnis von der Ehe beruhte.

Das Nichtwissen kann darauf beruhen, daß der Kontrahent nicht aufgeklärt ist. Er kann die einmal erhaltene Information auch vergessen oder verdrängt haben. Solche Fälle erfaßt der Wortlaut von can. 1082 CIC. Die Begründung für die Nichtigkeit einer Ehe, die mit solchem Unwissen geschlossen ist, ist einfach: die Ehe ist dann nicht wirklich gewollt. Denn niemand kann etwas wollen, was er nicht kennt. Auch ein auf den Pauschalbegriff Ehe gerichteter Wille geht fehl, wenn der Wollende wesentliche Inhalte dieses Begriffs nicht kennt.

3. Anwendung des can. 1082 § 1 CIC auf die Ehevertragsunfähigkeit?

Eine psychisch bedingte Unfähigkeit zur Erkenntnis kann ebenfalls Ursache des Nichtwissens sein. Eine Person kann aus psychischen Gründen un-

---

1082 § 1 CIC. Es ist bedauerlich, daß *Gasparris* richtiges Verständnis von den erkenntnismäßigen Voraussetzungen einer Eheschließung nicht in den Text des can. 1082 § 1 eingegangen ist. Zwischen *Gasparris* Sicht und dem Wortlaut des Codex besteht ein kategorialer Unterschied. Can. 1082 ist verkürzend auf das Wissen beschränkt und erfaßt die Gesichtspunkte der Urteilsfähigkeit und Urteilsreife nicht. Es bedarf der erweiternden Auslegung des zugrundeliegenden Rechtsgedankens, um *Gasparris* Ansicht mit can. 1082 in Verbindung zu bringen.

[72] Staffa (SRRDec v. 17. Mai 1957 Bd. 49(1957)426-430, hier 428) übernimmt die Ansicht eines Prozeßanwaltes, der meint: „Physica enim pubertas evolutionem quoque psychicam inducit quae est . . . ipsius naturalis scientiae fundamentum et causa."

fähig sein, zu wissen, was die Ehe bedeutet. Sie kann einen „blinden Fleck“ in der geistigen Aufnahmefähigkeit haben, so daß ihr das in can. 1082 § 1 CIC angesprochene Wissen nicht vermittelt werden kann.

Schon hier stellt sich die Frage, ob man mit can. 1082 § 1 CIC hinreichend begründen kann, daß die Ehe nichtig ist. Sie stellt sich noch schärfer, wenn die psychische Störung zwar nicht hindert, daß die Person auf Befragen eine dem geforderten Mindestwissen entsprechende Antwort gibt, also „weiß“, was sie wissen soll, daß ihr aber ein Verstehen des „Gewußten“ nicht möglich ist. Drei Überlegungen sollen den Unterschied in den tatsächlichen und rechtlichen Grundlagen verdeutlichen:

a) Die Ehevertragsunfähigkeit ist das durch eine psychische Störung verursachte Unvermögen, die Ehe inhaltlich zu erfassen. Sie bewirkt wohl nur selten einen Ausfall des positiven Wissens. Wynen hat in seiner vielzitierten Entscheidung aus dem Jahre 1941[73] festgestellt, daß zur Eheschließung über das positive Wissen im Sinne des can. 1082 hinaus Urteilskraft und Urteilsreife erforderlich seien sowie eine Fähigkeit zum Erfassen des Wertes der Ehe. Vorübergehende oder habituelle Defekte bei Geisteskranken oder psychisch Anormalen könnten diese geistigen Fähigkeiten beeinträchtigen.

Can. 1082 CIC kann immer dann nicht direkt angewendet werden, wenn sich Krankheitsbilder bieten, die das geforderte positive Mindestwissen zulassen, ein Verstehen, das das Wollen und Handeln trägt, aber ausschließen.

b) Das tatsächliche Fehlen der Erkenntnis ist nicht der rechtlich zu würdigende Sachverhalt, wenn bereits die Fähigkeit zur Erkenntnis fehlt[74]. Es ist zunächst der Sache nach etwas anderes, ob ein Kontrahent das Wesen der Ehe nicht erkennen konnte, oder ob er es einfachhin nicht erkannte, so wie es einen Unterschied bedeutet, ob jemand unfähig zur ehelichen Copula ist, oder ob er sie bloß nicht vollzieht.

---

[73] SRRDec v. 25. Februar 1941 Bd. 33(1941)144-168

[74] *Ahern* (Incapacity 236/237) unterscheidet ausdrücklich zwischen dem Fall, „that a person did not, as a sheer matter of fact, exercise the discretion required, even though he could have done so“ und dem anders zu beurteilenden, „that a person lacked discretionary power, i.e., that due to psychological factors, he was incapable of weighing up sufficiently the nature of marriage and choosing it with sufficient freedom.“ *Zapp* (Incapacitas 453) schreibt: „Doch scheint dieser Zugang“ (zur amentia über can. 1082 CIC) „für das anstehende Problem weniger geeignet zu sein, weil es dabei gar nicht um das für den Ehekonsens erforderliche Wissen und Wollen geht, sondern um Fähigkeiten, die unabhängig vom an sich integeren Konsens für die Gültigkeit der Ehe relevant sind, es also letztlich nicht um den Ehekonsens an sich bzw. die Konsenslehre geht.“

Die rechtliche Bewertung kann sich nicht darüber hinwegsetzen, ob der Kontrahent das Wesen der Ehe bloß nicht erkannte oder ob er es nicht erkennen konnte. Der Grund für die Ungültigkeit einer Ehe, die in Unkenntnis geschlossen wurde, liegt darin, daß das Wollen nicht Folge der Erkenntnis war. Wo aber die Fähigkeit zum Erkennen fehlte, muß bereits diese Tatsache gewertet werden: das Erkennen war gar nicht möglich, das Voraussetzung des Willens hätte sein können. Rechtlich zu würdigen ist nicht der faktische Ausfall der Erkenntnis, sondern die Erkenntnisunfähigkeit[75].

Fehlende Erkenntnis und mangelnde Erkenntnisfähigkeit haben eine andere Beziehung zu der betroffenen Person: Wer nicht weiß, könnte wissen, wenn er informiert wäre. Wer nicht erkennen kann, dem fehlt bereits die Voraussetzung der Erkenntnis. Nichtwissen liegt in der Person vor, haftet ihr aber nicht als eine dauernde Befindlichkeit an; Unfähigkeit zur Erkenntnis dagegen ist eine Eigenschaft der Person. Beim Nichtwissen kann man von einem Fehler des Konsenses sprechen, bei der Erkenntnisunfähigkeit aber muß man von einer Eheunfähigkeit der Person ausgehen.

c) Die Sachverhalte des tatsächlichen Nichtwissens und der Unfähigkeit zur Erkenntnis stehen logisch unabhängig nebeneinander. Die Unfähigkeit zur Erkenntnis schließt die Abgabe einer verantwortbaren Willenserklärung aus. Man kann aber nicht sagen, daß jeder positiv vorliegende Erkenntnismangel die Zurechenbarkeit der Erklärung ebenfalls ausschließt.

Die Feststellung wiederum, daß ein positiv vorliegender Erkenntnismangel die Ehe nichtig mache, läßt die Frage nach den Ursachen für den Mangel völlig offen. Es ist daher richtig und für die Klarheit rechtlicher Begründung eines Ehenichtigkeitsurteils förderlich, wenn man die Ursachen unterscheidet und für sich bewertet. Man wird die Nichtigkeit einer Ehe wegen fehlender Erkenntnis weder beweisen noch begründen können, wenn man die Ursache des Mangels dahingestellt läßt. In der Feststellung der Ursache aber entscheidet sich, ob von einem einfachen mangelnden Wissen oder von einer Erkenntnisunfähigkeit, ob von can. 1082 CIC oder einer anderen Rechtsgrundlage auszugehen ist.

---

[75] In einer SRRDec c. Lefebvre v. 6. Juli 1967 Bd. 59(1967)553-561, hier 554 heißt es: „Ante omnia assentiendum est appellatae sententiae in iis quae reprobant confusionem sententiae primi gradus admittentis nullitatis matrimonii ex duobus capitibus. Patet enim discretionem iudicii sese referre ad contrahentis capacitatem, dum ignorantia non versetur nisi de ipso contractu, supposita capacitate elicientis contractum. Aliud est revera incapacem esse ad actum ponendum, aliud est ponere actum invalidum propter ignorantiam supervenientem."

4. Offene Fälle?

Es bleibt die Frage, ob es zwischen can. 1082 CIC und der Ehevertragsunfähigkeit Fälle von Erkenntnismängeln gibt, die weder von der einen noch von der anderen Rechtsgrundlage erfaßt werden.

a) Die schon zitierte Rota-Entscheidung coram Wynen aus dem Jahre 1941[76] hat das wertende Verstehen (cognitio aestimativa) als Voraussetzung einer gültigen Ehe bezeichnet. Es genüge nicht, die Ehe begrifflich zu erfassen, zu wissen, *was* die Ehe *ist*, sondern es sei nötig zu erkennen, was die Ehe *bedeutet* und welchen Wert sie hat.

Die Feststellung, ein Kontrahent habe bei der Eheschließung den sozialen, ethischen und rechtlichen Wert der Ehe nicht erfaßt, ist auf die Ursachen hin zu untersuchen, ehe die Ehenichtigkeit rechtlich begründet werden kann.

Liegt eine Störung der psychischen Struktur vor, die die Person zur wertenden Erkenntnis unfähig macht[77], dann ist die Formulierung der Ehevertragsunfähigkeit zutreffend: eine psychische Störung schließt die Zurechenbarkeit der Erklärung aus, indem sie die *ausreichende Erkenntnis* unmöglich macht.

Liegt keine Störung der psychischen Struktur vor, sondern lediglich ein Unwissen der Person über die ethischen, sozialen und rechtlichen Bezüge – etwa aufgrund mangelnder Unterrichtung –, dann kann can. 1082 § 1 CIC zwar nicht unmittelbar, wohl aber seinem Rechtsgedanken nach angewendet werden. Direkt anwendbarer Rechtsgrund kann dieser Canon nur sein, wenn das dort beschriebene Wissen fehlt. Doch gilt sein Grundsatz auch, wenn etwa eine Erkenntnis fehlt, die nach heutigem Verständnis zu einem verantworteten Wollen und Handeln nötig ist. Auch dann ist der Ehekonsens nicht rechtswirksam.

Man wird also sagen können, daß im Falle fehlender cognitio aestimativa keine Lücke bleibt, wenn man mit der Ehevertragsunfähigkeit auf der einen Seite und dem Rechtsgedanken des can. 1082 CIC auf der anderen Seite die Lösung des konkreten Einzelfalles versucht.

---

[76] Vgl. vorstehend Anm. 73

[77] Wynen S. 147 (vgl. Anm. 73): „Unde sequitur hominem, qui nequeat matrimonii valorem socialem, ethicum, iuridicum percipere, ideo esse incapacem ad idem matrimonium contrahendum."

b) Nach welchem Gesichtspunkt ist nun zu urteilen, wenn ein Kontrahent die für die Ehe notwendige Erkenntnisfähigkeit bei der Hochzeit noch nicht besaß, weil seine geistige Reife noch nicht ausreichte? Weder die Beachtung der Ehefähigkeitsgrenzen des kanonischen Rechts noch die der staatlichen Normen garantiert, daß nur solche jungen Menschen die Ehe schließen, die wirklich reif zur Ehe sind.

Mangelnde geistige Reife kann sich sowohl in einer Unfähigkeit zum wertenden Verstehen der Ehe (cognitio aestimativa), von dem wir eben gesprochen haben, auswirken, als auch in einem unzureichenden Urteilsvermögen. Felici hat in einem Rotaurteil die Erkenntnisfähigkeit von der Entscheidungsfähigkeit unterschieden, die beide Funktionen des Intellekts seien (facultas cognoscitiva - facultas critica)[78]. Notwendig ist für die Ehe danach auch, aus dem Verstehen heraus schlußfolgern und handeln zu können[79].

Fehlende Urteilskraft braucht nicht Folge einer psychischen Störung zu sein (dann käme die Ehevertragsunfähigkeit in Frage), und sie kann nicht Folge mangelnder Information sein. Vielmehr kann es sich um den natürlichen Zustand noch nicht erlangter Reife handeln, der eine Entscheidung für die Ehe noch nicht zuläßt[80].

Die reifungsmäßigen Voraussetzungen für eine Eheschliessung treten bei jedem Menschen zu einer anderen Zeit ein. Wann aber ein junger Mensch

---

78 SRRDec c. Felici v. 3. Dezember 1957 Bd. 49(1957)787-796, hier 788.

79 Unter dem Begriff „due discretion" vermengt *Keating* (Bearing 166-170) die „psychic aptitude to place the psychological act of marital consent" mit der „psychic aptitude *to bind oneself* to the obligations of the marriage contract" (ebd. 168). Gesichtspunkte der Unfähigkeit zur Eheführung werden hier in den Begriff der notwendigen discretio iudicii hineingezogen, so daß er schließlich als Bezeichnung für die Fähigkeit gebraucht wird, die Verpflichtungen des Ehevertrages zu erfüllen. Grund dafür dürfte der Versuch der Rota sein, Fallgestaltungen wie die Nymphomanie zum Konsensmangel zu machen, indem man den davon Betroffenen weniger die Fähigkeit abspricht, die eheliche Treue zu halten, als vielmehr die Pflicht dazu zu übernehmen. Dem kann nicht gefolgt werden, wie im zweiten Teil dieser Arbeit noch gezeigt werden wird (unten § 12 II 3b).

80 *Morrisey* (Incapacity 17) nennt zwei Fälle, in denen er Erkenntnisunfähigkeit aufgrund unzureichender Reife anzunehmen scheint: die junge Person, die das Elternhaus verlassen muß und dann die Ehe als Mittel zum Unterkommen wählt, ist seiner Meinung nach ebenso unfähig zum Eheentschluß wie das schwangere junge Mädchen, das dem Kind einen Namen geben oder den eigenen Ruf wahren will. Sicher *kann* in solchen Fällen die Jugendlichkeit der betroffenen Personen die Ursache für ein unzureichendes Urteilsvermögen sein, *kann* die Wahl der Ehe Symptom für eine mangelnde Urteilsreife sein. Doch wird man vorsichtig sein müssen, in vergleichbaren Situationen vorschnell auf eine Eheunfähigkeit zu schließen.

körperlich und geistig-seelisch ehereif ist, ist nur schwer feststellbar[81]. Der Übergang ist fließend. Die kirchliche (ebenso die staatliche) Eherechtspraxis kann sich nicht damit befassen, die Ehereife eines Bewerbers individuell und konkret nachzuprüfen. Der Codex hat deswegen in zwei Canones Regel-Abgrenzungen geschaffen, die die Zulassung zur Ehe von objektiven und einfach feststellbaren Kriterien abhängig machen.

Can. 1067 § 1 CIC erklärt jede Ehe für nichtig, die von einem Mann unter 16 und einer Frau unter 14 Jahren geschlossen wird. Diese Altersgrenzen liegen zwei Jahre über dem Pubertätsalter im Sinne des can. 88 § 2 CIC. Das „Ehehindernis des mangelnden Alters" hat seinen Ursprung in der Überlegung, daß vor dieser Zeit Jungen und Mädchen noch nicht die nötige körperliche Reife zur Elternschaft haben[82].

Mit der Problematik des nötigen Wissens, das Grundlage für einen gültigen Ehekonsens ist, beschäftigt sich can. 1082 § 1 CIC. Jeder, der heiraten will, muß das dort genannte Mindestwissen besitzen. Für eine spätere Überprüfung

---

[81] Mit der affektiven Reife befaßt sich unter rechtlichen und medizinisch-psychologischen Gesichtspunkten *Picard*, L'immaturité.

[82] *Schmalzgrueber* (Jus ecclesiasticum IV/1 235) argumentiert so: Für die Eheschliessung ist das Pubertätsalter gefordert, weil die Ehe größere und verbindlichere Verpflichtungen mit sich bringt als das Verlöbnis, für das ein Alter von sieben Jahren reicht. Nötig ist ferner ein reiferes Urteil und ein freier Wille. Zur Ehe ist aber außer dem Vernunftgebrauch auch die Zeugungsfähigkeit nötig, die Fähigkeit zur copula perfecta. Beide Gründe sind, wie *Schmalzgrueber* ausführt, nach einer Meinung naturrechtlicher Art: die traditio iuris in corpus erfordert, „ut se tradens habet potestatem tradendi: atqui ante pubertatem puer utpote adhuc impotens, non habet potestatem tradendi corpus suum ad actus conjugales, in qua tamen traditione essentia matrimonii consistit" (ebd.). Aber auch mangelnde Reife des Urteils ist naturrechtlicher Nichtigkeitsgrund, weil dann ein Konsensdefekt vorliegt. *Schmalzgrueber* selbst hält beide Gründe für kirchenrechtlicher Art: „Ratio est, quia jure naturae praeter consensum ad matrimonii contracti valorem plus non requiritur, quam corpora habilia, etsi non sint habiles proxime" (ebd. 236). Notwendige Voraussetzung ist nur die „malitia", das ist die „capacitas doli, sive discretio ad intelligendam vim consensus conjugalis" (ebd. 238). Zur Eheschließung vor dem Alter von 12/14 Jahren muß aber beides gegeben sein: judicium rationis sufficiens und potentia generandi, dann ist die Ehe selbst ohne Dispens vom Hindernis des Ehefähigkeitsalters gültig. Soweit die Meinung *Schmalzgruebers*.

In der Heraufsetzung des Ehefähigkeitsalters durch den Codex um zwei Jahre über das Pubertätsalter hinaus wird eine gewisse Akzentuierung des tragenden Grundes für die Altersgrenze sichtbar. *Gasparri* (De matrimonio I 289-299) betont stark den Gedanken der debita mentis discretio als Grundforderung des Ehefähigkeitsalters. Mit den Abgrenzungen von 14 bzw. 16 Jahren bleibt der Codex aber unter den Grenzen der meisten Staaten zu damaliger Zeit.

der Gültigkeit der Ehe formuliert can. 1082 § 2 eine Beweislastregel. Auch hier wird von der Vorstellung ausgegangen, daß mit einer bestimmten Altersgrenze - hier der Pubertät mit 14/12 Jahren - die größte Zahl der Fälle erfaßt sei. Der Pubertierende weiß über die Ehe in der Regel in ausreichendem Maße Bescheid.

Die Vorstellung, daß zur Ehe eine bestimmte Reife der Persönlichkeit erforderlich sei, die sich nicht in körperlicher Beischlafsfähigkeit und einer gewissen Grundkenntnis der Ehe erschöpft, ist im Wortlaut der Norm des Codex nicht deutlich zum Ausdruck gekommen, sondern allenfalls in der Festsetzung des Mindestalters für die Ehe in can. 1067 zu erkennen, das zwei Jahre über dem Pubertätsalter liegt. In der Literatur, besonders aber durch den Fortschritt der Humanwissenschaften in diesem Jahrhundert ist sie deutlich zur Sprache gekommen. Der Codex kennt aber die Überlegung, daß überhaupt ein bestimmter Entwicklungsstand zur Ehefähigkeit erreicht sein muß. Daß er nicht alle Merkmale der Ehereife erfaßt, die heute erarbeitet sind, hindert nicht, sich auf den Rechtsgedanken der cann. 1067 und 1082 CIC zu berufen, wenn man eine Ehe für nichtig erklärt, weil ein Partner durch sein Alter bedingt noch nicht reif zur Ehe war, weil er die Fähigkeit noch nicht besaß, aus seinem begrifflichen Erkennen schlußfolgernd zu handeln.

Es ist dagegen nicht möglich, bei der Behandlung einer Klage, die sich auf noch mangelnde Reife eines Partners stützt, den Tatbestand der Ehevertragsunfähigkeit (vgl. § 3 am Ende) anzuwenden, weil hier keine Störung der psychischen Struktur vorliegt. Das ist für das Ehenichtigkeitsverfahren deshalb wichtig, weil der Beweis einen anderen Weg gehen muß. Beim psychisch Gestörten kann der Gutachter noch im Prozeßzeitpunkt einen Befund erheben[83], beim (früheren) Jugendlichen nicht. Hier sind die Aussagen von nahen Verwandten und Bekannten ausschlaggebend, möge der Richter sie aus eigener Sachkenntnis würdigen oder die Auswertung einem Gutachter überlassen.

Die Aussagen der Bekannten und Verwandten können im Fall des psychisch Gestörten kaum zum Beweis dienen, weil die Art der Beeinträchtigung durch die Krankheit nur durch einen Fachmann klar zu beschreiben ist. Liegt also eine mangelnde Ehereife vor, so ist die Beweiserhebung anders anzusetzen als beim Vorliegen einer psychischen Störung. Das Nichtigkeitsurteil muß die altersbedingt mangelnde Erkenntnisfähigkeit als Ursache angeben. Das ist nur zu erreichen, wenn die Unterscheidung der Ursachen schon im materiellen Recht klar gesehen wird.

---

[83] Ist der psychisch Gestörte zum Zeitpunkte des Prozesses geheilt, dann kann doch wenigstens der behandelnde Psychiater als sachverständiger Zeuge gehört werden und Auskunft geben, von welche Art psychischer Störung er den Betroffenen geheilt hat.

§ 5

Abgrenzung der Ehevertragsunfähigkeit von den primären Willensmängeln

These: *Ehevertragsunfähigkeit und primäre Willensmängel im Sinne des can. 1086 § 2 CIC können zugleich vorliegen. Ausschlaggebend für die rechtliche Beurteilung ist dann die Ehevertragsunfähigkeit.*

1. Primäre Willensmängel im CIC

Nachdem im Codex festgestellt ist, daß der Ehewille unabdingbare Voraussetzung für einen gültigen Ehevertrag ist (can. 1081 § 1 CIC), sein notwendiger Inhalt festgelegt (can. 1081 § 2 CIC), das erforderliche Mindestwissen beschrieben (can. 1082 § 1 CIC) und der Einfluß des Irrtums geregelt ist (cann. 1083 und 1084), folgen in can. 1086 CIC die primären Willensmängel[84]. Wir verwenden diesen Begriff, um die in can. 1086 CIC genannten Abweichungen zwischen Erklärung und Willen zu unterscheiden von den Fehlern des Ehewillens, die durch einen Irrtum, ein Unwissen oder eine dem Wollen vorgelagerte psychische Unfähigkeit bedingt sind.

Während can. 1082 § 1 CIC klarstellt, daß das fehlende Wissen des Notwendigen die abgegebene Erklärung ungültig macht – weil man nur das rechtswirksam erklären kann, was man will, und nur das wollen kann, was man weiß –, verlangt can. 1086 § 2 mehr als das bloß fehlende Wollen: er fordert ein *Nichtwollen*, den willensmäßigen Ausschluß der Ehe selbst oder wesentlicher mit ihr verbundener Pflichten. Eine Ehewillenserklärung führt dann nicht zu einem gültigen Ehevertrag, wenn ein Partner bewußt weniger Verpflichtungen eingehen will, als er erklärt. Im kanonischen Eherecht treffen die Folgen einer Vertragserklärung nur den sciens et volens, den, der weiß und will, was er erklärt.

---

[84] Can. 1085 CIC gehört nicht in die systematische Abfolge des Abschnittes, denn er enthält eine nicht-normierende Feststellung, die ebensogut fehlen könnte.

Mit can. 1086 stellt der Codex auf Abweichungen ab, die zwischen dem „internus animi consensus", dem von außen nicht erkennbaren Wollen bei der Eheschließung, und den „verbis vel signis in celebrando matrimonio adhibitis", der kundgegebenen Willenserklärung, bestehen, und zwar soweit es sich um Abweichungen auf der Ebene des positiven, bewußten Wollens handelt[85]. Diese Abweichungen werden in der Kanonistik als Simulation bezeichnet. Sie sind Ergebnis der bewußten Entscheidung des Kontrahenten, die von ihm geforderte Ehewillenserklärung abzugeben, obwohl er das Erklärte nicht oder nur zum Teil will. Ausschlaggebend für eine solche Entscheidung ist ein doppeltes Motiv, wie es die Rechtsprechung im sogenannten indirekten Beweis festzustellen versucht:

- ein triftiger Grund, die Ehe oder den Rechtsschein der Ehe, der mit der Erklärung geschaffen wird, zu wollen (Heiratsmotiv)[86], und
- ein hinreichender Grund, die Ehe selbst oder einen Teil ihres Wesens nicht zu wollen (Simulationsmotiv).

Die Kollision der Motive, die aus der Unvereinbarkeit der gewünschten Ziele entspringt, liegt im Bereich des positiven Wollens. Die Absicht, die Ehe als

---

[85] Das Erfordernis des „positivus voluntatis actus" darf wohl so verstanden werden, daß damit unbewußte Abweichungen zwischen dem, was der Kontrahent will, und dem, was er erklärt, ausgeschieden werden sollen (vgl. dazu *Scheuermann*, Eheauffassung 173, und *Scheuermann*, Ehewille 209-212, unter Verarbeitung von Rota-Rechtsprechung). Solche unbewußten Abweichungen gehen nämlich entweder auf ein Unwissen oder einen Irrtum zurück, deren rechtserheblichen Bereich der Codex in den cann. 1082 und 1083/1084 bereits abgegrenzt hat. Die irrige Annahme etwa, die Ehe sei auflösbar, will der Codex als unschädlich für den geschlossenen Ehevertrag ansehen (can. 1084; aus can. 1081 § 1 geht allerdings hervor, daß der Wille auch zur Unauflöslichkeit unersetzbar ist. Wenn der Irrtum also dazu führt, daß der Kontrahent eine auflösbare Ehe will, ihm also der Wille zur Lebenslänglichkeit fehlt, dann ist der Konsens trotz can. 1084 im natürlichen Sinne defizient.) Auch über das Unwissen handelt das Gesetz an anderer Stelle (can. 1082 § 1). Ein zweiter Fall ebenfalls bewußter Abweichung zwischen Wille und Erklärung ist nachfolgend zu erörtern: der der äußeren Gewalt, cann. 103 und 1087 CIC.

[86] Bei der Totalsimulation wird ein Rechtsschein gewollt. Die Eheschließung geschieht um des äußeren Anscheins willen, nicht wegen der inneren Verpflichtungskraft. Bei der Teilsimulation braucht der Kontrahent die Nichtigkeitsfolge nicht zu kennen. Er kann die Ehe durchaus als gültige wollen, nur mit anderem Inhalt, als ihm vorgegeben ist. Die z.B. auflösliche Ehe, die er schließen wollte, brauchte er nicht für ungültig zu halten (vgl. SRRDec c. Wynen v. 7. März 1946 Bd. 38(1946)129-142, hier 131). Objektiv jedoch sind die Rechtsfolgen des Willens zur Ehe und des Willens, der gegenüber dem Gesollten zurückbleibt, unvereinbar. Heiratsmotiv und Simulationsmotiv führen in der rechtlichen Konsequenz zum Widerspruch.

Institution einzugehen, und der Wille, sich überhaupt nicht oder nicht in vollem Umfange zu verpflichten, führen auf der Ebene des bewußten Wollens zur Erklärung eines nicht wirklich vorhandenen Ehewillens.

Wie bei dem Wissen im Sinne der cann. 1082-1084 CIC stellt der Codex in can. 1086 § 2 beim Wollen auf das Faktum an sich ab, ohne nach den Ursachen einer Abweichung zwischen Erklärung und Willen zu fragen. Die Forderung nach dem doppelten Motiv – Heirats- und Simulationsmotiv – wird von der Rechtsprechung erhoben, weil sich bei einer entsprechenden Feststellung die Simulation wahrscheinlich machen läßt. Der Codex läßt diese Frage offen. Allerdings sind auch kaum Fälle denkbar, in denen eine Abweichung zwischen bewußtem Wollen und bewußtem Erklären andere Ursachen haben kann als das Zusammentreffen gewichtiger Motive für das eine wie für das andere[87].

2. Verhältnis von Simulation und Ehevertragsunfähigkeit

Die Frage, wie sich die Simulation im Sinne des can. 1086 § 2 CIC zu den Sachverhalten verhält, die wir als Ehevertragsunfähigkeit umschrieben und rechtlich gewertet haben, die in der Literatur und Rechtssprechung bisher gewöhnlich mit dem Begriff „amentia" angesprochen werden, ist bisher anscheinend nicht zufriedenstellend beantwortet. So findet man bei Zapp den Hinweis, daß die Rota amentia und Simulation für unvereinbar erkläre[88]. Die Aussagen zweier Urteile, die Zapp anführt, machen eine Unterscheidung notwendig: die Trennung von Sachverhalt und Rechtsfolgen.

Die von der Rota zu beantwortende Frage war die, ob die Feststellung der Nichtigkeit einer Ehe gleichzeitig und gleichgeordnet wegen amentia und Simulation geschehen könne.

a) Der Satz aus einer Entscheidung coram Pasquazi: „Simulation im Sinne des Codex ist der amentia entgegengesetzt. Die amentes sind nämlich unfähig,

---

[87] In der Rechtsprechung der Rota herrscht keine Einigkeit darüber, ob es eine psychisch bedingte Unfähigkeit zu innerlich freiem Willen gibt oder nicht. Massimi (SRRDec v. 28. Juli 1928 Bd. 20(1928)317-322, besonders 318) geht davon aus, daß es eine selbständige Beeinträchtigung der inneren Willensfreiheit geben kann, während Quattrocolo (SRRDec v. 16. Juni 1943 Bd. 35(1943)431-451, hier 435) sagt, daß freier Wille immer gegeben sei, wo Vernunftgebrauch bestehe. Die Richtigkeit dieser These hängt sicher davon ab, was man unter Vernunftgebrauch verstehen will. Letztlich sind hier die Sachverständigen zu befragen, die über die Zusammenhänge der einzelnen Geistesfähigkeiten Auskunft geben müssten.

[88] *Zapp*, Incapacitas 463/464 mit Anmerkung 66

auch einen Konsens zu simulieren"[89] kann als Aussage über den Sachverhalt nur mit Einschränkungen bejaht werden. Es sind nämlich Fallgestaltungen möglich, in denen auch der Geisteskranke, dem seine Erklärungen nicht zugerechnet werden, einen positiven Willen haben und bewußt etwas erklären kann, was mit diesem Willen nicht übereinstimmt. Wenn ihm jedoch seine Erklärungen nicht zugerechnet werden, weil er sie aufgrund seiner Geisteskrankheit nicht zu verantworten hat, so auch nicht seine Simulation.

An dem zitierten Satz des Urteils coram Pasquazi ist ein Doppeltes richtig: Eine Ehe kann nicht wegen Abweichung zwischen Erklärung und Willen (Simulation) *für nichtig erklärt werden,* wenn die Erklärung dem Kontrahenten wegen einer Störung seiner Geistestätigkeit nicht zugerechnet werden kann. Wenn eine Erklärung nicht zurechenbar ist, die mit dem inneren Willen übereinstimmte, dann auch eine solche nicht, die von dem inneren Willen abwich. Dem Geisteskranken wird weder das angelastet, was er subjektiv ehrlich sagt, noch das, was er subjektiv unehrlich äußert.

Von der tatsächlichen Seite her ist der genannte Satz insoweit richtig, als es Geisteskrankheitsfälle geben kann, die den Kontrahenten unfähig machen, eine bewußte Abweichung zwischen Willen und Erklärung zu schaffen. In diesen Fällen erschöpft sich der Begriff der amentia jedoch nicht[90], so daß der Satz Pasquazis falsch wäre, *wenn* er unterstellte, daß amentia grundsätzlich die Möglichkeit zu simulieren tatsächlich ausschließt.

b) Klarer formuliert Sabattani, der ebenfalls eine Nichtigkeitserklärung aus amentia und Simulation für unmöglich hält: „Das gleichgeordnete Zusammentreffen der zwei Klagegründe kann nicht zugelassen werden, weil die Ehe nicht zugleich wegen amentia und Ausschluß der Nachkommenschaft von seiten ein und desselben Partners nichtig sein kann, der zur gleichen Zeit unfähig sein müßte, einen Konsens zu erklären, und fähig, den Konsens zu beschränken oder zu begrenzen, so daß er das Recht auf die Nachkommenschaft nicht um-

---

[89] SRRDec c. Pasquazi v. 8. Juli 1958 Bd. 50(1958)426-435, hier 428: „Simulatio igitur sensu Codicis opponitur amentiae. Amentes incapaces sunt etiam simulandi consensum."

[90] Massimi (SRRDec v. 28. Juli 1928 Bd. 20(1928)317-322, hier 318) unterscheidet die innere Unfreiheit des Willens von der amentia als einen Unterfall: „In iure res brevi absolvitur, attentis angustiis propositae actionis. Nec enim valor matrimonii impugnatur in genere ob defectum consensus, sed in specie ob perturbatam mentem contrahentis. Nec vero perturbatae mentis traditur generalis ratio amentiae, sed singularis causa deficientis libertatis internae." Daraus ergibt sich, daß er Geisteskrankheitsfälle annimmt, in denen die innere Willensfähigkeit nicht betroffen ist.

faßte."[91] Wenn Sabattani den amens für unfähig erklärt, einen Konsens zu erklären, so muß das allerdings rein rechtlich verstanden werden: unfähig, eine rechtswirksame Erklärung abzugeben.

3. Die rechtliche Rangfolge

Aus der Unterscheidung der Sachverhalte geht die rechtliche Rangfolge von amentia und Simulation hervor.

a) Leidet ein Kontrahent an einer psychischen Störung, die seine Willensfähigkeit unbeeinträchtigt läßt, jedoch die Zurechenbarkeit der abgegebenen Erklärung ausschließt, so ist seine Erklärung wegen amentia nichtig. Es kann dann dahinstehen, ob seine Erklärung mit seinem Willen übereinstimmte oder nicht. Wenn die amentia sicher festgestellt werden kann, braucht eine eventuelle Simulation nicht mehr erörtert zu werden. Kann die amentia jedoch nicht erwiesen werden, gewinnt das Simulationsproblem subsidiär entscheidungserhebliche Bedeutung[92].

b) Wenn die psychische Störung eine Unfähigkeit zum Wollen überhaupt bewirkt, kann eine Simulation auch als Sachverhalt nicht vorliegen. Daß eine Abweichung zwischen Wollen und Erklären feststellbar ist, setzt die Möglichkeit zum Wollen überhaupt voraus. Hier besteht das Subsidiaritätsverhältnis nicht allein zwischen den Rechtsgrundlagen. Kam im vorigen Fall die Simula-

---

[91] SRRDec c. Sabattani v. 24. März 1961 Bd. 53(1961)155-169, hier 163: „Nam coexistentia aeque principalis duorum capitum admitti nequit, cum matrimonium haud possit *simul* nullum esse ex capite amentiae et exclusione boni prolis ex parte unius eiusdemque personae, quae ab eodem tempore fieret incapax eliciendi consensum et capax consensum restringendi seu limitandi, ut ius ad prolem non contineret."

[92] Einer Entscheidung der Rota c. Filipiak v. 19. Dezember 1970 (N. 255/70) lag – wie *Villeggiante* (Incapacità 3) zitiert – folgende Streitfestsetzung zugrunde: „1. - An constet de matrimonii nullitate ex capite defectus consensus in muliere, nempe ob incapacitatem psychologicam praestandi consensum conscium et consultum ex parte mulieris in causa; et quatenus negative: 2. - An constet de nullitate matrimonii, in casu, ob simulationem totalem, sin minus partialem ob exclusum bonum sacramenti ex parte mulieris." Hier ist klar gesehen, daß die Ehenichtigkeitsfeststellung wegen Simulation die Fähigkeit voraussetzt, einen Ehewillen zurechenbar zu erklären. Ist die Partei dazu nicht fähig, kommt es auf die Übereinstimmung des Geäußerten mit dem Gewollten nicht mehr an.

tion rechtlich nicht in Betracht (obwohl sie *tatsächlich* möglich war), weil eine amentia festgestellt werden konnte, so kommt in diesem zweiten Fall eine Simulation tatsächlich *nicht* in Betracht, wenn die amentia in Form einer Willensunfähigkeit bewiesen werden kann. Ist das nicht möglich, muß von Willensfähigkeit ausgegangen werden und eine Simulation im Verfahren untersucht werden.

c) Während die Rota Simulation und amentia abgrenzt, ist hier das Verhältnis von Simulation und Ehevertragsunfähigkeit - ein weiter gefaßter Begriff - zu untersuchen. Man wird folgendes sagen können:
Wenn die psychische Störung, die zur Nichtzurechenbarkeit der Ehewillenserklärung führt, die natürliche Fähigkeit, bewußt etwas zu wollen oder bewußt etwas nicht Gewolltes zu erklären, unbeeinträchtigt läßt, dann können Ehevertragsunfähigkeit und Simulation *als Sachverhalte* nebeneinander bestehen. Dem Kontrahenten wird aber jede Erklärung nicht angerechnet, weder eine mit seinem Willen übereinstimmende noch eine davon abweichende. Die Nichtigkeit seiner Ehe kann nur mit der Ehevertragsunfähigkeit begründet werden.

Wenn die psychische Störung dagegen die Fähigkeit zum Wollen aufhebt, kann *auch tatsächlich* keine Simulation neben der Ehevertragsunfähigkeit vorliegen. Das Urteil kann hier nur lauten, daß die Ehevertragsunfähigkeit die Ehe nichtig mache. Einen Sachverhalt der Simulation, der nur rechtlich nicht zum Tragen kommt, gibt es hier nicht. Die zur Begründung einer Klage vorgebrachten Behauptungen, ein Partner habe die Fähigkeit zum Wollen nicht besessen, und er habe etwas anderes gewollt als er erklärt habe, wäre in sich widersprüchlich. Erweist sich die erste Behauptung als nicht beweisbar, so kann eine Simulation natürlich geprüft werden.

Der Unterschied beider Fälle ist also der: im ersten liegt ein doppelter Sachverhalt vor. Sowohl die Ehevertragsunfähigkeit als auch die Simulation könnten die Nichtigkeit der Ehe bewirken, doch geht die Ehevertragsunfähigkeit logisch vor.

Im zweiten Fall kann nur einer von beiden Sachverhalten zutreffen: entweder ist der Partner willensunfähig, oder er kann simuliert haben. Die Begründung des Urteils muß auf das abstellen, was tatsächlich vorliegt.

4. Weiteres Unterscheidungsmerkmal

Ehevertragsunfähigkeit und primäre Willensmängel im Sinne des can. 1086 CIC unterscheiden sich in einem weiteren Punkt:

Während ein Willensmangel der genannten Art durch eine Änderung der Motivlage des Kontrahenten beseitigt werden kann, ist die Ehevertragsunfähigkeit nur durch eine Therapie der psychischen Struktur zu beheben[93]. Dem Ehebewerber, der zugleich die Eheschließung und die Beschränkung seines Ehewillens beabsichtigt, kann durch eine Aufklärung über die Rechtsfolgen der Simulation oder mit anderen, seine Problemlage klärenden Argumenten zu einer Bereinigung seines Motivkonfliktes geholfen werden, so daß er entweder auf die Eheschließung verzichtet oder von der Einschränkung seines Ehewillens Abstand nimmt.

Der psychisch Gestörte, der eine zurechenbare Ehevertragserklärung nicht abgeben kann, bedarf einer fachärztlichen Behandlung, ehe er eine gültige Ehe schließen kann. Diese Feststellung hat Folgen für den Fall, daß die Ehe für nichtig erklärt wird. Die psychische Störung kann fortbestehen und eine zweite Ehe ebenso verungültigen wie die erste. Der Motivkonflikt dagegen kann sich durchaus auf die erste Ehe beschränken. Rechtfertigt schon der Unterschied der Sachverhalte die Forderung, eine Ehe nicht wegen Simulation für nichtig zu erklären, wenn ein Kontrahent zwar wollen konnte und auch abweichend von seiner Erklärung wollte, er aber zu ausreichender Erkenntnis nicht fähig war, so erst recht die aufgezeigte Konsequenz für die Ehefähigkeit des Betroffenen. Ein richtiges Urteil verlangt nicht nur einen zutreffenden Tenor, sondern auch eine richtige Begründung[94].

---

93 Vgl. oben § 1 3b bb.

94 Darum kann *Ahern's* Meinung nicht gefolgt werden, daß es nicht wirklich bedeutsam sei, ob die Unfähigkeit zur Erfüllung ehelicher Pflichten ein eigener Nichtigkeitsgrund sei oder ein Fall mangelnder discretio iudicii. Wichtig sei nur, daß sie die Ehe nichtig mache (Incapacity 244). Diese Auffassung bedeutet praktisch den Verzicht auf eindeutige Feststellung der Gründe einer Ehenichtigkeit im Urteil.

§ 6

Abgrenzung der Ehevertragsunfähigkeit von der Erklärungsunfreiheit

These: *Ehevertragsunfähigkeit kann nicht mit Erklärungsunfreiheit im Sinne von Zwang oder Furcht verwechselt werden. Beide letztgenannten Tatbestände sind von der Fähigkeit, einen zurechenbaren Vertragswillen zu bilden und zu erklären, unabhängig.*

Zu den im Codex genannten Gründen, aus denen eine Ehevertragserklärung als ungültig behandelt wird, gehören die Tatbestände der unwiderstehlichen Gewalt (vis) und der durch Drohung bewirkten Furcht (metus).

Beide setzen einen Unterschied zwischen dem, was der Eheschließende eigentlich will, und dem, was er erklärt, voraus. Sie haben jedoch verschiedene Ursachen und wirken aufgrund verschiedener rechtlicher Gesichtspunkte. Außerdem stehen sie zur Ehevertragsunfähigkeit in ihrer logischen Reihenfolge in verschiedenem Verhältnis.

1. Die unwiderstehliche Gewalt (can. 103 § 1 CIC)

Im Falle der physischen oder moralischen Gewalt (vis) ist der Kontrahent der Möglichkeit - nicht der Fähigkeit! - beraubt, sich seinem eigenen Willen entsprechend zu verhalten. Ein von außen auf ihn ausgeübter Zwang, dem er nicht widerstehen kann, läßt ihn eine Ehewillenserklärung abgeben, die er nicht will, eine Erklärung, die von seiner Willenshaltung nicht bewirkt ist. Wer nickt, weil ihm der Kopf heruntergedrückt wird, handelt unter der Einwirkung physischer Gewalt. Wer das Jawort gibt, weil ihm klargemacht wurde, daß er sonst die Kirche nicht lebend verlassen werde, handelt unter moralischem Zwang. Ihm bleibt keine Wahl.

Es kommt nicht darauf an, ob der Kontrahent zur Zeit der erzwungenen Erklärung einen eigenen Willen hatte, der von der Erklärung abwich, oder ob er möglicherweise die Ehe selbst gewollt hat. Sein Handeln, dem er nicht widerstehen konnte, wird ihm nicht zugerechnet, weil zu rechtsverbindlichem Tun auch die Freiheit gehört, es zu unterlassen. Die Nichtigkeitswirkung des Zwanges wird nicht dadurch beseitigt, daß der Erklärende das Erzwungene nebenbei auch selbst will. Nach scholastischer Terminologie ist die erzwungene Erklärung höchstens ein actus hominis, aber kein actus humanus[95]. Sie wird es auch nicht dadurch, daß der Wille des Gezwungenen mit ihr übereinstimmt. Zurechenbar ist die Erklärung nur, wenn sie *Folge des Willens* ist. Im Falle des Zwanges aber ist der Wille als Ursache des Handelns durch den Zwang überholt[96].

Bei der Ehevertragsunfähigkeit liegt die Nichtigkeitsursache darin, daß der geäußerte Wille nicht so aus der unbeeinträchtigten Funktion der Geisteskräfte entspringt, daß er als verantwortete Äußerung der Person verstanden werden könnte. Die Erklärung ist Folge gestörter Geistesfähigkeiten. Bei der unwiderstehlichen Gewalt hingegen ist die Willenserklärung gar nicht Folge der Geistestätigkeit – sei sie gestört oder ungestört –, sondern Auswirkung einer äußeren Ursache, die von der Person des Erklärenden ganz unabhängig ist.

Der Tatbestand des unwiderstehlichen Zwanges kann mit dem der Ehevertragsunfähigkeit zugleich erfüllt sein. Damit ist zunächst nicht gemeint, daß man bei einer durch eine psychische Störung verursachten Unfähigkeit, eine Ehe zu wollen, von einer in Willensunfreiheit abgegebenen Erklärung sprechen kann. Oder daß man von einer Art Zwang reden kann, wenn ein Kontrahent durch krankhafte Impulse getrieben seinen Ehewillen erklärt[97].

---

[95] Massimi (SRRDec v. 10. Juli 1931 Bd. 23(1931)273-279, hier 274) sagt: „Ad actum enim humanum, i.e. ex voluntate deliberate procedentem, requiritur ut homo eiusdem actus dominus sit per rationem et voluntatem."

[96] Man kann nicht einwenden, daß die Gewalt dem Willen nicht widerspreche und darum kein Grund bestehe, eine Nichtigkeit anzunehmen. Der kategoriale Unterschied zwischen Zwang und Drohung wird in can. 103 § 1 und § 2 CIC deutlich. Der unter Zwang gesetzte Rechtsakt ist ohne weiteres nichtig. Das gilt auch für die Ehe, so daß can. 1087 § 1 insofern nur eine Wiederholung sein kann. Rechtshandeln, das durch Drohung motiviert ist, ist dagegen im allgemeinen nur anfechtbar (can. 103 § 2 CIC) und führt bei der Ehe wegen ihrer Besonderheiten zur Nichtigkeit. Vgl. dazu *Mörsdorf*, Lehrbuch II 232: „Rechtsgeschäfte, die unter bedingtem Zwang zustande kommen, sind im allgemeinen gültig, aber aufhebbar. . . Da das Prinzip der Unauflöslichkeit der Ehe keine Aufhebung zuläßt, nimmt die Kirche die Eheschließungsfreiheit gegenüber Nötigungen dadurch in Schutz, daß sie den Ehevertrag im Falle einer schweren Beeinträchtigung der Willensfreiheit als nichtig betrachtet."

[97] So formuliert Masala (SRRDec v. 21. April 1971 in: Monitor 97(1972)49-73, hier 55: „Psychasthenicus *graviter* correptus, libere non agit vi nempe suae voluntatis, sed potius ad actum trahitur impulsuum (suggestioni) vel passionis vi, quos subicere et repelle-

In can. 103 § 1 CIC ist die äußere Freiheit der Verwirklichung dessen gefordert, was der Kontrahent innerlich frei will. Durch den Zwang aber wird eine freie, entscheidungsfähige Person unausweichlich bestimmt, das vom Zwingenden Gewollte zu tun. Die abgegebene Erklärung ist Folge des Willens eines Dritten, nicht aber des Erklärenden, der lediglich als Werkzeug benutzt wird.

Die Tatbestände des Zwanges und der Ehevertragsunfähigkeit können zugleich erfüllt sein. Auch der, der zu ausreichender Erkenntnis, zu Wollen und Handeln aus eigenem Antrieb nicht fähig ist, kann zur Abgabe einer Ehewillenserklärung gezwungen werden.

In der rechtlichen Wertung geht der Zwang vor. Wenn die Ehewillenserklärung erzwungen ist, dann ist sie gar nicht Erklärung des Kontrahenten, sie ist nicht Ausdruck des Willens dessen, der die Ehe schließt. Es kann daher ganz außer acht gelassen werden, ob der Erklärende – hätte er eine eigene Erklärung abgegeben – gültig geheiratet hätte, ob er ehevertragsfähig war. Auf die Ehevertragsfähigkeit des Kontrahenten kommt es nicht an, wenn seine Erklärung erzwungen ist.

Steht jedoch im Prozeß fest, daß kein Zwang vorgelegen hat, daß also die Erklärung doch Ausdruck des Willens des Kontrahenten war, dann ist die Ehevertragsfähigkeit zu prüfen.

2. Durch Drohung bewirkte Furcht (can. 1087 § 1 CIC)

Im Falle der schweren Furcht[98] (metus gravis) handelt es sich nicht um eine unmittelbare Beeinträchtigung der Freiheit zum Handeln, sondern um eine mittelbare. Während der unwiderstehliche Zwang den Eheschließenden zum Werkzeug eines fremden Willens macht, wirkt die von außen eingeflößte schwere Furcht als ein nicht vom Kontrahenten selbst stammendes übermächtiges Motiv, nicht den eigenen Willen zu verwirklichen und die Eheschließung zu unterlassen, sondern sich dem fremden Willen unterzuordnen und die Ehe zu schließen. Der Kontrahent will dann die Eheschließung, um dem in der Drohung in Aussicht gestellten Übel zu entkommen.

---

re non potest, et saepius suasionibus, vi externa pressus." Die hier zitierte Entscheidung, die sich mit der Frage der inneren Willensfreiheit zu befassen hatte, steht unter dem Klagegrund „defectus discretionis".

[98] In der Kanonistik ist gewöhnlich von „Furcht und Zwang" als Wiedergabe der Formel „vis vel metus" in can. 1087 § 1 CIC die Rede, wobei unter Zwang die Androhung eines Übels, unter Furcht die innere Reaktion des Bedrohten auf die Drohung verstanden wird.

Die Ehevertragsunfähigkeit kann auch mit diesem Tatbestand kaum verwechselt werden. Wie im Falle der Gewalt besitzt auch der Bedrohte die Fähigkeit zu eigenem Erkennen, Wollen und Handeln. Er handelt jedoch nicht mit Blick auf die Ehe, sondern unter dem Druck der Drohung. Er stellt seinen ordnungsgemäß gebildeten Willen hintan, um der von außen aufgenötigten Zwangslage zu entgehen[99].

Das Heiratsmotiv Furcht kann auch bei einem Kontrahenten vorliegen, der ehevertragsunfähig ist. Ein Mangel an ausreichender Erkenntnis-, Willens- oder Handlungsfähigkeit aufgrund einer psychischen Störung kann mit der durch eine Drohung erzeugten Furcht durchaus zusammentreffen.

Nach Gesichtspunkten der logischen Richtigkeit ist im Falle eines Nichtigkeitsprozesses, in dem Furcht gemäß can. 1087 CIC und Ehevertragsunfähigkeit als Nichtigkeitsgründe vorgebracht werden, die Ehevertragsunfähigkeit zuerst zu prüfen. Der Tatbestand der Furcht kann nur dann die Ehe nichtig machen, wenn die Drohung das ausschlaggebende Motiv für die Eheschließung war, wenn die Ehe gewählt wurde, um der Drohung zu entgehen, wenn die Drohung nicht hinweggedacht werden kann, ohne daß auch die Eheschließung entfiele. Das ist dann nicht der Fall, wenn der Kontrahent die Ehe frei gewollt hat und bei der Eheschließung unabhängig von der Drohung seinen eigenen Willen zum Ausdruck gebracht hat. Ob das so war, kann aber erst festgestellt werden, wenn der eigene Wille des Eheschliessenden geprüft ist. War der Kontrahent ehevertragsunfähig, dann konnte er bei der Eheschließung keinen eigenen, zurechenbaren Willen erklären, der selbständige Ursache seiner Erklärung war, der die Drohung zum nicht wesentlichen Motiv werden ließ[100]. Die von ihm abgegebene Erklärung war dann nichtig, weil sie ihm

---

99 In einer SRRDec c. Ewers v. 2. Dezember 1972 (in: Monitor 98(1973)235-243, hier 237) heißt es: „Metus nempe non aufert eligendi et consentiendi facultatem, sed voluntatem reddit procliviorem in eum actum a quo, alias, metus passus certe se abstineret. . . : quapropter metus haud sinit plenam libertatem iure in nupturientibus requisitam. Re quidem vera, contractus tam onerosus uti est matrimonium, nedum maiorem libertatem quam in aliis contractibus requirit. . . , sed insuper omnimodam seu integram consensus libertatem atque securitatem. . . , quae est potestas sui actus ad opposita. . . , seu exigit plenam deliberationem. . . , adeo ut si haec deficiat matrimonium irritum et nullum contrahatur.“

100 In einer SRRDec c. Bonet v. 15. November 1965 Bd. 57(1965)827-832, hier 832 heißt es: „Metus enim *iuridice* irritans matrimonium vix concipi potest ubi ipso naturae iure deficit ille actus humanus quo quis consensum ob metum invalide emitteret.“ Die Entscheidung versucht eine Abgrenzung zwischen amentia und metus zu geben, und zwar im Falle eines Psychasthenikers.

nicht zugerechnet werden kann, auch wenn sie nicht durch die Drohung ausgelöst ist. Es kann bei dem Ehevertragsunfähigen dahinstehen, ob er seine Erklärung wegen der Drohung abgegeben hat oder aus eigenem Antrieb. In beiden Fällen kann sie ihm nicht zugerechnet werden.

Der Frage der Drohung ist aber nachzugehen, wenn die Ehevertragsunfähigkeit nicht erwiesen wird. Dann ist davon auszugehen, daß der Partner gesund war, und die Frage, ob seine Erklärung durch Drohung motiviert war, wird entscheidungserheblich.

3. Abgrenzung beim Ehrfurchtszwang

Eine im tatsächlichen Bereich außerordentlich schwierige Abgrenzung zwischen Ehevertragsunfähigkeit und Furcht im Sinne des can. 1087 CIC kann sich bei dem sogenannten Ehrfurchtszwang (metus reverentialis) ergeben. Diese qualifizierte Ehrfurcht wird gewöhnlich in einer Alternativsituation gesehen, die sich einem Eheschließenden aus seinem engen Verhältnis zu einer Bezugsperson heraus stellt. Die Alternative lautet, die von der Beziehungsperson gewünschte Ehe zu schließen, oder den als schweres Übel empfundenen Unwillen dieser Person zu riskieren.

Das äußere Erscheinungsbild einer solchen Situation kann mit einer besonderen psychischen Störung, der abnormen Mutter- (Vater-, Onkel- usw.) Bindung fast identisch sein. Die Ursachen sind aber verschieden, die rechtlichen Gesichtspunkte nicht die gleichen.

Ehrfurchtszwang liegt bei einem Kontrahenten vor, der in ungestörter Ausübung seiner geistig-seelischen Fähigkeiten die Motive für und gegen eine Eheschließung wertet, dabei aber das Motiv für die Ehe, nämlich den Wunsch der Beziehungsperson und die Angst vor ihrem Unwillen, als so überwältigend empfindet, daß er sich den eigenen Willen nicht zu verwirklichen traut und deshalb in die Ehe einwilligt.

Die Unfähigkeit, sich gegen die Erwartung der Beziehungsperson zu entscheiden, kann aber auch auf einer psychischen Störung beruhen. Beim metus reverentialis *hat* der Kontrahent ursprünglich eine andere Absicht, als der Erwartung der Beziehungsperson zu entsprechen. Er führt diese Intention nicht aus, weil er der Erwartung entsprechen will. Die psychisch gestörte Person bildet dagegen gar keine eigene Absicht. Sie ist durch eine Störung der psychischen Struktur gehindert, die Motive für und gegen die Eheschließung überhaupt hinreichend zu erwägen. Anders als der vorgenannte Eheschließende hat sie nicht den eigenen Willen, nicht zu heiraten, sondern der Wille der Beziehungsperson ist immer schon ihr eigener. Sie hat nicht die innere Selbstbestimmung, um einen abweichenden Willen zu bilden. Sie sucht keinen Ausweg aus einer Alternative, weil sie keine Alternative spürt.

Hier liegt die Nichtigkeit der Ehe nicht darin begründet, daß der Kontrahent sich gegen seinen Willen zu entscheiden gedrängt sieht, sondern darin, daß er die innere Fähigkeit zum Erkennen seiner Motive und zur Bildung eines Willens aus seiner eigenen Person heraus nicht besitzt.

Die große Nähe, in die Tatbestände mit verschiedenen Ursachen und verschiedenen rechtlichen Konsequenzen geraten können, ist für den Ehenichtigkeitsprozeß oft eine große Erschwernis. Es wäre interessant, die Nichtigkeitsfälle mit dem Stichwort metus reverentialis einmal auf den Gesichtspunkt psychischer Störungen hin zu untersuchen. Wichtiger ist aber stets die klare Unterscheidung im vorliegenden Einzelfall. Das Recht kann dabei nicht mehr leisten, als die möglichen Kategorien klar zu formulieren. Die Klarheit der Lebenssachverhalte selbst zu schaffen, liegt nicht in seiner Macht.

§ 7

Abgrenzung der Ehevertragsunfähigkeit von den vorübergehenden Störungen der Vertragsschließungsfähigkeit

These: *Die Ehevertragsunfähigkeit unterscheidet sich von den vorübergehenden Störungen der Vertragsschließungsfähigkeit durch die Dauerhaftigkeit ihrer Ursache. Vorübergehende Störungen beeinträchtigen in der Regel nicht die Bildung des Ehewillens, sondern nur seine rechtswirksame Äußerung.*

Wie schon bei der näheren Erläuterung der natürlichen Grundlage der psychisch bedingten Ehenichtigkeitsgründe angekündigt, ist die Ehevertragsunfähigkeit von Fällen abzugrenzen, in denen vorübergehende Störungen Ursache für die Nichtigkeit der Ehe sind. Es handelt sich um die Unterscheidung zwischen den Fallgruppen, die nach herkömmlicher Terminologie mit „amentia" und „perturbatio mentis" bezeichnet werden[101]. Für die dauer-

---

[101] Weil die herkömmliche Doktrin die sogenannten „amentia"-Fälle nicht ausreichend auf die *Qualität* der Ursachen für die Unzurechnungsfähigkeit überprüft hat, konnte sie den Begriff der amentia über die Geisteskrankheiten hinaus auf vorübergehende Störungen der Geistestätigkeit ausdehnen. Dazu die SRRDec c. Mattioli v. 6. November 1956 Bd. 48(1956)871-878, hier 873: „Vox ‚amentia', per se, non morbum indicat aut necessario significat, sed potius peculiarem mentis statum seu condicionem, interdum brevi duraturam, quae causis multiplicibus ac variis tribui potest: ut puta, somno, ebrietati, passioni vehementissimae, aut etiam morbis varii generis et gravitatis." Wenn das als linguistische Bemerkung über den Gehalt des Wortes „amentia" an sich gemeint ist, kann man dem zustimmen. Wenn jedoch hier die Sachunterscheidung zwischen dauerhaften und vorübergehenden Beeinträchtigungen der Geistestätigkeit aufgegeben werden soll, muß widersprochen werden. Für die Unterscheidung anhand der Dauerhaftigkeit vgl. *d'Avack*, Cause 142/143.

Ahern(Incapacity 241) verunklart den Begriff der „disturbatio mentis" dadurch, daß er die nicht von sich aus vorübergehenden Geistesstörungen, die Gegenstand einer Heilbehandlung sind, hier miterfassen will. Er zieht damit amentia-Fälle in den Begriff der perturbatio mentis, während die Rechtsprechung die umgekehrte Verwischung zu begehen pflegt.

hafte Störung der psychischen Struktur, die ausreichendes Erkennen, Wollen oder Handeln einer Person verhindert, haben wir den Begriff der Ehevertragsunfähigkeit gewählt. Mit der Kurzbezeichnung „Rausch“ werden im folgenden Fälle benannt, in denen die Einwirkung von Rauschmitteln (Alkohol, Narkotika, Psychopharmaka), von Hypnose, Schock o.ä. die Selbstbestimmung der Person vorübergehend ausschließt[102].

1. Verschiedene Auswirkungen auf den Ehewillen

Vorjuristisch betrachtet ist der Wille zur Ehe nicht eine punktuelle Wirklichkeit, sondern eine innere Haltung, die sich langsam entwickelt und auf

---

102 *Lefebvre* (Évolution 355 Anm. 33) nennt noch andere Beispiele der Beeinträchtigung der inneren Wahlfreiheit, die durch andere äußere Tatsacheneinflüsse bewirkt sind als durch Störungen neurotischen Ursprungs: Bombardement (dazu SRRDec c. Lefebvre v. 17. Januar 1970) oder Verfolgung (dazu SRRDec c. Lefebvre v. 4. Mai 1968). Man beachte auch eine SRRDec c. Bejan v. 25. Oktober 1972 (in: RevDroitCan 24(1974)72-87), die sich mit einem Fall medialer Suggestion befaßt. Auch hier sollte der Rahmen aber nicht zu weit ausgedehnt werden. *Villeggiante* (Incapacità 4, 8/9, 13/14) erörtert einen Fall, der durch die innere Blockierung eines Mädchens charakterisiert ist, im Zeitpunkt der Eheschließung Ja oder Nein zu sagen. In Erkenntnis, daß sie ihren Bräutigam nicht liebte, geriet sie in den Tagen vor der Eheschließung in eine innere Entscheidungsunfähigkeit, die das Gericht (SRRDec c. Filipiak v. 19. Dezember 1970 N. 255/70, zitiert nach *Villeggiante*, Incapacità 13) als „incapacitas psychologica eliciendi consensum matrimonialem, quae oritur ex incomposito conflicto propositorum et intentionum“ gefaßt hat. Es scheint mir richtiger, hier das Fehlen einer Entscheidung für die Ehe als *Ausfall* des Ehewillens zu bewerten, nicht als *Unfähigkeit* dazu. In einem solchen Fall ist nicht mehr sicher abzugrenzen, inwieweit wirklich eine Befindlichkeit der Person, ihre psychologische Situation, Ursache für das Ausbleiben der Entscheidung ist oder inwieweit dafür die äußeren Situationsbedingungen eine Rolle spielen. *Villeggiante* will hier eine psychologisch, nicht psychiatrisch bedingte Unfähigkeit zum Ehekonsens annehmen, die vorübergehend sein kann und beim psychisch nicht kranken Menschen auftritt. Dieses Konzept scheint mir die Gefahr mit sich zu bringen, die *Villeggiante* (ebd. 10) selbst nennt, daß die Psychologie mit unabgrenzbaren Befunden einen das vertretbare Maß überschreitenden Stellenwert einnimmt. Es wurde in der Erläuterung zu § 1 schon darauf hingewiesen, daß zwischen den Fähigkeiten eines gesunden Menschen und den Gültigkeitsvoraussetzungen einer Ehe eine Kongruenz bestehen muß. Führt eine unglückliche Konstellation äußerer Umstände dazu, daß einem gesunden Menschen zu einem vorgegebenen Zeitpunkt die geforderte Entscheidung nicht gelingt, so sollte man die Nichtigkeitserklärung nicht auf eine psychologisch bedingte Unfähigkeit abstellen – eine ohne Veränderung der psychischen Struktur der Person kaum zu diagnostizierende Feststellung –, sondern auf Fehlen des Ehewillens und damit einer Gültigkeitsvoraussetzung der Ehe. Die psychologische Situation kann dann begründen, warum kein Ehewille gegeben war.

eine gewisse Dauer gerichtet ist. Der Wille zur Ehe, zur Lebensgemeinschaft mit einem Partner, entsteht, während sich zwei Menschen kennen, schätzen und lieben lernen. Aus der Zuneigung wächst der Wunsch nach größerer Gemeinsamkeit, entsteht der Gedanke, miteinander die Ehe zu schließen. In der Erklärung vor der Öffentlichkeit macht sich der Erkärende seinen Ehewillen in der Regel noch einmal besonders bewußt, doch hält der Wunsch, miteinander in Lebensgemeinschaft zu bleiben, über die Hochzeit hinaus an; unter Umständen trägt er die Ehe ein Leben lang. Die Ehewillenserklärung ist die punktuelle Kundgabe einer fortdauernden inneren Haltung zum Partner. Deswegen kann z.B. aus den Äußerungen eines Ehegatten vor und nach der Eheschließung auf diese Haltung geschlossen werden.

Die Ehevertragsunfähigkeit im Sinne unserer Umschreibung kann entweder die Bildung eines Ehewillens als Haltung verhindern oder aber seine Äußerung. Wenn eine psychische Störung die Erkenntnisfähigkeit einer Person behindert, dann kommt eine Willenshaltung auf die Ehe hin, die das nötige Fundament in der geistigen Verantwortlichkeit der Person hätte, gar nicht zustande. Ist die Fähigkeit zum Wollen beeinträchtigt, dann fehlt der innere Antrieb, eine Ehe zu erstreben. Wirkt sich die psychische Störung jedoch so aus, daß die Person handlungsunfähig ist, dann kann der Wille nicht zum Ausdruck gebracht werden. In allen diesen Fällen ist die Störung dauerhaft. Für eine Ehe fehlt der Person eine Voraussetzung, sie ist habituell unfähig, eine Ehe zu schließen.

Die vorübergehende Störung, die abkürzend mit Rausch bezeichnet werden soll, macht den Partner nicht generell unfähig, die Ehe zu schließen. Sie hindert nicht die nötige Erkenntnis, wenn der Ehewille vor der Eheschließung gebildet wird und der Rausch zu dieser Zeit noch nicht vorliegt. Sie hindert auch nicht das Wollen als eine innere Absichtshaltung von Dauer, die vor und nach der Eheschließung besteht[103]. Der Rausch hindert schließlich das Handeln nicht[104].

---

103 Auf die in Literatur und Rechtsprechung durchgehaltene Unterscheidung zwischen amentia und perturbatio mentis unter dem Gesichtspunkt der verschiedenen Beeinflussung des Ehewillens weist *Keating* (Personality 431) hin: „Internal consent is so clear that it need not be actually constructed at the moment the contract is negotiated. The fact that perduring internal consent is not destroyed or extinguished by mental disturbance, drunkenness, sleep, or narcotic stupor is only too obvious. Otherwise, the Church could never grant a *sanatio*, nor could it possibly sanction marriage by proxy." Vgl. auch *Szentirmai*, De consensu 369-371.

104 Es sind auch Fälle denkbar, in denen ein Entschluß zur Ehe gänzlich unter dem Einfluß eines Rausches gefaßt und erklärt wird. Das ist aber ein Ausnahmefall, da einer

Der Rausch schließt aber aus, daß der Kontrahent das, was er unter seiner Einwirkung tut, bewußt tut. Er hebt die Kontrolle der Erkenntnis und des Willens über das konkrete Handeln auf[105]. Wer im Rausch handelt, handelt ungesteuert. Es ist gleichsam Zufall, ob sein Tun mit dem übereinstimmt, was die Person im nüchternen Zustand wollen oder tun würde. Die steuernde Verbindung zwischen der geistig-seelischen Tätigkeit der Person und ihrem Handeln ist unterbrochen[106].

---

kirchlichen Trauung soviel an Formalitäten vorausgeht, daß eine Umsetzung des im Rausch gefaßten Entschlusses zur kirchlichen Eheschließung in die Tat noch unter dem Einfluß desselben Rausches kaum möglich erscheint. Wichtig ist allerdings, z.B. beim Alkoholismus die Auswirkungen des Einzelrausches und die Schädigungen der Sucht, die zum Dauerzustand geworden sind, zu unterscheiden, wie es etwa in einem Urteil des Provinzialgerichtes Quebec c. Grenier v. 9. Januar 1968 (in: Monitor 93(1968)179-185, hier 179/180) geschieht. Leider verwendet Grenier sowohl für die vorübergehenden wie für die chronischen Folgen des Alkoholgenusses die Bezeichnung „perturbatio mentis". Sein rechtlicher Anhaltspunkt ist can. 2201 § 3 CIC, der als strafrechtliche Norm aber allenfalls analog herangezogen werden kann. Dort ist auch nicht von Alkoholismus-Dauerschäden die Rede, wie es im zu entscheidenden Fall zutraf, sondern lediglich von Trunkenheit (ebrietas).

105 Anné (SRRDec v. 26. Oktober 1972 in: EphIC 29(1973)109-117, hier 110/111) formuliert: „Equidem in huiusmodi casibus haud necessario perturbantur formalis actus voluntatis decursus et iter et formalis iudicii elaboratio, sed activitatum mentalium disturbatio obstat quominus hi actus cum plena aut saltem cum sufficienti liberi arbitrii usu vel rationum agendi haud graviter perturbata perpensione procedant. Habetur tunc actus voluntatis absque electionis vera libertate, speciem seu quandam formalem similitudinem externam electionis prae se ferens, ita ut homo, huius actus voluntatis auctor, erronee semetipsum existimet huius actus verum auctorem liberum." Eine gewisse Unschärfe der Aussage wird einerseits dadurch bewirkt, daß die lateinische Sprache den Ausdruck „actus voluntatis" nicht in „Willensentschluß" und „Willenserklärung" unterscheidet, andererseits dadurch, daß Anné unter dem Stichwort „perturbatio mentis" einen Konsensdefekt behandelt, der „origines trahit vel ex ea infirmitate quae potius ad speciem nevrosium pertinet vel ob mentis conditionem quae vocatur ‚personalitas psychopathica' ". Von solchen Fällen sagt er: „solutu sunt difficillimae" (ebd. 110). An und für sich gehört die Psychopathie nicht zur Kategorie der perturbatio mentis, doch scheint der Ponens hier auf den Betroffenen die Kategorien der amentia (= destitutio ab usu rationis) anzuwenden. Immerhin kommt in seiner Darlegung zum Ausdruck, daß die perturbatio mentis den Erklärungsakt in anderer Weise beeinträchtigt als die habituelle psychische Krankheit.

106 In einer SRRDec c. Jullien v. 11. Dezember 1937 Bd. 29(1937)733-740, hier 734 heißt es: „Nupturiens, praestando consensum, qui matrimonium facit, est minister Sacramenti matrimonii; actus autem ministri necessario debet esse humanus, seu actus rationis et voluntatis. Quapropter ebrietas, quae usum rationis ex toto adimit, impedit quominus ebrius valide contrahat matrimonium; in celebratione enim inanes soni ab eo emitterentur ad instar vocis brutorum nec quidquam deliberatum exprimerent, quaecumque fuisset intentio antea habita."

Erster Unterschied zwischen der Ehevertragsunfähigkeit und dem Rausch ist also, daß erstere die Zurechenbarkeit der Ehevertragserklärung ausschließt, weil die Person dauernd unfähig ist, einen Ehewillen zu bilden oder ihn aus eigenem Antrieb zu äußern; der Rausch hingegen beeinträchtigt in aller Regel nicht die Bildung des Ehewillens und ebenso nicht die Handlungsfähigkeit. Er hebt den Kausalzusammenhang zwischen Erkennen und Wollen auf der einen Seite und dem Handeln auf der anderen Seite auf und läßt deshalb die abgegebene Erklärung nicht zurechenbar sein[107].

2. Verschiedene Ursachen

Die Ursache für das Fehlen der Zurechenbarkeit im Falle der Ehevertragsunfähigkeit ist klar von der Ursache im Falle des Rausches zu unterscheiden.

Die Störung der psychischen Struktur ist ein Dauerzustand im geistig-seelischen Bereich der Person. Sie kann durch den Betroffenen selbst nicht beeinflußt oder geändert werden. Sie kann nicht hervorgerufen oder ausgesetzt, nicht intensiviert oder abgeschwächt werden. Sie ist Grenze für das Erkennen, Wollen und Handeln und als solche für den Betroffenen nicht überschreitbar. Die Störung der psychischen Struktur behebt sich nicht von selbst. Sie kann der Behandlung durch Psychotherapeuten zugänglich sein, muß es aber nicht.

Demgegenüber ist der Rausch ein vorübergehender Zustand der Person. Er kann durch den Betroffenen hervorgerufen werden und vergeht mit dem Abbau der auslösenden Stoffe im Organismus. Auch eine Hypnose etwa kann nicht dauernd aufrecht erhalten werden; ein Schock vergeht, wenn er nicht psychische Dauerschäden bewirkt und damit in eine Störung der psychischen Struktur übergeht. Unter dem Einfluß des Rausches verselbständigen sich zwar die Geistestätigkeit und das Handeln gegeneinander, doch wird die Verbindung beider Bereiche nach Abklingen des Zustandes wiederhergestellt.

Für die Umschreibung der Ursache der psychisch bedingten Ehenichtigkeitsgründe wurde die Wendung „Störung der psychischen Struktur“ gewählt, weil die Bezeichnung „Psyche“ nicht ausreichend klar und abgegrenzt ist.

---

107 So schreibt *Keating* (Personality 432): „Thus the Rota could point out with certainty that the marital disability of the drunk is distinct from the marital disability of the psychotic. In the latter case, this defect lies in the inability to form sufficient internal will. In the former case, the inability is that of validly manifesting the internal will by a human act, when he says «I will». Nearly all the rotal decisions dealing with this type of case clearly presuppose that sufficient internal will may very well be present, virtually persevering throughout the wedding ceremony, in spite of the temporary incapacity to express it validly.“

Man kann die Zustände der Geisteskrankheit und des Rausches als psychische Zustände bezeichnen, aber nicht im gleichen Sinne. Die Geisteskrankheit ist kein ins Unbestimmte ausgedehnter Rauschzustand, keine Dauerhypnose. Sie ist ein Strukturschaden, der als habituelle Befindlichkeit der Person die geistig-seelische Substanz beeinträchtigt. Der Rausch dagegen ist ein vorübergehender Zustand, der die geistig-seelische Substanz unverändert läßt, wenn er auch die Funktionstüchtigkeit der geistigen Tätigkeiten für die Dauer seiner Wirksamkeit aktuell behindert.

Man kann die Störungen der psychischen Struktur, deren Auswirkungen auf die Ehegültigkeit hier untersucht werden, nicht auf eine Stufe mit den vorübergehenden Störungen der Steuerungsfähigkeit stellen. Beide Ursachen haben letztlich die Nichtigkeit der unter ihrem Einfluß geschlossenen Ehe zur Folge. Sie müssen aber wegen der Verschiedenheit der tatsächlichen Befindlichkeit der betroffenen Person auseinandergehalten werden[108].

3. Ehespezifische Bezüge

Die Ehevertragsunfähigkeit liegt bei Fehlen der *für die Ehe ausreichenden* Erkenntnis-, Willens- oder Handlungsfähigkeit vor. Bei der Diagnose einer psychischen Strukturstörung ist es möglich, das Maß der Beeinträchtigung zu beschreiben, das die Störung mit sich bringt. Der Betroffene kann und muß daraufhin untersucht werden, ob seine Fähigkeiten für die Eheschließung, d. h. für ein lebensentscheidendes Rechtsgeschäft mit bestimmten Besonderheiten ausreichen.

Bei der vorübergehenden Störung der Steuerungsfähigkeit durch den Rausch ist eine solche Feststellung weder theoretisch noch praktisch durchführbar. Es kann nicht angenommen werden, daß eine Differenzierung der Rauschintensität möglich ist, die es zuläßt zu sagen, daß ein konkreter Zustand zwar noch einfache Rechtsgeschäfte möglich machte, nicht aber bedeutendere. Die Behinderung des äußeren Verhaltens z.B. durch Alkohol läßt sich in ihrem Ausmaß ermitteln und in Erfahrungswerten ausdrücken, die sich an der

---

108 Für die vorübergehende Störung der Geistestätigkeit durch Rauschmittel etc. empfiehlt sich nach bisheriger Terminologie der Begriff der „perturbatio mentis", der von der „amentia" zu unterscheiden ist (vgl. vorstehend Anm. 101). Da die Ehevertragsunfähigkeit hier als dauernde Eigenschaft der betroffenen Person begriffen wird, sollte man die Fälle der perturbatio mentis deutsch als Ehenichtigkeitsfälle aufgrund vorübergehender Störung der Geistestätigkeit bezeichnen.

Dosis des verwendeten Rauschmittels orientieren (etwa die Promille-Grenzen für die relative und absolute Fahruntüchtigkeit). Wann aber der innere Kausalzusammenhang zwischen Geistestätigkeit und Handeln so weit gelockert ist, daß man von verantwortetem Tun nicht mehr sprechen kann, ist schon theoretisch nicht mehr zu ermitteln.

Praktisch gibt es keine Möglichkeit, die Intensität eines Rausches noch Jahre nach der Eheschließung so genau zu ermitteln, daß die Feststellung möglich wäre, die Person habe zwar noch in einfachen Dingen zurechenbar handeln können, doch habe ihr die *für die Eheschließung ausreichende* Verantwortlichkeit des Handelns gefehlt[109].

4. Verschiedenheit der Beweismittel

Im Ehenichtigkeitsprozeß sind die Beweismittel, mit denen man eine Ehevertragsunfähigkeit nachweisen kann, von denen durchaus verschieden, die den Beweis für eine vorübergehende Störung der Steuerungsfähigkeit erbringen können.

Die psychische Störung, die eine Ehevertragsunfähigkeit bewirkt, wird oft noch im Zeitpunkt des Eheprozesses vorliegen. Sie kann dann durch einen Psychologen oder Psychiater diagnostiziert und bewertet werden. Ist sie bereits geheilt[110], dann ist das nicht ohne Zutun eines Therapeuten geschehen, der dann als sachverständiger Zeuge Auskunft über Art und Intensität der Strukturstörung geben kann.

Ein direkter Zugang zu der Ursache einer vorübergehenden Störung der Steuerungsfähigkeit ist im Prozeßzeitpunkt nicht mehr möglich. Der Rausch-, Hypnose- oder Schockzustand besteht nicht mehr. Er kann weder durch das Gericht noch durch Gutachter auf seine Intensität und Auswirkungen untersucht werden. Beweisbar ist er nur durch die Aussagen von Zeugen, die entweder die Einnahme von Rauschmitteln oder andere Entstehungsursachen des

[109] Das bedeutet allerdings nicht, daß zur Nichtigkeit einer Ehe, die im Rauschzustand geschlossen wird, ein Vollrausch erforderlich sei, wie es die Rota einmal gefordert hat: „Verum requiritur plena probatio, agi de perfecta ebrietate, quae totaliter auferat advertentiam mentis et ideo consensum voluntatis." (SRRDec c. Manucci v. 28 Januar 1929 Bd. 21(1929)59-64, hier 60). Die Freiheit, die zu einem gültigen Rechtsgeschäft erforderlich ist, dürfte schon früher aufgehoben sein. Lediglich die Eingrenzung einer Rausch-Intensität, die die Ehevertragsfähigkeit beeinträchtigt, andere Rechtsgeschäfte jedoch nicht, ist schwer vorzustellen.

[110] Auf die Rechtserheblichkeit der Heilbarkeit wird noch eingegangen (vgl. § 9).

Zustandes beobachtet haben, oder die an dem Betroffenen bei der Eheschliessung auffälliges Verhalten oder Reden festgestellt haben. Aus der beobachteten Menge des genossenen Alkohols oder der Deutlichkeit der Verhaltensstörungen sind Rückschlüsse möglich. Doch wird der Beweis für den Rausch immer schwerer zu führen sein als für die Ehevertragsunfähigkeit. Vorübergehende Phänomene sind im Nachhinein stets schwerer zu fassen als Dauerzustände.

3. KAPITEL

WEITERE FRAGEN

§ 8

Relativität der Ehevertragsunfähigkeit?

These: *Die Ehevertragsunfähigkeit ist eine von jedem möglichen Partner unabhängige Eigenschaft der betroffenen Person. Sie kann nicht nur bestimmten Partnern gegenüber bestehen.*

1. Relative und absolute Eheunfähigkeit

Eine relative Eheunfähigkeit ist ein Tatbestand, der besagt, daß eine Person zur Eingehung einer Ehe mit dem einen Partner fähig, mit einem anderen dagegen unfähig ist. Eine solche relative Unfähigkeit kann sich auf eine einzige Person beziehen oder auf eine Gruppe möglicher Partner, die bestimmte Eigenschaften aufweisen.

Die relative Eheunfähigkeit ist immer durch eine Besonderheit in der Person dessen mitbestimmt, dem gegenüber sie besteht. Lediglich der Unterschied zwischen den möglichen Partnern bedingt, daß die Eheunfähigkeit dem einen gegenüber besteht, dem anderen gegenüber aber nicht. Eine relative Eheunfähigkeit kann deswegen keine autonome Eigenschaft nur der einen eheunfähigen Person sein.

Die relative Eheunfähigkeit muß sich aus der Störung einer Funktion herleiten, die sich zwischen den Partnern vollzieht, an der beide Partner Anteil haben, die ohne einen der beiden nicht gesetzt werden kann. Zur Verdeutlichung sei auf den Unterschied hingewiesen, der zwischen den Fähigkeiten besteht, die eheliche Treue zu wahren und den Beischlaf zu vollziehen. Wahrung der Treue, d. h. Verzicht auf außereheliche Geschlechtsbeziehungen, ist kein Vorgang zwischen den Ehepartnern. Die Fähigkeit, die Treue zu wahren, ist Eigenschaft nur einer Person. Die Fähigkeit zum Geschlechtsverkehr dagegen bezieht sich auf eine Funktion zwischen den Gatten. Sie kann durch einen Defekt gehindert sein, der Merkmal nur eines Partners ist (etwa eine Verstümmelung). Es ist aber auch eine relative Ursache denkbar: beide Partner können psychisch und physisch beischlafsfähig sein, und dennoch kann ihnen der Vollzug der Geschlechtsgemeinschaft unmöglich sein, weil zwischen der Größe ihrer Genitalien ein Mißverhältnis besteht. Dann liegt eine relative Störung vor, die Unmöglichkeit einer Funktion, die zwischen den Partnern zu geschehen hat. Wo aber eine zur Ehe nötige Fähigkeit unabhängig von einem mitwirkenden oder mitbestimmenden Partner ist, kann sie nicht relativ bestehen oder ausfallen.

Die Fähigkeit zum Erkennen, Wollen und Handeln ist eine partnerunabhängige, autonome Fähigkeit der Person. Sie bezieht sich nicht auf eine Funktion zwischen den Partnern, sondern auf die allein von der Person selbst zu setzenden inneren und äußeren Tätigkeiten, die zur rechtswirksamen Eheschließung notwendig sind. Die Unfähigkeit, in ausreichendem Maße den Inhalt und die Bedeutung der Ehe zu erfassen, sie zu wollen oder den Ehewillen aus eigenem Antrieb zu erklären, kann nicht durch den Partner mitbewirkt werden. Sie beruht auf einer Störung der psychischen Struktur des betroffenen Kontrahenten und bewirkt eine in sich bestehende Eigenschaft der Person. Die Ehevertragsunfähigkeit ist daher nicht relativ gegenüber einem oder mehreren bestimmten Partnern möglich.

2. Problemfälle

Auf den ersten Blick scheint ein Fall der These von der Unmöglichkeit relativer Eheunfähigkeit zu widersprechen: wenn ein Kontrahent innerlich so abhängig von seinem Partner ist, daß seine Fähigkeiten zu Erkennen, Wollen und Handeln in hohem Maße eingeschränkt sind. Mit „Hörigkeit" bezeichnet man einen Grad innerer Abhängigkeit, der eine Entscheidung gegen den Partner nicht mehr zuläßt.

Eine relative Ehevertragsunfähigkeit läge hier nur dann vor, wenn die Hörigkeit die abhängige Person nur einem bestimmten Partner gegenüber unfähig machte zu Erkennen, Wollen oder Handeln. Der Hörige ist aber absolut vertragsunfähig. Für eine Ehe mit dem Partner der Hörigkeit fehlt die innere Willens- und Entscheidungsfreiheit, um die Eheschließung auch ablehnen zu können. Wo die Freiheit fehlt, sich gegen etwas zu entscheiden, da geschieht auch die positive Entscheidung in Unfreiheit. Die Vertragsunfähigkeit des Hörigen besteht aber auch jedem anderen möglichen Partner gegenüber. Die Stärke der inneren Bindung zu der Bezugsperson, die Unfähigkeit zu freier Erkenntnis, zu unbehindertem Abwägen und unvorbelastetem Wollen machen auch die Erklärung nicht zurechenbar, die auf die Ehe mit einer anderen Person zielt.

Solange der Zustand der Hörigkeit anhält, kann die abhängige Person keine gültige Ehe schließen, weder mit ihrer Bezugsperson noch mit irgendeinem anderen Partner. Der Zustand der Hörigkeit schafft eine innere Unfreiheit, die absolut ehevertragsunfähig macht. Ob ein solcher Zustand notwendig den Charakter eine psychischen Struktur-Störung haben muß, müssen die entsprechenden Fachwissenschaften ermitteln. Die Vermutung liegt zumindest nahe.

Liegt eine relative Ehevertragsunfähigkeit vor, wenn einer Person die Entscheidung für oder gegen die Ehe mit einem bestimmten Partner nicht gelingt, und wenn sie in diesem Zustand der Unentschiedenheit eine Ehewillenserklärung abgibt[111]?

Die Feststellung der Ursache dafür, daß eine Entscheidung nicht zustande kam, kann hier Klarheit schaffen. Wenn sich zeigt, daß der Person eine Entscheidung in Fällen von solcher Bedeutung oder zu einer Ehe überhaupt aufgrund einer psychischen Störung grundsätzlich nicht möglich ist, dann liegt eine Ehevertragsunfähigkeit vor. Sie ist aber nicht relativ, denn sie würde sich bei einem Eheschließungsversuch mit einem anderen Partner ebenso zeigen.

Läßt sich eine solche Störung nicht feststellen, so wird die Ursache in einer Konfliktsituation liegen, die sich aus dem mangelnden Heiratsmotiv einerseits und äußeren Zwängen anderseits ergibt. Die fehlende Liebe zum Brautpartner und z.B. der Wunsch der Verwandtschaft kollidieren in der Person. Der Ausfall einer Entscheidung in einer solchen Situation kann durchaus Folge einer Überforderung sein, die auch ein psychisch gesunder Mensch nicht bewältigt.

Die Entscheidungsunfähigkeit ist hier aktuell und situationsbedingt. Fehlende Liebe zum Partner ist kein Merkmal, das eine relative Unfähigkeit bedingen kann. Ohne den Druck äußerer Umstände oder anderer kollidierender Motive entschiede die Person sich gegen die Ehe. Nicht eine diesem Partner gegenüber bestehende Unfähigkeit zum Erkennen, Wollen oder Handeln be-

---

111 Vgl. dazu etwa den in Anm. 102 geschilderten Fall aus der SRRDec c. Filipiak

dingt hier den Ausfall der eigenen Entscheidung, sondern die Konfliktsituation. Im Ergebnis handelt es sich hier um einen Fall von Totalsimulation, dem außerdem Merkmale des Tatbestandes der Furcht im Sinne des can. 1087 § 1 CIC zukommen können.

§ 9

Die Heilbarkeitsfrage bei der Ehevertragsunfähigkeit

These: *Für die ehevernichtende Wirkung der Ehevertragsunfähigkeit ist es unerheblich, ob die psychische Struktur-Störung, die ihr zugrunde liegt, unheilbar ist oder nicht. Die Ehevertragsunfähigkeit macht die unter ihrem Einfluß geschlossene Ehe nichtig.*

Rechtsgrund für die ehevernichtende Wirkung der Ehevertragsunfähigkeit ist, daß sie die Zurechenbarkeit der abgegebenen Willenserklärung ausschließt, und daß damit der Ehevertrag, auf den die Erklärung zielt, nicht rechtswirksam ist.

Das System des kanonischen Eherechtes geht davon aus, daß die Voraussetzungen für das gültige Zustandekommen einer Ehe im Moment ihrer Begründung zugleich vorliegen müssen. Dieser Moment ist seit der Einführung der Formpflicht der der Ehevertragsschließung vor dem Traupriester. Im Augenblick der formgerechten Eheschließung müssen die Kontrahenten frei von Umständen sein, die eine gültige Ehe ausschließen (etwa die Ehehindernisse des CIC), und ihr Ehewille muß mit dem übereinstimmen, was sie erklären. Zudem muß er frei geäußert sein. Fehlt zu diesem Zeitpunkt eine notwendige Voraussetzung, kann sie nicht einfach nachgeschoben werden, sondern nur im Rahmen eines erneuten amtlichen Aktes – etwa einer Konvalidation – zu einer gültigen Ehe führen.

Ist ein Kontrahent unfähig, eine rechtswirksame Erklärung abzugeben, so ist die Ehe nichtig, wenn er sie im Zustand dieser Unfähigkeit schließt[112]. Seine Erklärung bewirkt dann keine gültige Ehe.

---

[112] *Morrisey* (Incapacity 18) stellt richtig auf den Eheschließungszeitpunkt ab, wenn er die Frage nach der Heilbarkeit der strukturellen Unfähigkeit beantwortet, die sich nach seiner Formulierung als „incapacity of contractual act" darstellt. Soweit er hier Elemente des Erfüllungsunvermögens hineinzieht (ebd. 17), ist die Antwort so allerdings noch nicht als gegeben anzusehen. *Ahern* (Incapacity 246) ist der Ansicht, im Falle eines fehlerhaften Konsenses aufgrund einer psychischen Störung sei die Heilbarkeitsfrage kein Problem.

Wenn die Unfähigkeit später geheilt wird, hat das keine Bedeutung für die Gültigkeit der Ehe. Darum kommt es bei der Eheschließung auch nicht darauf an, ob die Unfähigkeit heilbar ist oder nicht.

Eine solche Ehe kann auch nicht saniert werden, sondern nur in der außerordentlichen Form der Konvalidation neu bzw. erstmals geschlossen werden. Voraussetzung ist, daß die Partner beide ehefähig sind, d. h. daß die Ehevertragsunfähigkeit behoben ist, und daß beide Kontrahenten die Ehe miteinander noch wollen.

4. KAPITEL

SYSTEMATISCHE FRAGEN

§ 10

Systematische Zuordnung der Ehevertragsunfähigkeit

These: *Die Ehevertragsunfähigkeit gehört dem rechtlichen Gehalt nach zu den dem Ehevertrag angepaßten Normen des allgemeinen Vertragsrechtes. Nach dem System des CIC muß sie zu den Ehehindernissen gerechnet werden.*

Nachdem die Ehevertragsunfähigkeit hinsichtlich ihrer tatsächlichen Merkmale abgegrenzt und auf ihre rechtlich erheblichen Gesichtspunkte hin untersucht ist, stellt sich nun die Frage, wo im System des kanonischen Rechtes die Ehevertragsunfähigkeit einzuordnen ist.

1. Die vorgegebenen Kategorien

Der Codex hat die Tatbestände, aus denen sich die Nichtigkeit einer Ehe ergibt, unter zwei Abschnitte eingereiht, die mit „De impedimentis dirimentibus" und „De consensu matrimoniali" überschrieben sind. Es soll zunächst an einigen Beispielen gezeigt werden, daß diese Unterteilung nicht aus der Natur der Sache heraus besteht[113].

---

[113] Auf die vor dem Codex übliche Zuordnung vieler Konsensmängel zu den Ehehindernissen (impedimentum metus, impedimentum formae etc.) wie auf die angebliche Falscheinordnung des Irrtums über die Sklaveneigenschaft als Konsensfehler im Codex weist *Navarrete* (Mutationes 13) hin, ihm folgend *Morrisey* (Legislation 353).

Im CIC finden sich die Kategorien „Ehehindernisse“ und „Ehewillensmängel“ als systematische Gliederungspunkte, unter denen ehevernichtende Tatbestände eingeordnet sind. Diese Zweiheit ist nicht naturnotwendig. Bewirkt durch die allgemeine Beschreibung der trennenden Hindernisse in can. 1036 § 2, wonach sie die Ehe nachdrücklich verbieten und die Gültigkeit der Ehe verhindern, sind zahlreiche trennende Hindernisse nicht mehr als Verbote, die Eheschließung zuzulassen, formuliert, sondern als Ehenichtigkeitsgründe. Es heißt nicht: „Unerlaubt und ungültig schließt die Ehe, wer . . .“, sondern: „Nichtig ist die Ehe, die . . .“[114]. Oder es werden andere Formulierungen verwendet, die nur noch die Nichtigkeit der Ehe zum Ausdruck bringen, nicht aber mehr das Verbot, Partner zu solchen Ehen zuzulassen[115]. Bei einem Teil dieser Ehehindernisse ist die Fassung des CIC naheliegend, weil sie in der Praxis kein Hindernis für die Ehezulassung bedeuten[116]. So dürfte das Hindernis des „crimen“ (can. 1075) zu sehen sein. Kaum einmal wird dem Priester, der ein Paar zur Trauung zuläßt, in so klarer Weise bekannt werden, daß die beiden zu Lebzeiten eines früheren Gatten miteinander Ehebruch getrieben haben, daß er daraufhin die Trauung verweigern könnte. Das Aufgebot bringt ja höchstens Zeugenaussagen, die aber für sich allein kaum ausreichen dürften, um die Zulassung zur Eheschließung zu versagen.

Auch der Abschnitt „De consensu matrimoniali“ enthält Normen verschiedener Kategorien. Er ist wohl der unbefriedigendste im kanonischen Eherecht. Zunächst sind dort Aussagen über die Bedeutung und den Inhalt des Ehekonsenses zu finden (can. 1081 §§ 1 und 2). Ferner sind in diesen Abschnitt Regeln eingearbeitet, die teils eine Beweisfrage regeln (can. 1082 § 2 und can. 1086 § 1), teils rechtstheoretischer Art sind (can. 1085). Sodann sind die eigentlichen Konsensfehler normiert: Unkenntnis (can. 1082 § 1), Irrtum (cann. 1083 und 1084), bewußte Falscherklärung (can. 1086 § 2), Willenserklärung unter Zwang (can. 1087 § 1) und unter dem Einfluß schwerer Furcht (can. 1087 §§ 1 und 2). Zu den Konsensfehlern, die auf bewußter Abweichung zwischen dem Erklärten und dem Gewollten beruhen, gehören ferner die Bedingungen (can. 1092). Die unter der Überschrift „De consensu matrimoniali“ eingeordneten Formvorschriften über die beiderseitige Anwesenheit, über die Stellvertretung, über die Zuziehung von Dolmetschern betreffen nicht den Konsens, sondern die Art und Weise seiner Erklärung.

---

[114] So etwa die cann. 1070 § 1 und 1076 §§ 1 + 2.

[115] Vgl. cann. 1067 § 1, 1069 § 1, 1072, 1073, 1074 § 1, 1075, 1077 § 1, 1078, 1079.

[116] Can. 1068 § 1 CIC, vgl. dazu *Lüdicke* (Impotenz 9 und 118) sowie cann. 1074 § 1 und 1075.

Die Normen über die Entführung (raptus im Sinne des can. 1074) und die Gewalt oder Furcht (vis vel metus im Sinne des can. 1087 § 1) haben denselben Rechtsgedanken zur Grundlage: eine Eheschließung ist dann nicht gültig, wenn sie nur deshalb zustande kommt, weil einem Kontrahenten objektiv (Entführung und Gewalt) oder subjektiv (Furcht) nichts anderes übrig bleibt. Die Einordnung des einen Tatbestandes unter die Ehehindernisse, die des anderen unter den Abschnitt über den Ehewillen wird nicht dadurch gerechtfertigt, daß der Frauenraub auch bei der Zulassung zur Eheschließung berücksichtigt würde, Zwang und Furcht aber erst im Nachhinein überprüfbar wären. In beiden Fällen geht es vielmehr um eine (objektiv oder doch wenigstens subjektiv) unausweichliche Zwangslage, die dem zulassenden oder trauenden Priester nicht bekannt gemacht wird. Gemeinsamer Rechtsgrund beider Tatbestände ist, daß das Recht Ehewillenserklärungen nicht anerkennen will, die in einer Zwangslage abgegeben wird, um die Freiheit der Eheschließung sicherzustellen.

2. Regeln des allgemeinen Vertragsrechtes im Codex

Es wurde schon in der Einleitung darauf hingewiesen, daß im Codex nur wenige Normen des allgemeinen Vertragsrechtes zu finden sind, und zwar im Personenrecht. Darüber hinaus finden sich aber Vorschriften, die als Ausprägungen solcher allgemeiner Vertragsrechtsnormen für den Ehevertrag erscheinen. Beide Gruppen sollen näher dargestellt werden. Es wird sich dann zeigen, daß auch die Ehevertragsunfähigkeit hier ihren inhaltlichen Bezug hat.

a) Allgemeines Vertragsrecht im Personenrecht

Für Rechtsgeschäfte gelten auch im kanonischen Recht einige Regeln, die im Codex keine ausdrückliche Erwähnung gefunden haben, die sich aber aus der Natur des Rechtsgeschäftes selbst und seiner Funktion im Rechtsleben ergeben[117].

Im CIC ausdrücklich normiert sind nur die Fälle des Zwanges, der Drohung, der arglistigen Täuschung und des Irrtums. Unwiderstehlicher Zwang (can. 103 § 1) macht das Rechtsgeschäft nichtig, näher bestimmte Drohung

---

[117] Vgl. dazu die Ausführungen über die Wesenselemente des Rechtsgeschäftes, rechtsgeschäftliche Nebenbestimmungen und fehlerhafte Rechtsgeschäfte bei *Mörsdorf*, Lehrbuch I 214-229.

(can. 103 § 2) macht es aufhebbar. Diese Rechtsfolge gilt auch für die arglistige Täuschung (can. 103 § 2), während der Irrtum (can. 104), wenn er sich auf wesentliche Bestandteile des Rechtsgeschäfts bezieht oder einer unerläßlichen Bedingung gleichzuachten ist, wieder die Nichtigkeit bewirkt. Ist der Irrtum nicht so geartet, daß er den Rechtsakt nichtig macht, so kann er doch, wenn es sich um einen Vertrag handelt, zur Aufhebungsklage nach can. 1684 § 2 führen.

b) Allgemeines Vertragsrecht im Eherecht

(1) Für die Fälle des Zwanges, der Drohung und des Irrtums gibt es neben den allgemeinen Formulierungen der cann. 103 und 104 eigene Tatbestände im Eherecht des CIC.

Can. 1087 § 1 nennt als Folge von Zwang bei der Eheschließung die Nichtigkeit und stimmt darin mit can. 103 § 1 überein[118].

Abweichend von can. 103 § 2 erklärt can. 1087 § 1 die unter Drohung geschlossene Ehe nicht für aufhebbar, sondern für nichtig, weil die Ehe, wenn sie gültig geschlossen ist, nicht aufgehoben werden kann und die Freiheit der Eheschließung daher nur durch die Nichtigkeitssanktion geschützt werden kann[119].

Can. 1083 spezifiziert den eheverungültigenden Irrtum näher: nur der Irrtum in der Person, ein Qualitätsirrtum, der auf einen Personenirrtum hinausläuft, und ein Irrtum über die Sklaveneigenschaft machen die Ehe nichtig. Damit ist can. 104 stark eingeschränkt. Einen Irrtum, der die Aufhebbarkeit des Ehevertrages zur Folge hätte, gibt es nicht, weil es keine Aufhebbarkeit der Ehe gibt.

Der Fall der arglistigen Täuschung, den can. 103 § 2 mitbehandelt, ist im Eherecht nicht aufgenommen[120].

(2) Daneben finden sich im Eherecht Normen, die Rechtsgedanken des allgemeinen Vertragsrechts enthalten. Parallelvorschriften im ersten oder zweiten Buch des Codex fehlen jedoch.

---

118 *Flatten* (Koppelung 241-242 mit weiteren Nachweisen) weist darauf hin, daß die Meinung unter den Kanonisten geteilt sei, ob can. 1087 § 1 CIC auch den Fall des Zwanges miterfasse oder nur die durch Drohung ausgelöste Furcht meine.

119 Vgl. *Mörsdorf*, Lehrbuch II 232.

120 Die Codex-Reform-Kommission hat in can. 300 SE75 einen Versuch unternommen, die arglistige Täuschung als Ehenichtigkeitsgrund zu formulieren.

Aus can. 1082 § 1 ließe sich folgender allgemeiner Grundsatz herausziehen: „Die Unkenntnis eines wesentlichen Inhaltes der abgegebenen Erklärung macht die Erklärung nichtig."

In can. 1086 § 1 kommt die allgemeine Beweisregel zum Ausdruck: „Eine in der vorgeschriebenen Form abgegebene Willenserklärung wird als gültig vermutet."[121]

Und can. 1092 schließlich ließe sich allgemein auf rechtsgeschäftliche Erklärungen bezogen so formulieren: „Eine der Willenserklärung beigefügte Bedingung ist nur dann gültig, wenn sie möglich und dem Erklärungsempfänger bekannt ist."[122]

c) Rechtlicher Gehalt der Ehevertragsunfähigkeit

Die Definition der Ehevertragsunfähigkeit (§ 3 am Ende) ist als dem Ehevertrag angepaßte Formulierung des Rechtsgedankens gefaßt, daß ein Vertrag nur durch zurechenbare Willenserklärungen zustande kommen kann, und daß Willenserklärungen nur zurechenbar sind, wenn sie auf ausreichendem Erkennen, Wollen und Handeln des Kontrahenten beruhen.

Das sind Rechtsaussagen von derselben Allgemeinheit, wie sie in den Tatbeständen der cann. 103 und 104 und den Grundaussagen der cann. 1082 § 1, 1086 § 1 und 1092 vorliegen. Die Beschreibung des rechtlichen Gehaltes der Ehevertragsunfähigkeit hat zunächst den Charakter eines allgemeinen vertragsrechtlichen Grundsatzes. Eine solche Aussage müßte sich in den Normae generales finden, wenn es im kanonischen Recht das Bedürfnis nach einem allgemeinen Vertragsrecht gäbe.

Es geht – da das allgemeine Vertragsrecht nicht Gegenstand dieser Erörterung ist – darum, den rechtlichen Gehalt der Ehevertragsunfähigkeit dem

---

[121] Eine Formulierung dieser Art will die Codex-Reform-Kommission in die allgemeinen Normen über Rechtsakte aufnehmen, vgl. dazu can. 112 § 2 des Entwurfes für die Normae Generales von 1974.

[122] In einem allgemeinen Rechtsgeschäft sind Mentalreservationen nicht beachtlich. Gültigkeit zwischen den Vertragspartnern hat nur das, was beiden bekannt ist. Der Inhalt einer rechtsgeschäftlichen Willenserklärung bemißt sich nach dem Empfängerhorizont, d.h. ist so auszulegen, wie der Empfänger der Erklärung ihn verstehen konnte und mußte. Die Ehe ist insofern ein Sonderfall, als hier der Vertrag nicht durch *Vereinbarung* eines Inhaltes zustande kommt, sondern durch die *Zustimmung* beider Partner zu einem vorgegebenen Inhalt. Gültigkeitsvoraussetzung ist, daß der Wille beider Partner mit dem Inhalt des Ehevertrages übereinstimmt, nicht zuerst, daß die Partner miteinander übereinstimmen.

Eherecht des Codex einzufügen und zu sehen, an welcher Stelle der vorhandenen Systematik ein solcher Tatbestand einzuordnen ist[123].

3. Einordnung der Ehevertragsunfähigkeit

a) Ehevertragsunfähigkeit als Konsensmangel

Es liegt nahe, daß in der Doktrin und auch bei der Aufnahme des Tatbestandes in den Sakramentenrechtsentwurf von 1975 die „amentia" als Ehewillensmangel verstanden wird. Sie wirkt sich, wie wir gesehen haben, dahin aus, daß die Ehewillenserklärung nicht zurechenbar und damit nicht rechtswirksam ist. Die Ehewillenserklärung, der Konsens, hat einen Mangel.

Die amentia, oder um den weiteren Begriff zu gebrauchen: die Ehevertragsunfähigkeit, denn mit ihr haben wir hier zu tun, *wirkt sich* in einem Ehewillensmangel *aus*. Ist es aber sinnvoll, Auswirkungen rechtlich zu werten, oder ist es nicht logisch richtiger und systematisch klarer, das primäre Phänomen in der rechtlichen Sphäre zu würdigen? Can. 296 Nr. 1 SE 75 formuliert: „Unfähig zur Eheschließung ist, wer von Geisteskrankheit oder schwerer Verwirrung der Seele so betroffen ist, daß er einen Ehekonsens nicht äußern kann, weil er des Vernunftgebrauches entbehrt"[124]. Dieser unter den Willensmängeln eingeordnete Text ist aber seiner Form nach nicht die Beschreibung eines Willensmangels, sondern die einer personbezogenen Eigenschaft: der Unfähigkeit, eine Ehe zu schließen.

Es kommt bei der systematischen Einordnung eines Tatbestandes darauf an, den Ort der Ansiedelung nach dem Merkmal zu wählen, das als erstes direkt rechtserheblich ist, und nicht aus der Reihe der Rechtsfolgen eine herauszugreifen und sie zum Gesichtspunkt der systematischen Zuordnung zu machen.

Erster rechtlich erheblicher Sachverhalt ist die tatsächliche Unfähigkeit, die Ehe hinreichend zu erkennen, zu wollen oder sie aus eigenem Antrieb abzuschließen. An dieser Stelle geschieht der Übergang von den Tatsachen zu

---

123 Einen kurzen Überblick über die systematische Zuordnung der amentia in der Vergangenheit gibt *Zapp* (Geisteskrankheit 57-62 und Incapacitas 459).

124 Der lateinische Text lautet: Sunt incapaces matrimonii contrahendi: 1) qui mentis morbo aut gravi perturbatione animi ita afficiuntur ut matrimonialem consensum, utpote rationis usu carentes elicere nequeant.

den Rechtsfolgen. Denn die Konsequenz der Feststellung einer solchen Unfähigkeit ist bereits eine Rechtsfolge: daß die Ehewillenserklärung nicht zurechenbar ist.

Die systematische Unterteilung im Codex knüpft ebenfalls nicht an die Rechtsfolgen an, denn sonst gäbe es keinen Grund, Ehehindernisse und Willensmängel zu unterscheiden. Beide machen die Ehe nichtig. Sie knüpft vielmehr an verschiedene Arten von Sachverhalten an: die Ehehindernisse an objektive Gegebenheiten (Verwandtschaft oder Weihe) und Eigenschaften der Person (Alter, Impotenz), während die Willensmängel als Widerspruch zwischen Erklärung und Willen, sei es bewußt (Simulation), sei es unbewußt (Irrtum) verstanden werden. Auch das Gelübde oder die noch bestehende Ehe, mangelndes Alter oder Impotenz bewirken, daß die Ehewillenserklärung rechtsunwirksam ist. Dennoch sind sie keine Willensmängel.

Man wird einwenden, die innere Fehlerhaftigkeit der Ehewillenserklärung sei nicht hinreichend bedacht, wenn die Ehevertragsunfähigkeit als Eigenschaft der Person gesehen wird. Denn nicht nur rechtlich sei der Konsens unwirksam, sondern auch in vorjuristisch-natürlicher Betrachtungsweise: er ist nicht Produkt der verantwortenden Person.

Der Umgang mit einem Tatbestand ist um so leichter und sicherer, je umfassender er formuliert ist. Ein Sachverhalt muß in den Normtatbestand so aufgenommen werden, daß alle rechtserheblichen Gesichtspunkte erkennbar werden und alle damit verbundenen rechtlichen Konsequenzen abgelesen werden können. Wenn die Typisierung der zu erfassenden Sachverhalte nicht tief genug ansetzt, wird nur ein Teil der Rechtsfolgen erkennbar.

Die Feststellung, der Ehekonsens eines Kontrahenten sei in sich ungenügend, rechtfertigt die Folgerung, daß die Ehe nichtig ist, deckt aber nicht die Aussage ab, daß der Erklärende zu einer Eheschließung nicht zugelassen werden kann. Nur der Fehler des Konsenses ist ins Auge gefaßt, nicht aber auch der Mangel des Kontrahenten.

Dagegen rechtfertigt die Formulierung, daß die Person unfähig sei, einen zurechenbaren Ehewillen zu bilden, sowohl die Feststellung, daß die Ehe nichtig ist, als auch die, daß die Person zur Ehe nicht zugelassen werden kann. Denn hier ist nicht nur eine Aussage über den konkreten Eheschließungsakt gemacht, sondern über den Erklärenden selbst.

Mit der Fassung der Ehevertragsunfähigkeit als Konsensmangel wird der rechtliche Ansatzpunkt zu oberflächlich bestimmt. Wenn nur die Defizienz der Erklärung gewürdigt wird, bleibt eine rechtliche Folge unerfaßt, die hingegen deutlich zutage tritt, wenn die Unfähigkeit der Person zum Ansatzpunkt gewählt wird. Wird bei einem Symptom – fehlerhafte Erklärung – stehengeblieben, bleibt die Fülle der vom Sachverhalt gebotenen Rechtsfolgen teilweise ungeregelt. Nur wenn die genaue Stelle des Überganges zwischen Tatsache und Rechtsfolge erkannt und gewertet wird, können alle Konsequenzen klar gesehen werden. Die Ehevertragsunfähigkeit kann daher nicht bloß als Fehler des Konsenses angesehen werden.

b) Ehevertragsunfähigkeit als Ehehindernis

Ein Ehehindernis ist ein die Vertragsfähigkeit der Person begrenzender Umstand, der die Person entweder an sich oder mit Rücksicht auf den gewählten Partner an der Eingehung einer (gültigen) Ehe hindert. Es kann in verschiedenen Sachverhalten gründen: in Eigenschaften der Person (mangelndes Alter), in rechtlichen Verpflichtungen (erste Ehe, Gelübde, höhere Weihe), in personenrechtlichen Beziehungen (Verwandschaft, Schwägerschaft), in der Verschiedenheit der Religion (Kultusverschiedenheit). Allen diesen unterschiedlichen tatsächlichen Grundlagen für die gleiche rechtliche Konsequenz, daß die Person keine gültige Ehe schließen kann, ist gemeinsam, daß sie von dem aktuellen Willen der Vertragspartner unabhängig sind. Manche der genannten Umstände sind selbst geschaffen (Ehe, Gelübde, Weihe), manche können beseitigt werden (fehlende Taufe eines Partners bei der Kultusverschiedenheit), doch haben sie alle den Charakter objektiver Vorgegebenheiten, die nicht auf der Ebene der aktuellen Willenstätigkeit liegen. Die Ehehindernisse beruhen auf objektiv vorliegenden, vor und nach der Eheschließung gegebenen und von ihr logisch unabhängigen Umständen, die die Situation der Person in der Rechtsgemeinschaft bestimmen und oft so eng mit der Person selbst verknüpft sind, daß man sie gewöhnlich als der Person anhaftend bezeichnet.

Die Ehevertragsunfähigkeit, die Störung der psychischen Struktur, die zu einem Mangel an ausreichendem Erkennen, Wollen und Handeln führt, genügt der gegebenen Beschreibung des Ehehindernisses. Sie ist ein objektiv vorgegebener Umstand, der sich dem Willen des Kontrahenten bei der Eheschliessung entzieht. Sie ist nicht bloß Merkmal des Eheschließungsaktes, sondern unabhängig davon der rechtlichen Handlungsmacht des Betroffenen. Die Ehevertragsunfähigkeit kann darüber hinaus als Eigenschaft der Person beschrieben werden. Die psychische Störung ist Merkmal der geistig-seelischen Natur der Person, ist ein Habitus, der unabhängig von Situationsbedingungen die Geistestätigkeit der Person eingrenzend bestimmt[125]. Die Ehevertragsunfähig-

---

125 *Keating* (Caput nullitatis 396) sagt dementsprechend, amentia bedeute ein trennendes Ehehindernis; der Ehenichtigkeitsgrund beruhe in einem Defekt der persönlichen Fähigkeit,die durch eine lex inhabilitans des natürlichen Rechtes sanktioniert sei. In ei-

keit ist ein Umstand, der die Vertragsschließungfreiheit der Person begrenzt, indem er die Möglichkeit, einen Ehevertrag rechtswirksam einzugehen, ausschließt[126].

4. Formulierung der Ehevertragsunfähigkeit als Hindernis

Eine Definition der Ehevertragsunfähigkeit wurde bereits versucht (§ 3 am Ende). Diese Definition war abstrakt und in dieser Form nicht geeignet, einen gesetzlichen Norm-Tatbestand zu bilden. Eine gesetzliche Formulierung muß Sachverhalt, Rechtsgrund und Rechtsfolge umfassen und eventuelle Nebenbestimmungen enthalten, die für den Umgang mit dem Tatbestand in der Rechtspraxis nötig sind.

Die Ehevertragsunfähigkeit ist der Sache nach ein Ehehindernis. Die Ausformulierung zu einer Gesetzesnorm kann in zweierlei Weise geschehen. Es ist möglich, die Ehevertragsunfähigkeit so auszudrücken, daß nur ihre Nichtigkeitswirkung für die Ehe ausgesagt wird. Die weitere Konsequenz, daß eine Ehe mit dem Unfähigen zu verhindern ist, ergäbe sich dann aus can. 1036 § 2 CIC.

Die zu formulierende Norm kann aber auch auf die Ehezulassung abstellen, indem sie neben der Nichtigkeitswirkung Regeln nennt, die die Ehevertragsunfähigkeit als Grund für die Verweigerung der Zulassung zur Ehe handhabbar machen.

---

ner SRRDec c. Pasquazi v. 8. Juli 1958 Bd. 50(1958)426-435, hier 427 wird die Rechtserörterung mit der Zitation des can. 1081 § 1 CIC eröffnet und daran die Feststellung angeschlossen: „Habiles non sunt ad contrahendum validum matrimonium illi qui carent ea mentis discretione et voluntatis libertate quae requiritur in quolibet contractu et praesertim in contractu matrimoniali qui est perpetuus et indissolubilis et per quem suscipitur status vitae obnoxius gravibus obligationibus.“

126 Für die Aufnahme der amentia als Ehehindernis in das kirchliche Recht z.B. *Wrenn* (Law 272 und 280), allerdings ohne nähere theoretische Begründung. Ein interessantes Argument für die Charakterisierung der Geisteskrankheit (amentia) als Ehehindernis erwägt *Keating* (Bearing 4/5, 9, 28, 31, 64/65). Aus can. 1089 § 3 CIC, der sagt, daß eine durch Stellvertreter geschlossene Ehe nichtig ist, wenn der Mandant vor der Eheschließung durch den Vertreter „in amentiam inciderit“, entnimmt *Keating*, daß die amentia Ehehindernis sein müsse. In der Mandatserteilung habe der Kontrahent seinen Ehewillen erklärt, und der Eintritt der Geisteskrankheit sei nicht mit einem Widerruf identisch, so daß die amentia der Wirksamkeit des durch den Vertreter kundgetanen Ehewillens des Kontrahenten nur als Ehehindernis entgegenstehen könne.

a) Formulierung als Ehenichtigkeitsgrund (Ehehindernis im untechnischen Sinne)

Da die Ehevertragsunfähigkeit sich als Beschränkung der Vertragsfreiheit der Person darstellt, die durch eine Eigenschaft dieser Person begründet ist, muß die gesetzliche Formulierung der Ehevertragsunfähigkeit eine auf den Ehebewerber bezogene Umformung der Definition (oben § 3 am Ende) sein:

> Ungültig schließt die Ehe, wer aufgrund einer Störung seiner psychischen Struktur nicht ausreichend fähig ist, den Ehevertrag inhaltlich zu erkennen, ihn zu wollen oder ihn aus eigenem Antrieb abzuschließen.

In dieser Aussage, die die Form eines Ehenichtigkeitsgrundes hat, sind enthalten:

- der rechtserhebliche Sachverhalt: mangelnde Fähigkeit zu ausreichendem Erkennen, Wollen oder Handeln,
- die in *diesem* Tatbestand nötige natürliche Grundlage: eine Störung der psychischen Struktur,
- die Rechtsfolge: Nichtigkeit der Ehe.

Aus can. 1036 § 2 ergäbe sich dann, daß die Eheschließung einer solchen Person zu unterbinden ist, und daß sie, wenn sie dennoch stattfindet, unwirksam bleibt.

Diese Formulierung hat zwar Parallelen in Formulierungen des Codex – z.B. cann. 1069, 1072, 1073 –, doch bringt sie den Charakter des Tatbestandes als Ehehindernis noch weniger zum Ausdruck als can. 296 SE75, der auf die Unfähigkeit zur gültigen Eheschließung abstellt, obwohl er bei den Willensmängeln eingereiht ist.

b) Formulierung als Ehehindernis im technischen Sinne

Die Fassung eines gesetzlichen Tatbestandes der Ehevertragsunfähigkeit als Ehehindernis im technischen Sinne bedarf nicht der ausdrücklichen Feststellung, daß der Eheunfähige nicht zugelassen werden darf. Das ergibt sich auch hier aus can. 1036 § 2 CIC, der die trennenden Hindernisse allgemein beschreibt.

Ein Tatbestand wird aber nur dann als Hindernis verwendbar, und zwar nicht nur für die Gültigkeit der Ehe, sondern auch für ihr Zustandekommen, wenn das Gesetz Regeln gibt, anhand derer die Zulassungsvoraussetzungen geprüft werden können. Die Formulierung, die vorstehend gewählt worden war, reicht dazu nicht aus. Denn kein Pfarrer kann vor der Eheschließung sagen, ob der Ehebewerber die Ehe gültig schließen wird, ob er also die ausreichenden Fähigkeiten besitzt. Zu einer solchen Prüfung sind klar faßbare Kriterien notwendig, die von dem zulassenden Pfarrer festgestellt werden können[127].

Als Kriterium dieser Art kommt die Geschäftsfähigkeit im bürgerlichen Bereich in Betracht. Wer im zivilen Leben wegen Geisteskrankheit – nicht auch wegen Trunksucht oder Verschwendung – vom rechtsgeschäftlichen Handeln ausgeschlossen ist und auch keine Zivilehe schließen kann, der darf mit Recht an der Eingehung einer kirchlichen Ehe gehindert werden. Der Kontrahent muß aber den Gegenbeweis antreten dürfen, daß etwa seine Entmündigung zu Unrecht erfolgte. Dann bedarf die staatskirchenrechtliche Frage, wie trotz der Unmöglichkeit einer Zivilehe eine kirchliche Eheschließung möglich ist, gesonderter Betrachtung.

Kriterium aus dem innerkirchlichen Raum kann ferner die Tatsache sein, daß eine erste Ehe eines Bewerbers wegen Ehevertragsunfähigkeit für nichtig erklärt worden ist. Die Diözesangerichte können nicht den Weg der Rota beschreiten, die ihren Urteilen ein Eheverbot beigibt, das vor Eingehung einer neuen Ehe die Konsultation des Bischofs erzwingt. Dem Pfarrer, der die Zulassung aussprechen soll, kann nur damit geholfen werden, daß in solchen Fällen eine Vermutung für den Fortbestand der Ehevertragsunfähigkeit aufgestellt wird, die aber widerleglich sein muß. Es kommt schließlich immer auf die tatsächliche Lage an, nicht auf die angenommene.

Die Ehevertragsunfähigkeit als Hindernis im technischen Sinne muß deutlicher als die vorstehend gegebene Formulierung auf die Befindlichkeit des Kontrahenten abstellen, nicht zuerst auf die Ehenichtigkeit. Diese ergibt sich dann aus der Aussage, daß der Kontrahent zur Ehe nicht fähig ist. Ein solcher Text könnte lauten:

§ 1 Unfähig zum Eingehen einer Ehe ist, wer aufgrund einer Störung seiner psychischen Struktur nicht ausreichend fähig ist, den Ehevertrag inhaltlich zu erkennen, ihn zu wollen oder ihn aus eigenem Antrieb abzuschließen.

§ 2 Bei der Zulassung eines Ehebewerbers wird seine Ehevertragsunfähigkeit nur dann vermutet, wenn er im bürgerlichen Bereich wegen Geisteskrankheit geschäftsunfähig ist, oder wenn eine vorhergehende

---

127 *Boulanger* (Problèmes 216) weist mit Recht auf die Schwierigkeit hin, die sich dem Priester bei den Nachforschungen vor der Ehe stellen müßte, wenn man ein trennendes Ehehindernis mit dem Inhalt bestimmter schwerer und charakteristischer psychischer Störungen schüfe.

Ehe des Bewerbers wegen Ehevertragsunfähigkeit auf seiner Seite für nichtig erklärt ist. Der Gegenbeweis ist zulässig.

Selbstverständlich erfaßt die Vermutung des § 2 nicht alle Fälle, in denen eine Zulassung zur Ehe zu verweigern wäre, wenn Klarheit über die Sachlage bestünde. Sie berücksichtigt nur die Fälle, in denen objektiv feststellbare Tatsachen vorliegen, die den Schluß auf die Ehevertragsunfähigkeit erlauben.

c) Welche Formulierung ist vorzuziehen?

Gegen beide Fassungen des Ehehindernisses der Ehevertragsunfähigkeit bestehen Bedenken. Die unter a) formulierte Fassung erscheint ungenügend, weil sie keine ausreichende Handhabe gibt, um die nichtigen Ehen der betroffenen Personen zu verhindern. Die unter b) gegebene Fassung dagegen stößt auf die Schwierigkeit, daß sie in der Eherechtspraxis erst dann angewendet werden kann, wenn der Gesetzgeber eine solche Norm, die ein Zulassungshindernis umfaßt, geschaffen hat. Die amentia als Nichtigkeitsgrund ist im CIC zur Sprache gekommen (can. 1982), doch ein Zulassungshindernis gleicher Art ohne gesetzliche Regelung müßte mit can. 1038 CIC kollidieren. Nach dieser Norm ist es Aufgabe einzig der höchsten kirchlichen Autorität, naturrechtliche Hindernisse auszusagen oder kirchlich-rechtliche zu schaffen. § 2 der o.g. Fassung b) bedeutet eine Einschränkung des Rechtes auf die Ehe, auch wenn der Bewerber von sich aus bereits eheunfähig ist. Die Ehevertragsunfähigkeit ist zwar kein rechtliches *Verbot*, sondern eine aus der Sache selbst folgende *Unmöglichkeit* für den Ehebewerber, eine gültige Ehe zu schließen. Solange aber die Unfähigkeit nicht feststeht und damit das Scheitern der eventuellen Eheschließung nicht sicher ist, bedeutet die Nichtzulassung zur Ehe aufgrund einer Vermutung eine Einschränkung des Rechtes auf die Ehe. Dazu ist eine positive Norm erforderlich, die allein der Gesetzgeber schaffen kann.

Das Problem läßt sich aber wohl umgehen, wenn man die Frage von der Rechtspraxis her angeht. Wenn kein wirkliches Bedürfnis nach einem amtlichen Zulassungshindernis besteht, braucht es nicht aufgestellt zu werden. Und ein solches Bedürfnis besteht dann nicht, wenn Ehen, die es zu verhindern gälte, ohnehin nur ausnahmsweise zustande kommen.

Bei staatskirchenrechtlichen Verhältnissen, wie sie in der Bundesrepublik Deutschland gegeben sind, entfällt eine erste Fallgruppe: die zivilrechtlich Geschäftsunfähigen kommen nicht zur staatlichen Ehe und damit auch nicht zur kirchlichen Trauung, die die Zivilehe voraussetzt. Eine kirchliche Eheschliessung in ordentlicher Form ist nicht möglich. Welche Konsequenzen die unberechtigte Verweigerung der Ziviltrauung für die Haltung der Kirche haben müßte, braucht hier nicht geklärt zu werden.

Wo die Ziviltrauung nicht Voraussetzung der kirchlichen Eheschließung ist, werden Ehen von psychisch Gestörten, deren Defekt so offenkundig ist, daß er bei der Zulassung zur Ehe überhaupt berücksichtigt werden könnte, schon deswegen nicht leicht zustande kommen, weil solche Personen nur schwer einen Partner finden dürften. Starke, leicht erkennbare psychische Störungen vermindern die Heiratschancen des Betroffenen von selbst[128].

Wenn die Diözesangerichte auch kein Eheverbot für Ehevertragsunfähige aussprechen können, deren Ehe sie für nichtig erklärt haben, so wird doch auch hier kein großes Problem entstehen, wenn ein Betroffener eine neue Ehe eingehen will. Der zweite Partner, der von der ersten Ehe und ihrer Nichtigerklärung weiß - das kann man bei Paaren, die kirchlich heiraten wollen, unterstellen -, wird sich über die Gründe ins Bild setzen, auf denen das Urteil beruhte, und eventuell Konsequenzen für seinen eigenen Heiratsentschluß ziehen. Wo dieses Regulativ nicht ehehindernd wirkt, hätte auch ein amtliches Zulassungshindernis nicht die ausreichende Basis.

Man wird also zu dem Schluß kommen müssen, daß für eine Regelung im Sinne des § 2 der Fassung b) kein praktisches Bedürfnis besteht. Der gesetzliche Tatbestand der Ehevertragsunfähigkeit könnte sich daher auf § 1 dieser Fassung beschränken, so daß sich als Vorschlag für einen gesetzlichen Tatbestand der Ehevertragsunfähigkeit folgender Text ergibt:

> „Unfähig zum Eingehen einer Ehe ist, wer aufgrund einer Störung seiner psychischen Struktur nicht ausreichend fähig ist, den Ehevertrag inhaltlich zu erkennen, ihn zu wollen oder ihn aus eigenem Antrieb abzuschließen."

---

[128] In den Debatten der Codex-Reform-Kommission über das Eherecht ist die Frage, ob nicht ein Zulassungshindernis der amentia nötig wäre, soweit ersichtlich nicht aufgetaucht. Es scheint daher auch in Ländern ohne obligatorische Zivilehe kein solches Problem zu geben.

5. KAPITEL

PROZESSFRAGEN

§ 11

Die Prozeßfrage im Falle der Ehevertragsunfähigkeit

Zum Schluß dieses ersten Teiles der Untersuchung über die psychisch bedingten Ehenichtigkeitsgründe soll die Ehevertragsunfähigkeit zusammenfassend und abweichend von dem sonst beachteten Grundsatz, nur materielles Recht zu behandeln, prozessual betrachtet werden. Worauf muß sich der Ehenichtigkeitsprozeß im Falle der Ehevertragsunfähigkeit konzentrieren, damit das Beweisergebnis ausreicht, um die Frage nach der Gültigkeit der Ehe zu beantworten?

Aus der Definition in § 2 und der vorgeschlagenen Formulierung eines Ehehindernisses der Ehevertragsunfähigkeit in § 10 läßt sich folgende Prozeßfrage stellen:

> Steht es fest, daß die Ehe . . . nichtig ist wegen Mangels an ausreichender Fähigkeit des X. aufgrund einer Störung seiner psychischen Struktur, den Ehevertrag zu erkennen, ihn zu wollen oder ihn aus eigenem Antrieb abzuschließen?

1. Ansatzpunkte im Sachverhalt

Die Beweiserhebung wird sich zunächst auf die Symptome einer Ehevertragsunfähigkeit ausrichten. Durch die Befragung von Zeugen, wobei hier insbesondere Eltern, Ehepartner, Geschwister und Bekannte in Frage kommen, die mit X. engeren Kontakt hatten, ist zu ermitteln, ob es vor und nach der Eheschließung Anzeichen dafür gab, daß die Fähigkeiten des X. zu Erkennen,

Wollen oder Handeln vom Normalen abwichen. Das Klagevorbringen im Ehenichtigkeitsprozeß wegen „Geisteskrankheit" stützt sich in aller Regel bereits auf Beobachtungen solcher Abweichungen vom Normalverhalten, die dann durch Zeugenaussagen gegebenenfalls unterstützt werden können.

2. Gutachter

a) In vielen Eheprozessen wird das Material, das die Zeugen über das Verhalten des X. beibringen, die Grundlage für die Arbeit des Gutachters sein müssen. So wünschenswert es ist, wenn X. sich dem Gutachter zu Anamnese und Diagnose zur Verfügung stellt, so wenig kann das kirchliche Gericht das erzwingen. Gelingt zusätzlich eine direkte Untersuchung des Patienten durch den Gutachter, so ist damit der Weg zum Beweis wesentlich erleichtert.

Fast ebenso wertvoll ist die Aussage von Ärzten (Psychiatern, Psychologen), die X. vor dem Eheprozeß behandelt haben. Art. 143 EPO schließt sie von der Gutachtertätigkeit aus, fordert sie aber als Zeugen. Es bestehen keine grundsätzlichen Bedenken, daß ihre Aussagen vom Richter ebenso hoch bewertet werden wie das Gutachten eines Fachmannes, der lediglich das Aktenmaterial bearbeiten kann und sich damit ebenfalls auf die Aussagen der Zeugen stützen muß.

Die Vernehmung von Ärzten, die X. vor dem Prozeß behandelt haben, stößt freilich oft auf die Schwierigkeit, daß eine Aussagegenehmigung vom Patienten nicht leicht zu erhalten ist. Und der Fall, daß X. unter Vormundschaft steht und der Vormund die Aussagegenehmigung erteilt, ist auch nicht gerade häufig.

b) Die Frage an den Gutachter geht auf die Ursache des von den Zeugen beobachteten abweichenden Verhaltens und auf den Grad dieser Abweichung.

aa) Zunächst hat der Gutachter festzustellen, ob bei X. zur Zeit der Eheschließung eine Störung der psychischen Struktur vorlag, ob seine geistig-seelischen Fähigkeiten bleibend verändert waren. Von der Tatsache, daß die Ursache des Fehlverhaltens dauerhaft war, hängt die Nichtigkeit der Ehe nicht ab. Sie kann auch durch eine vorübergehende Störung der Geistestätigkeit im Zeitpunkt des Eheschlusses bewirkt sein. Die Feststellung der Dauerhaftigkeit trennt aber die Ehevertragsunfähigkeit von den vorübergehenden Störungen (vgl. § 7). Für die Beantwortung der uns gestellten Prozeßfrage ist es ebenfalls wichtig, daß die Ursache der psychischen Beeinträchtigung dem Willen des Betroffenen nicht zugänglich war.

bb) Ferner muß der Gutachter beurteilen, in welchem Maße die psychische Störung die Fähigkeiten des Erkennens, Wollens und Handelns beeinträchtigte. Dabei wird eine Unterscheidung dieser drei Fähigkeiten nicht immer möglich sein[129]. Der Gutachter wird vielmehr von den Symptomen des Krankheitsbildes ausgehen und dann oft nur ganzheitlich aussagen können, ob die geistig-seelischen Fähigkeiten des X für eine bestimmte Entscheidung ausreichten.

Der Gutachter wird ferner die Frage zu beantworten haben, ob die Beeinträchtigung der Fähigkeiten des X. zur Zeit der Eheschließung vorlag. Die Diagnose einer fortschreitenden Geisteskrankheit, die vor dem Eheschluß bereits begonnen hat, reicht nur dann aus, wenn zum Eheschließungszeitpunkt der Grad der Beeinträchtigung schon als eheverhindernd bezeichnet werden kann. Waren die geistig-seelischen Fähigkeiten des X. zu dieser Zeit noch nicht erheblich angegriffen, so rechtfertigt die spätere Entwicklung hin zu einem völligen Ausfall der Funktionen nicht den Schluß, daß X. ehevertragsunfähig war. (Möglicherweise war er eheführungsunfähig, doch dazu im zweiten Teil). Die Untersuchung der geistig-seelischen Fähigkeiten des X. muß präzise auf den Eheschließungszeitpunkt abstellen. Von einem Mangel, der vor und nach diesem Zeitpunkt festgestellt ist, kann dann allerdings angenommen werden, daß er auch bei Eheschluß gegeben war.

3. Richter

Es wird dann Aufgabe des kirchlichen Richters sein, Zeugenaussagen und Gutachten zu bewerten.

a) Dabei wird er zunächst sorgfältig darauf achten müssen, ob der Tatbestand der Ehevertragsunfähigkeit im umschriebenen Sinne erfüllt ist, oder ob nicht vielmehr ein anderer Nichtigkeitsgrund anzuwenden wäre. Ist etwa keine andauernde Störung festgestellt, sondern ein Rausch, muß das in der Begründung für die Nichtigkeit der Ehe deutlich werden. Zeigt die diagnostizierte psychische Störung ihre Auswirkungen nicht auf die zur Willensabgabe notwendigen Fähigkeiten, sondern auf die Möglichkeit zur Erfüllung ehevertrag-

---

[129] Es sei daran erinnert, daß die Unterscheidung nicht aus der Eigengesetzlichkeit der Sache heraus gewählt ist, sondern weil der Codex in seinen Regelungen die positiven Mängel dieser drei Funktionen ausdrücklich normiert. Die zu wählende Beschreibung der Ehevertragsunfähigkeit mußte sich von den Aussagen des CIC abgrenzen und deshalb auf die Struktur seiner Systematik Rücksicht nehmen.

licher Pflichten, dann kann nicht von Ehe*vertrags*unfähigkeit gesprochen werden. Ergibt die Beweisaufnahme, daß nicht eine psychische Störung, sondern eine äußere Konfliktsituation oder ein mangelndes Heiratsmotiv den Ausfall des Ehewillens bewirkt hat, dann kann von einer Ehevertrags*unfähigkeit* nicht die Rede sein.

b) Der kirchliche Richter wird dann die Angabe des Gutachters über das Maß der dem X. gegebenen Fähigkeiten zusammen mit den Aussagen der Zeugen dahin bewerten müssen, ob X. seine Willenserklärung zu verantworten hat, oder ob seine geistig-seelischen Funktionen in einem Maße eingeschränkt waren, daß die Ehewillenserklärung ihm nicht zugerechnet werden kann. Dabei hat er die Fähigkeiten des X. an der Bedeutung zu messen, die die Ehe für Christen hat: als unwiderrufliche, lebenslange, ausschließliche Bindung an einen Partner, die nicht nur vor diesem Partner, sondern auch vor Gott und der Kirche verpflichtet[130].

c) Der Richter wird sich schließlich die Frage stellen müssen, die jeder Ehenichtigkeitsprozeß mit sich bringt: ob das Beweisergebnis im Tatsächlichen so klar erwiesen ist, daß die Rechtsfolge mit moralischer Gewißheit ausgesprochen werden kann: daß die Ehe des X. wegen seiner Ehevertragsunfähigkeit nichtig ist.

---

[130] *Brown* (Incompetence 160) kommt auf den Einwand zu sprechen, der sich gegen die Berücksichtigung unzureichender Urteilskraft („discretion required for marriage") erhebt: Wie kann man das Fehlen dieser Urteilsfähigkeit beweisen? („Discretion required" bezieht sich bei *Brown*, ähnlich wie in einem Großteil der Literatur und Rechtsprechung auf alle Arten psychischer Störungen, die von Einfluß auf die Ehe sind: Geisteskrankheit, Psychopathie, Unreife, Erfüllungsunvermögen). Seine Antwort auf diesen Einwand: „Obviously this is only something that will become clear as more study is made of the elements involved in marriage – other than fidelity, permanence and children." Sicher ist die Untersuchung der Gegenstände, die von Erkenntnis, Wille und Handeln erfaßt werden müssen, nützlich und notwendig. Der Beweis unzureichender Verantwortlichkeit für die abgegebene Erklärung kann aber stets nur konkret geschehen: durch Vergleich der Geistesfähigkeit des Betroffenen mit der Bedeutung dessen, was er mit der Eheschliessung tut. Zu den praktischen Abgrenzungsproblemen, die sich dem kirchlichen Richter stellen, vgl. auch *Keating*, Province.

II. TEIL

EHEFÜHRUNGSUNFÄHIGKEIT

1. KAPITEL

RECHTSGRUNDLAGE

§ 12

Rechtsgrundlage der Eheführungsunfähigkeit

These: *Rechtsgrundlage für die verungültigende Wirkung der psychischen Störungen, die die Eheführung beeinträchtigen, ist der Grundsatz des natürlichen Rechtes, daß eine auf eine unmögliche Leistung gerichtete Verpflichtung unwirksam ist.*

I. Unfähigkeit zur Eheführung

In diesem zweiten Teil der Untersuchung geht es nun um die andere Gruppe von Fällen, in denen die Störung der psychischen Struktur, die die zu erörternden Nichtigkeitsgründe bestimmt, sich nicht unmittelbar auf die Ehe*schließung* auswirkt, sondern auf die Ehe*führung*.

Zunächst handelt es sich auch hier um einen Sachverhalt, aus dem die Nichtigkeit der Ehe folgt. Es wird zu erörtern sein, wie er beschaffen sein muß, damit das so ist. Beide Auswirkungen psychischer Störungen, sowohl die auf die Eheschließung unmittelbar, die Ehevertragsunfähigkeit genannt wurde, als auch die auf die Eheführung, die Eheführungsunfähigkeit genannt werden soll[131], können die Nichtigkeit der Ehe zur Folge haben.

Der Unterschied, der beachtet werden muß, liegt in den Auswirkungen des psychischen Defekts beim Kontrahenten. Schon behandelt wurden die Fälle, in denen die Erkenntnis-, Willens- oder Handlungsfähigkeit einer Person soweit beeinträchtigt war, daß die abgegebene Willenserklärung nicht als Produkt der verantwortenden Persongesamtheit angesehen und deswegen nicht zugerechnet werden konnte. Beeinträchtigt war die Fähigkeit zur rechtswirksamen Ehewillenserklärung, weil der *Erklärung selbst* eine Voraussetzung ihres normalen Zustandekommens fehlte. Die Ehe muß als nichtig bezeichnet werden, weil die Person sich unfähig zeigte, eine Ehewillenserklärung zu bilden oder abzugeben, die ein ausreichendes Fundament in der Erkenntnis, im Willen und in der Handlungsfähigkeit der Person hat.

Demgegenüber ist jetzt von den rechtlichen Folgen psychischer Störungen zu handeln, die die Verwirklichung dessen beeinträchtigen, was mit dem Ehevertrag zugesagt wurde[132]. Nicht die Eheschließung selbst ist das Objekt, das durch den psychischen Defekt betroffen wird, sondern die Eheführung, das Leben mit dem Ehepartner gemäß den Verpflichtungen, die der geschlossene

---

[131] *Keating* möchte das hier Gemeinte als „moral impotence" bezeichnen (Legal Test 34). *Navarrete* (Mutationes 12) nennt den Begriff der „impotentia psychologica" als Terminus des amerikanischen Sprachgebrauches, allerdings ohne Beleg. Ausführungen zum richtigen Verständnis des Begriffs „moral impotence" bei *Wrenn* (Outline 479).

[132] *Finnegan* vertritt einen anderen Begriff von Eheunfähigkeit. Er schreibt (Capacity 149): „What I am saying here is that the *capacity to marry* today means the capacity to build a marriage largely stripped of external supports, and one that will only survive by the love and friendship of the partners themselves. Love they say is the only ingredient that holds today's marriage together." Diese Aussage schließt *Finnegan* an die Beobachtung an, daß die Familie in der Gegenwart der Hilfen und erhaltenden Faktoren beraubt ist, die sich aus der Großfamilie heraus anboten. Ob man aber die Folgerung ziehen kann, daß die hier gemeinte Fähigkeit, eine Ehe in ihrer heutigen Isoliertheit erfolgreich zu führen, Voraussetzung einer gültigen Eheschließung ist, ist doch wohl problematisch. *Finnegan* selbst sieht die Lösung in einem Abgehen von der strengen rechtlichen Beurteilung der Ehegültigkeit und will der „expanding knowledge and personal Christian maturity, the excellence of the Christian life and moral change" mit Beratungsgremien Rechnung tragen, die sich mit zerbrochenen Ehen befassen und eventuell einen Ehenichtigkeitsprozeß vorbereiten. So wünschenswert eine wirksame Beratung von Eheleuten zur Zeit der Gefährdung oder des Zerbrechens ihrer Ehe ist, so wenig wird dadurch das Problem der rechtlichen Gültigkeit seiner Lösung näher gebracht.

Vertrag mit sich bringt[133]. Daß solche Störungen die Nichtigkeit der Ehe bewirken können und damit den Eheschließungsakt unwirksam bleiben lassen, ist eine rechtliche Folge. Bei der Ehevertragsunfähigkeit bewirkt die psychische Störung als Tatsache die Fehlerhaftigkeit der Willenserklärung. Bei der Eheführungsunfähigkeit bewirkt sie als Tatsache das Ungenügen in der Ausführung dessen, was durch die Willenserklärung zugesagt ist. Erst die Rechtsfolge bringt die Rechtsunwirksamkeit des Vertragsschlusses.

Nicht jede psychische Störung kann eindeutig der einen oder anderen Gruppe zugeteilt werden[134]. Insbesondere sind Geisteskrankheiten möglich, die sowohl eine zurechenbare Willenserklärung ausschließen als auch eine Lebensgemeinschaft mit dem Partner unmöglich machen. Darin liegt aber keine theoretische Schwierigkeit. Ein Sachverhalt kann durchaus in zwei Weisen die Nichtigkeit der Ehe bewirken, er kann die Ehe wegen Ehevertragsunfähigkeit *und* wegen Eheführungsunfähigkeit nichtig machen[135], wie eine

---

133 Eine klare Unterscheidung zwischen der Unfähigkeit zu verstehen oder zu wollen (incapacitas intelligendi seu incapacitas volendi) und der Unfähigkeit, die Pflichten des Ehevertrages zu erfüllen – allerdings unter der Formulierung „capacity of the person to assume the responsibility of the marital state (capacitas sese obligandi)" – macht James H. Provost in einem Urteil ohne Datum, in: Jurist 33(1973)418-428, hier 420.

134 In einer SRRDec. c. Serrano v. 5. April 1973 (in: RevEspDerCan 30(1974)107-128, hier 124) findet sich folgende Quintessenz der Beweisaufnahme: „Quamvis haec omnia in casu praesto sint, amplius quid asserimus et actibus comprobari censemus: virum omnino incapacem communicationis interpersonalis seu inhabilem ad recipiendos intra seipsum quoscumque compartis sensus; unde de ipsius coniugalis consensus invaliditate moraliter certum fertur iudicium." Hier ist schon die Frage schwer zu beantworten, was diese Feststellung inhaltlich bedeutet, und danach auch die, auf welche Weise diese Unfähigkeit zu „interpersonaler Kommunikation" die Gültigkeit des Ehekonsenses beeinträchtigt.

135 Vgl. *Lefebvre* (Évolution 354-355): „Des cas se présentent également . . . où il y a interférence des ces deux aspects avec répercussion profonde tant sur la capacité de répondre à l'essentiel de l'engagement, que sur la capacité de donner formellement un consentement matrimonial valide, parce que ce trouble déroute gravement l'intelligence ‚facultas aestimativa'." Deswegen konnte die Rota (SRRDec c. Jullien v. 16. Oktober 1942 Bd. 34(1942)775-781) in einem Fall von Nymphomanie die Ehe wegen Konsensunfähigkeit für nichtig erklären. Daß in bestimmten Fällen von Homosexualität die psychosexuelle Störung es verhindern kann, daß der Betroffene die Bedeutung seiner Schwierigkeit erkennt, die Pflichten des Ehevertrages zu erfüllen, zeigt *Bordeleau* (Homosexualité 245). Allerdings darf das nicht über eine Schlußfolgerung geschehen, wie *Ahern* (Incapacity 244) sie zieht. Er will die Eheführungsunfähigkeit mit folgender Argumentation als Mangel an discretio iudicii aufzeigen: „If a person incapable of carrying out the obligations of marriage knows himself well enough, he will know he is incapable:

Handlung jemanden wegen zwei Delikten strafbar machen kann. Wer einen Polizisten schlägt, begeht u.U. zugleich Körperverletzung und Widerstand gegen die Staatsgewalt.

Wie bei den Erörterungen der Ehevertragsunfähigkeit schon betont, ist auch hinsichtlich der hier anstehenden Unterscheidung zu sagen, daß ein Ehenichtigkeitsurteil nur dann ergehen kann, wenn Tatsachen und rechtliche Argumentation hinreichend klar sind. Die Feststellung der Nichtigkeit einer Ehe kann nur dann amtlich erklärt werden, wenn eine schlüssige Begründung dafür gegeben werden kann. Es kann dabei nicht dahinstehen, ob die Ehe nichtig ist, weil die Ehewillenserklärung nicht zurechenbar ist, oder weil die eingegangene Verpflichtung nicht erfüllt werden kann. Daß die Person an einer psychischen Störung leidet, ist noch keine ausreichende Begründung. Es muß vielmehr gesagt werden, welcher der beiden Gesichtspunkte zutrifft oder ob sogar beide gegeben sind.

II. Auswirkungen der Unmöglichkeit der Leistung auf die Verpflichtung

Ausgehend von den gebräuchlichen Formulierungen des Grundsatzes von der Unmöglichkeit soll zunächst das Verhältnis von Unmöglichkeit und Verpflichtung behandelt werden. Die Folgerungen für den Vertrag, d.h. für ein Gefüge von Verpflichtungen und Rechten, sind anschließend unter III. zu ziehen.

---

knowing that, he cannot genuinely intend to assume these obligations unless he is irrational, and so lacks due discretion; if, however, he is incapable of perceiving his deficiencies, he lacks due discretion for that reason." Eine Vermengung von Sachverhalten zeigt sich bei *Finnegan* (Jurisprudence 444/445). Nachdem er die Impotenz als Fall der Unfähigkeit, sich rechtswirksam zu binden, dargestellt und die psychisch bedingte Impotenz auf dieselbe Ebene gestellt hat, schreibt er: „According to this conception, due discretion for marriage is not capacitas ad matrimonium intelligendum et volendum, but rather capacitas sese obligandi. If we are not mistaken, this is closer to the Thomistic idea of due discretion for marriage." Aus *Finnegans* eigener Darstellung der Lehre des Thomas geht aber hervor, daß dieser bei debita discretio seu maturitas iudicii an eine Qualität der geistigen Fähigkeiten denkt. Die Formulierung „psychic aptitude to bind oneself to the obligations of the marriage contract", die *Finnegan* (ebd. 446) gebraucht, enthält wohl die Doppeldeutigkeit, die ihn dazu führt, discretio iudicii und psychische Impotenz gleichzusetzen.

1. Der Rechtsgrundsatz

In der vorstehenden These ist von einem Grundsatz des natürlichen Rechtes die Rede, wonach eine auf eine unmögliche Leistung gerichtete Verpflichtung unwirksam sei. Drei Formulierungen dieses Satzes sind in der Literatur zum Thema der Ehevertragsunfähigkeit gebräuchlich:

- „Nemo ad impossibile obligari potest"[136] - Niemand kann zu etwas Unmöglichem verpflichtet werden.
- „Ultra posse nemo tenetur" - Über seine Fähigkeiten hinaus ist niemand gehalten.
- „Impossibilium nulla obligatio est"[137] - Die auf Unmögliches gerichtete Verpflichtung ist nichtig.

Die drei Versionen desselben Gedankens finden sich häufig in der Literatur zum Erfüllungsunvermögen. Sie werden als Begründung dafür verwendet, daß die Unfähigkeit zur Erfüllung des Ehevertrages die Ehe nichtig mache. Es ist nachfolgend die genaue Aussage des Grundsatzes von der Unmöglichkeit herauszuarbeiten und dann anhand eines Literaturbeispieles zu zeigen, daß ein richtiges Verständnis für die weitere rechtliche Betrachtung unerläßlich ist.

2. Verpflichtung als Rechtshandeln und Rechtsfolge

Der Begriff „Verpflichtung" (obligatio) ist doppeldeutig. Er drückt auf der einen Seite ein *Tun* eines Rechtssubjektes aus: A *verpflichtet sich* zu einem Handeln. „Verpflichtung" als Bezeichnung dieses Tuns, in diesem aktivischen Sinne als Rechts*handeln,* ist die im Rechtsbereich abgegebene Erklärung des Entschlusses, etwas Bestimmtes tun oder unterlassen zu wollen.

Der Begriff „Verpflichtung" drückt auf der anderen Seite auch eine Rechts*folge* aus: A *ist* zu einem Handeln *verpflichtet.* Aus der Erklärung des A folgt eine rechtswirksame Bindung an seine Zusage. Die Verpflichtung in

---

136 Sechste Regula Iuris in Sexto, *Friedberg* CorpIC II Sp. 1122

137 D 50, 17, 185

diesem passivischen Sinne als Rechts*folge* ist die Gebundenheit des A im Rechtsbereich[138].

Die Verpflichtung als Rechtshandeln und die Verpflichtung als Rechtsfolge sind so genau voneinander zu unterscheiden wie die Ehewillenserklärung und die Ehe.

Trotz des äußeren Anscheins einer Verpflichtungserklärung liegt kein Rechtshandeln vor, wenn die Erklärung nicht im Rechtsbereich abgegeben wird (etwa im Zuge eines Spieles), wenn der Erklärende nicht weiß, was er erklärt oder über den Inhalt seiner Erklärung irrt, sowie wenn er sie gezwungenermaßen abgibt. Hier fehlt es an einer Willens-Erklärung, denn es wird nicht der rechtsschaffende Wille kundgetan, sondern irgend etwas anderes.

Die Gründe, aus denen eine Willenserklärung nicht zur Rechtsfolge des Verpflichtet-Seins führt, sind ganz anderer Art. Auch wenn die Erklärung Ausdruck des Willens ist, frei abgegeben und nicht von Irrtum oder Unwissenheit beeinträchtigt, braucht sie doch nicht zu einer Verpflichtung im passivischen Sinne zu führen. Fehlt etwa die zur Rechtsgültigkeit erforderliche Form, liegen naturrechtliche oder positiv-rechtliche Wirksamkeitshindernisse vor (auf die Ehe bezogen etwa: Eheband oder Weihe), oder ist die Erfüllung unmöglich, dann kommt keine rechtliche Bindung zustande, obwohl eine ordnungsgemäße und in sich fehlerlose Erklärung vorliegt.

Der Grundsatz, dessen drei Fassungen wir oben zitiert haben, zielt auf die *Verpflichtung als Rechtsfolge,* auf die durch die Erklärung geschaffene Bindung innerhalb der Rechtsgemeinschaft. Das ergibt sich aus den Formulierungen und aus der Natur der Sache.

„Niemand kann zu etwas Unmöglichem verpflichtet werden“ bedeutet, daß die Rechtsgemeinschaft nichts verlangt, was die Person nicht leisten kann. „Über seine Fähigkeiten hinaus ist niemand gehalten“ besagt, daß ungeachtet dessen, wozu eine Person sich bereit und verpflichtet erklärt hat, das Forderungsrecht der Gemeinschaft dort endet, wo die Fähigkeit der Person der Erfüllung eine Grenze setzt. „Die auf Unmögliches gerichtete Verpflichtung ist nichtig“ will sagen, daß eine Zusage, die nicht erfüllbar ist, keine Rechtswirksamkeit erlangen kann.

---

138 Die zwei Bedeutungen von „obligatio“ bringt auch der Satz des Thomas von Aquin zum Ausdruck: „Sicut in aliis contractibus, non est conveniens obligatio si aliquis se obliget ad hoc quod non potest dare vel facere“ (IV. sent, dist. 34, qu. I, a.2), den *Lefebvre* (Jurisprudence 382) für den Nichtigkeitsgrund der Homosexualität zitiert. *Zapp* (Incapacitas 477) betont die Unterscheidung von „verpflichten“ und „erfüllen“, übersieht dabei aber die Doppelbedeutung des Begriffs „Verpflichtung“.

Keine der drei Formulierungen geht darauf hinaus, die Verpflichtung im Sinne von Rechts*handeln* als fehlerhaft zu bezeichnen. Alle drei Sätze sprechen von der Wirksamkeit der Zusage im Rechtsbereich. Das entspricht durchaus der Natur der Sache. Eine in sich einwandfreie Erklärung abzugeben und die Folge dieser Erklärung tragen zu müssen, sind verschiedene Dinge. Die Unmöglichkeit zur Erfüllung des Zugesagten liegt nicht auf der Ebene des Sich-Verpflichtens, also des aktiven Rechtshandelns, sondern auf der des Verpflichtet-Seins, dem der passiven Rechtsfolge. Das Scheitern einer Verpflichtung wegen Unmöglichkeit der Erfüllung ist von dem Akt der Verpflichtungsübernahme unabhängig[139]. Das wird an folgendem Beispiel deutlich:

Ein Mann, der mit seiner Braut die Ehe schließt, verspricht ihr dabei, mit ihr den ehelichen Verkehr zu vollziehen[140]. Seiner Verpflichtungserklärung fehlt in sich nichts. Wenn er aber nun impotent ist, dann entsteht aus seiner Erklärung keine Rechtsfolge: er ist nicht zum Mitvollzug der Geschlechtsgemeinschaft verpflichtet. Daß die klare Trennung von Verpflichtung als Rechts*handeln* und Verpflichtung als Rechts*folge* notwendig ist, soll an einem Beispiel aus der Literatur verdeutlicht werden, das für viele steht. Navarrete schreibt[141]: „Das Hindernis der Impotenz ist, wenn man seine innere Natur betrachtet, kein Hindernis oder ein göttliches, unfähig machendes Gesetz, sondern es ist vielmehr die grundsätzliche Unfähigkeit, das Objekt des Konsenses zu leisten. Dieses Objekt ist das Recht auf den Leib – jedenfalls ist das Recht auf den Leib Teil des Konsenses –, und wenn daher die Fähigkeit fehlt, das Recht auf den Leib zu gewähren, fehlt die Fähigkeit, das Objekt des Ehekonsenses zu leisten. Diese Unfähigkeit ist daher besser beim Kapitel über den Konsens einzuordnen als bei dem über die Hindernisse." An anderer Stelle schreibt Navarrete über den rechtlichen Gesichtspunkt, auf Grund dessen das

---

139 Klar formuliert die 31. Regula Iuris Civilis das Auseinanderfallen von Rechtshandeln und Rechtsfolge: „Verum est, neque pacta, neque stipulationes factum posse tollere: quod enim impossibile est, neque pacto, neque stipulatione potest comprehendi, ut utilem actionem, aut factum efficere possit." (zit. nach Reiffenstuel, Tractatus de Regulis Iuris, Caput Tertium, Ingolstadt 1733).

140 Can. 1081 § 2 CIC

141 *Navarrete* (Mutationes 13): „Impedimentum impotentiae, si attenditur ad eius intimam naturam, non est impedimentum, seu lex divina inhabilitans, sed potius est incapacitas radicalis praestandi obiectum consensus, siquidem hoc obiectum est ius in corpus – vel saltem ius in corpus est elementum consensus – ideoque si deest capacitas dandi ius in corpus, deest capacitas praestandi obiectum consensus matrimonialis. Proinde potius in capite de consensu quam in illo de impedimentis haec incapacitas esset collocanda."

Erfüllungsvermögen wie auch die Impotenz die Ehe nichtig mache: „. . . weil das Subjekt wegen seiner unnormalen Befindlichkeit unfähig ist, den Vertrag zu halten oder seine wesentlichen Verpflichtungen zu erfüllen, und deswegen nicht fähig ist, sie zu übernehmen. Niemand kann sich nämlich zu etwas verpflichten, zu dessen Erfüllung er aus irgendeinem Grunde nicht fähig ist."[142]

Bereits aus dem letzten zitierten Satz, in dem die Aussage der 6. Regula Iuris in Sexto (unsere erste Version des Unmöglichkeitsgrundsatzes) von der passiven in die aktive Form verkehrt ist, zeigt, daß hier der Unterschied zwischen Rechtshandeln und Rechtsfolge nicht gesehen ist. Aus der richtigen Feststellung, daß Impotenz die Unfähigkeit sei, das zu leisten, was im Konsens zugesagt ist, wird gefolgert, daß der Konsens selbst einen Fehler habe. Mit dem Satz, niemand könne *sich* zu etwas Unmöglichem *verpflichten*, wird begründet, daß die Erklärung selbst bereits nicht in Ordnung sei. Übersehen ist dabei, daß die Unfähigkeit zu leisten neben der Erklärung steht. Sie bewirkt den Ausfall der Rechtsfolge der Erklärung, und erst daher ist die Schlußfolgerung möglich, daß die Erklärung *des Unfähigen* im Ergebnis nicht genügt. Ihr einziger Fehler liegt aber darin, daß ihr keine Pflicht folgt.

Was rechtfertigt eigentlich die Gleichsetzung von „Unfähigkeit, das Konsensobjekt zu leisten", d.h. die übernommene Pflicht zu erfüllen, mit einem *Konsens*fehler? Man kann „consensus" in jeder der drei im Codex verwendeten Bedeutungen verstehen (Ehewillensentschluß, Ehewillenserklärung, Ehewilleneinigung), ohne daß eine Beeinträchtigung des Konsenses durch das Unvermögen erkennbar würde, sein „Objekt zu leisten". Die Rechtswirksamkeit des Konsenses in jeder seiner drei Bedeutungen ist ein anderes Problem als das seiner inneren Integrität[143].

---

[142] *Navarrete* (Incapacitas 80): „. . . quia subiectum ob propriam anomalam constitutionem incapax est standi contractui seu adimplendi huius obligationes essentiales, unde nec capax est eas sibi assumendi. Nemo enim potest sese obligare ad aliquid cuius adimpletionis quacumque ex causa capax non est."

[143] Dieser Unterschied läßt sich nur mit vagen Formulierungen überspielen wie der folgenden: „At quidquid sit de impotentia ad copulam, certum mihi videtur illam incapacitatem constitutionalem assumendi onera matrimonii propria (impotentiam moralem) non consideratum iri in futura codificatione uti impedimentum impotentiae, sed ut aliquid quod consensum ipsum afficit; ideoque non in capite de impedimentis sed in capite de consensu collocabitur."(*Navarrete*, Mutationes 13). Solange keine klare Auskunft darüber gegeben werden kann, was in einem solchen Falle „afficere" bedeuten soll und was für ein Konsens-Begriff hier verwendet wird, sollte man die Einordnung des can. 1068 CIC unter die Ehehindernisse nicht – auch nicht in der Frageform – als „hereditas confusionis quae in iure antecodicali vigebat in hac materia" bezeichnen, wie es *Navarrete* tut (Incapacitas 78).

Das Beispiel aus der Literatur ist hier angeführt, um die weitreichende Bedeutung der Unterscheidung zwischen Verpflichtung als Rechtshandeln und als Rechtsfolge deutlich zu machen. Die Vorstellung vom Ausfall des Konsensobjektes ist in Rechtsprechung und Literatur weit verbreitet[144]. Sie verhindert nachhaltig eine zutreffende Sicht der tatsächlichen und rechtlichen Wirkungweise des Erfüllungsunvermögens und führt, wie das zitierte Beispiel von Navarrete zeigt, zu unhaltbaren rechtssystematischen Fehlschlüssen.

3. Unmöglichkeit der Erfüllung

Niemand ist zu Unmöglichem verpflichtet, die auf Unmögliches gerichtete Verpflichtung ist nichtig. Damit die Erklärung eines Rechtssubjektes, sich zu einem bestimmten Tun oder Unterlassen zu verpflichten, rechtswirksam ist, muß die Erfüllung der Zusage möglich sein. Sie ist nichtig, wenn die Erfüllung unmöglich ist. Was bedeuten Erfüllung und Unmöglichkeit näherhin?

a) Erfüllung und Unmöglichkeit der Erfüllung

„Erfüllung" ist ein Rechtsbegriff. Er bedeutet die Einhaltung der gegebenen Zusage, soweit sie vom Recht gefordert wird. Ob eine Zusage eingehalten ist, ob also die Verpflichtung erfüllt ist, ist von dem Gegenstand abhängig, auf den die Verpflichtung sich richtet. Nur wenn man sagen kann, was zu geschehen hat, damit die Zusage erfüllt wird, kann man ausmachen, ob die Erfüllung unmöglich ist und ob ihr deswegen die Rechtswirksamkeit fehlt.

(1) Verpflichtung zum Handeln

Eine Verpflichtung kann zunächst auf ein Handeln gerichtet sein, und zwar auf ein einmaliges oder auf ein immer wieder zu vollziehendes.

(a) Richtet sich die Zusage auf ein einmaliges Tun, dann ist sie erfüllt, wenn das Tun geschehen ist. Ein Schenkungsvertrag ist erfüllt, wenn der Schenkende dem Empfänger den Gegenstand übereignet hat.

---

[144] Z.B. *Keating* (Legal Test 31 Anm. 23); *LaDue* (Love 44); *Navarrete* (Mutationes 13); *Navarrete* (Incapacitas 79); *Köster* (Psychische Eheunfähigkeit 101); SRRDec c. Anné v. 25. Februar 1969 (in: DirEccl 81(1970II)219-234, hier 220).

Die Erfüllung ist unmöglich, wenn das zugesagte einmalige Tun nicht geschehen kann. Wenn der zu schenkende Gegenstand auf hoher See über Bord fällt, ist die Erfüllung der Schenkungsverpflichtung unmöglich. Denn das Objekt kann mit keinen bekannten Mitteln beschafft und übereignet werden. Verpflichtungen zu einmaligem Tun gibt es im Ehevertrag nicht, so daß dazu keine näheren Überlegungen nötig sind.

(b) Die Zusage kann sich auf ein wiederholtes Tun richten, das bedingt oder unbedingt sein kann. Die Pflicht etwa, gemeinsame Kinder zu erziehen, ist unbedingt. Sie hat jederzeit erfüllt zu werden. Die Pflicht dagegen, z.B. auf Wunsch des Partners die Geschlechtsgemeinschaft mitzuvollziehen, ist bedingt. Sie ist von natürlichen und rechtlichen Schranken begrenzt, durch den Wunsch des Partners bedingt und von den äußeren Umständen abhängig.

Die Zusage zu wiederholtem Tun ist dann erfüllt, wenn ein Partner seiner unbedingten Pflicht stets und der bedingten jedesmal dann genügt, wenn die Bedingungen gegeben sind.

Bei den Verpflichtungen zu wiederholtem Tun ergibt sich eine zusätzliche Frage, die sich bei der Pflicht zu einmaligem Handeln nicht stellt. Es ist denkbar, daß ein Vertragspartner nur einen Teil der Handlungen leistet, zu denen er gemäß seiner Zusage verpflichtet ist. Er erfüllt seine Pflicht dann nur zum Teil.

Ob ein Ehepartner seine Pflichten *tatsächlich* vollständig oder nur teilweise erfüllt, ist kein Problem der Ehegültigkeit. Wenn aber die Frage zu beantworten ist, ob die Erfüllung der Pflichten ihm *möglich* ist, dann entsteht hier ein – theoretisches – Problem. Unmöglich ist die Pflichterfüllung dann, wenn das rechtlich Gebotene nicht geleistet werden kann. Wie weit aber reicht das rechtlich Gebotene? Ist der Partner seiner Rechtspflicht nachgekommen, wenn er z.B. die Ehe nur einmal vollzieht? Oder erst dann, wenn er sie immer wieder vollzieht? Ist er zur Erfüllung seiner Pflicht fähig, wenn er die Ehe nur einmal vollziehen kann[145]? Oder erst, wenn ihm der Vollzug im Rahmen der natürlichen Schranken in der ganzen Ehedauer möglich ist?

---

[145] Obwohl die Literatur zur Impotenz davon ausgeht, daß die Nichtigkeit der Ehe die vollständige Unmöglichkeit des Ehevollzuges voraussetze, ist die Frage doch nicht ganz unproblematisch. Wenn man sagt: zeitweilige Unfähigkeit zum Vollzug der Ehe beeinträchtigt die Gültigkeit nicht, dann muß man folgern, daß die Pflicht, die es zu erfüllen gilt, nur auf zeitweilige Leistung geht. Genügt zur Gültigkeit der Ehe, wenn ein Partner überhaupt jemals fähig ist, nicht aber, wenn er es nie ist, dann muß es als Erfüllung der Pflicht angesehen werden, wenn die Partner die Ehe vollzogen haben. Inhalt

Die Frage, ob eine teilweise Erfüllung der Pflicht zu wiederholtem Tun im rechtlichen Sinne Erfüllung ist oder vielmehr Nichterfüllung, ob eine nur teilweise Fähigkeit als Möglichkeit oder als Unmöglichkeit der Erfüllung anzusehen ist, ist deswegen wohl theoretisch, weil eine psychische Störung, die lediglich eine Teilerfüllung der Handlungspflicht zuläßt und gleichzeitig ausschließt, daß der Betroffene dieser Pflicht jederzeit genügt, kaum vorstellbar ist. Dennoch kann das Problem an dieser Stelle nicht übergangen werden. Um sagen zu können, ob einer Person die Erfüllung einer Pflicht unmöglich ist, muß man bestimmen können, worin die Erfüllung besteht. Insofern muß auch entschieden werden, ob die Teilerfüllung der Pflicht zu wiederholtem Tun rechtlich ausreicht oder nicht, ob die teilweise Erfüllbarkeit genügt, um die Person als fähig zur Pflichterfüllung anzusehen. Die Frage ist – soweit ersichtlich – noch nicht aufgearbeitet. Das verwundert deswegen nicht, weil sie sich erst im Zusammenhang mit der Unerfüllbarkeit von Ehepflichten stellt, im Rahmen der Problematik also, die hier unter dem Stichwort „Eheführungsunfähigkeit" untersucht wird[146].

(2) Verpflichtung zum Unterlassen

Eine Verpflichtung im Rechtsbereich kann sodann auf ein Unterlassen zielen. Hier liegt Erfüllung vor, wenn das bestimmte Tun unterlassen ist. In

---

der Pflicht wäre dann also, die Ehe geschlechtlich zu vollziehen. Dieses Ergebnis reibt sich aber mit can. 1081 § 2: Das ius in corpus soll perpetuum und exclusivum sein, d.h. die Partner sollen sich verpflichten, einander *immer wieder* zur Verfügung zu stehen. Kann der Inhalt der Pflicht, die zu übernehmen ist, ein anderer sein als der Inhalt, der möglich sein muß? In bestimmten Fällen – so der Pflicht zur Nachkommenschaft und der tatsächlichen Fruchtbarkeit – sicher ja. Kann aber bei unserem Beispiel ein Ehewille ungenügend sein, wenn ein Partner sich nur für bestimmte Zeit zum Geschlechtsverkehr verpflichtet, wenn man gleichzeitig die Ehe für gültig hält, die ein Kontrahent mit dem Willen zu einer dauernden Verpflichtung schließt, der aber nur zeitweise zur Erfüllung fähig ist? Muß für eine gültige Ehe ein Kontrahent mehr wollen als er können muß? Kann der notwendige *Wille zur Erfüllung* inhaltlich auf etwas anderes hinausgehen als die *Fähigkeit zur Erfüllung*? Kann der zeitweise Ausschluß der Nachkommenschaft durch vorübergehende Verweigerung des ius in corpus die Ehe nichtig machen, eine vorübergehende Impotenz aber nicht? Auch hier wirft die relativ neue Problematik der Eheführungsunfähigkeit neue rechtliche Fragen auf.

[146] So sehr mit Recht immer wieder von der Kanonistik betont wird, daß Nr. 48 von „Gaudium et Spes" kein Rechtstext sei, so sehr kann man doch von den dort formulierten Aussagen über Sinn und Gehalt der Ehe hoffen, daß sie zur rechtlichen Wertung der Ehevertragspflichten erheblich beitragen.

der Ehe etwa geht eine Pflicht darauf, die Ehe nicht zu brechen, d.h. nicht mit anderen Partnern als dem Ehegatten geschlechtliche Beziehungen aufzunehmen. Eine andere Pflicht lautet, die Lebensgemeinschaft zu wahren, d.h. sich nicht dauernd von dem Partner zu trennen.

Diese Pflichten sind erfüllt, wenn der Partner treu bleibt und die Lebensgemeinschaft nicht aufkündigt, wenn er Ehebruch und Scheidung unterläßt. Die Pflichten sind dagegen nicht erfüllt, wenn dem Versprechen zuwider doch gehandelt wird: wenn also die eheliche Treue gebrochen oder die Lebensgemeinschaft aufgekündigt wird.

Unmöglichkeit zur Pflichterfüllung ist dann gegeben, wenn ein Partner nicht anders kann als die Treue zu brechen oder die Lebensgemeinschaft aufzukündigen. Unmöglichkeit der Erfüllung liegt dann vor, wenn der Partner nicht seinem Versprechen gemäß unterlassen kann, sondern der Zusage zuwider handeln muß.

b) Unmöglichkeit der Erfüllung als Grundsachverhalt

In einem 1974 erschienenen Artikel von Charles Lefevbre mit dem Titel „La jurisprudence rotale et l'incapacité d'assumer les obligations conjugales" wird besonders über die Fallgruppe berichtet, die „die Unfähigkeit betrifft, die ehelichen Verpflichtungen zu übernehmen." In einer Fußnote heißt es: „Wie man sehen wird, ist diese Formel das Ergebnis einer Entwicklung, die es erlaubt hat, vorgegebene Elemente zu präzisieren."[147]

In der Tat ist die Formel „Unfähigkeit zur Übernahme der Ehepflichten" in dieser oder ähnlicher Form in zahlreichen Urteilen der Rota und einer Fülle von Artikeln zu finden[148]. Wegen der Verbreitung, die diese Ausdruckwei-

---

[147] *Lefebvre* (Jurisprudence 376 Anm. 4): „Comme on le verra cette formule est l'aboutissement d'une évolution qui a permis de préciser des éléments antérieurement existants." Die „formule" lautet: „l'incapacité d'assumer les obligations conjugales."

[148] *McMahon* (Role 64) spricht von „ability to undertake (or fulfill) the essential obligations". *Ménard* (Invalidating Force 17) nennt den Homosexuellen „psychologically incapable of assuming either marriage itself . . . or the essential inherent obligations." Vgl. auch *Navarrete* (Incapacitas 72); *Primetshofer* (Eheunfähigkeit 205); *Keating* (Bearing 3); *Köster* (Psychische Eheunfähigkeit 101); *Sabattani* (Évolution 147); *Finnegan* (Jurisprudence 449);SRRDec c. Mattioli v. 28. November 1957 Bd. 49(1957)773-780, hier 775;(derselbe hier einschlägige Text schon in der SRRDec c. Mattioli v. 6. November 1956 Bd. 48(1956)871-878, hier 873);SRRDec c. Heard v. 30. Januar 1954 Bd. 46 (1954)82-86, hier 85. Weitere Rechtsprechung ist in dem in Anm. 147 genannten Artikel von *Lefebvre* angeführt.

se gefunden hat, erscheint es notwendig, eine Aussage des Rechtsgrundsatzes, der den Ehenichtigkeitsgrund der Eheführungsunfähigkeit trägt, noch einmal zu betonen.

Alle drei Versionen dieses Rechtsgrundsatzes bringen klar zum Ausdruck, daß eine Verpflichtung nichtig ist, die sich auf eine unmögliche Leistung richtet. Die Unmöglichkeit der Leistung ist Ursache für die Nichtigkeit der Verpflichtung. Unmöglichkeit der Leistung ist gegeben, wenn die Person unfähig ist, die eingegangene Verpflichtung zu erfüllen. Unfähigkeit zur Erfüllung und Unmöglichkeit der Leistung sind im Sinne des Rechtsgrundsatzes identisch. Beide Begriffe bezeichnen den Sachverhalt, aus dem unmittelbar die Nichtigkeit der erklärten Verpflichtung folgt[149].

Wenn der Unfähigkeit zur Erfüllung eine Störung der psychischen Struktur als Ursache zugrunde liegt, kann man durchaus von einer Eigenschaft der Person sprechen. Man *braucht* nicht auf die Unmöglichkeit der konkreten Pflichterfüllung zu schauen, sondern kann das Augenmerk auch auf die Unfähigkeit der Person richten.

Wichtig ist aber, den Gegenstand der Unfähigkeit richtig zu sehen. Das Unvermögen der Person bezieht sich allein auf die *Erfüllung* der eingegangenen Verpflichtung. Es wäre ein gefährlicher Schritt, wenn man aus der Unfähigkeit zur Erfüllung der Pflicht gleichsam folgernd eine Unfähigkeit zur Übernahme der Pflicht machte[150]. Es ist keineswegs gleichgültig, ob man von

---

[149] *Ogorzaly* (Law 106) beschreibt denselben Sachverhalt anhand der Rechtsprechungsformulierungen so: „The . . . viewpoint focuses on the lack of the *object* of consent. This object is the ability of the party to fulfill essential marital obligations." Damit ist inhaltlich dasselbe gemeint, was mit Unfähigkeit zur Erfüllung gesagt ist.

Bei manchen Autoren findet sich die Neigung, den Sachverhalt der Unfähigkeit, eine bestimmte Pflicht zu erfüllen, zu überspringen und unmittelbar auf die daraus folgende Unfähigkeit abzustellen, die rechtliche Verpflichtung wirksam einzugehen. So schreibt z.B. *Finnegan* (Jurisprudence 443) bezogen auf die Impotenz – ein strukturell mit der Eheführungsunfähigkeit gleichliegender Fall –: „It is inaccurate to define the impediment of impotence as a physical inability to place *actus per se aptos ad prolis generationem*; it is rather the moral inability to assume the right and obligation to place *actus per se aptos ad prolis generationem.*" Sicherlich fallen die tatsächliche copula-Unfähigkeit und der Bereich der ehehindernden Impotenz nicht zusammen, da can. 1068 § 1 nähere Eingrenzungen enthält. Dennoch bleibt die Unfähigkeit zur copula Ursache der Ehenichtigkeit und Grundsachverhalt des Ehehindernisses. Von daher erscheint auch die Ansicht von *Boccafola* (Perpetuity 114/115) als neben der Sache liegend, der zwischen Impotenz als Faktum und als juridischem Begriff einen Gegensatz konstruiert, statt das Kausalverhältnis deutlich zu machen.

[150] *Bernhard* (Réflexion 278) betont: „Pour ma part, faut-il le répéter, l'impossibilité de fournir l'objet du consentement c'est-à-dire d'exécuter les obligations du mariage

incapacitas adimplendi oder incapacitas assumendi spricht. Man gerät sonst nämlich in Gefahr, die unterscheidende Grenze zwischen Eheführungsunfähigkeit und Ehevertragsunfähigkeit zu verwischen.

Mit der Formel „incapacitas assumendi obligationes" ist gemeint, daß der Kontrahent, der die Pflichten nicht erfüllen kann, die dem Ehevertrag eigen sind, sie auch nicht übernehmen kann. Enthielte die Formel wenigstens den Zusatz *„rechtswirksam* übernehmen", dann wäre sie etwas klarer[151]. Dann würde nämlich das Mißverständnis erschwert, daß in solchen Fällen der Verpflichtungserklärung selbst schon etwas fehlen müsse[152].

Die Klarstellung wäre aber nicht ausreichend. Mit dem Begriff „Unfähigkeit zur Übernahme der Verpflichtungen" lassen sich Ehevertragsunfähigkeit *und* Eheführungsunfähigkeit erfassen[153]. In beiden Fällen führt die psychische Störung dazu, daß der Partner die Pflicht nicht rechtswirksam begründen kann, d.h. sie nicht übernehmen kann. Zur Unterscheidung der beiden Sachlagen hilft diese Formel nicht. Ebenso gut und ausreichend könnte man

---

est à distinguer de l'incapacité d'assumer les obligations c'est-à-dire de créer l'obligation . . . En réalité, la nullité du mariage, en l'occurence, ne résulte pas du fait que l'obligation contractuelle ne peut pas être assumé; elle provient de l'inaptitude du contractant à exécuter les obligations, inaptitude devant existant lors de l'échange des consentements."

151 Die Apostolische Signatur formuliert so: „Nemo potest validum pactum inire de obiecto quod non sit in sua potestate." (Dec. c. Staffa in einer Causa Harlemensis v. 5. Dezember 1972 Prot.N. 3196/72, in: Apollinaris 46(1973)281-292, hier 291). Richtig ist auch *Morrisey's* Formulierung des Prinzips, „that a contract to perform something impossible is held as invalid" (Incapacity 19).

152 Obwohl auch *Keating* in der Regel von „incapacity of assuming" zu sprechen pflegt (z.B. Legal Test 32), sieht er im Grunde den Wirkmechanismus richtig: „A person who is incapable of fulfilling an essential obligation of the marriage contract must be said to be incapable of assuming said obligation" (Legal Test 34). Die Unfähigkeit zu erfüllen bewirkt die Unfähigkeit, die Verpflichtung (wirksam) zu übernehmen. Vgl. auch *Ahern* (Incapacity 243): „If they are unable to fulfill them, they are unable to assume them." Eine klare begriffliche Trennung formuliert *Bernhard* (Réflexion 275): Par incapacité d'assumer les obligations du mariage, nous entendons l'inaptitude à éliciter un consentement matrimonial psychologiquement suffisant ou complet c'est-à-dire émis avec la liberté intérieure et le *discernement* requis; quant à l'incapacité de remplir les obligations, elle affecte la *libertas executionis*, la *libertas decisionis* étant supposée réalisée en l'occurence." Vgl. auch *Bernhard*, L'incapacité.

153 Vgl. dazu die schon erwähnte Verwechslung psychisch bedingter Pflichterfüllungsunfähigkeit in Form der psychischen Impotenz mit dem Mangel an debita discretio iudicii bei *Finnegan* (Jurisprudence 444-446), über die oben in Anm. 135 gehandelt ist.

dann von „psychischer Eheunfähigkeit“ sprechen und dabei die Fälle von amentia und Erfüllungsunvermögen mitbegreifen, da sie beide auf psychischen Ursachen beruhen[154].

Man kann die Eheführungsunfähigkeit als Sachverhalt mit eigener Struktur und eigener Rechtsbegründung nur dann sachgerecht erfassen, wenn man sie durch das Merkmal beschreibt, das sie von anderen Nichtigkeitsgründen mit psychischer Ursache abhebt. Dieses Merkmal ist die Unfähigkeit *zur Erfüllung* der Pflichten des Ehevertrages. Um nicht einen Monster-Begriff verwenden zu müssen – etwa Ehevertragspflichterfüllungsunfähigkeit –, war der Sachverhalt etwas untechnischer zu beschreiben, dabei aber der Ansatzpunkt der psychischen Störung *in diesen Fällen* klar zu bezeichnen: Ehe*führungs*unfähigkeit.

4. Der Unmöglichkeitsbegriff

Der Rechtsgrundsatz, auf den die Eheführungsunfähigkeit als Ehenichtigkeitsgrund aufbaut, sagt aus, daß eine Verpflichtung unwirksam ist, wenn die Leistung ihres Gegenstandes dem Verpflichteten unmöglich ist. Wann ist Unmöglichkeit gegeben? Wann ist eine Person unfähig?

a) Unmöglichkeit als absoluter Begriff

Die Erfüllung einer Vertragspflicht kann nur möglich oder unmöglich sein. Zwischen diesen Alternativen gibt es keinen Raum, der eine dritte Variante zuließe. Bei der Ehevertragsunfähigkeit brachte das Merkmal „ausreichend fähig“ eine gewisse Unsicherheit in die Abgrenzung. Doch konnte auch dort die Antwort auf die Frage nach der ausreichenden Fähigkeit nur „ja“ lauten oder „Nein“.

Es wurde schon festgestellt, daß es bei der Eheführungsunfähigkeit das Problem gibt, wie bei einer Handlungspflicht die Teilerfüllung zu behandeln

---

[154] Von daher ist *Keating's* Formulierung bedenklich, wenn er von Geisteskrankheit spricht „rendering the contractant incapable of binding himself to one or another or all of the essential obligations inherent in the bond.“(Legal Test 26). Er meint hier die psychisch verursachte Unfähigkeit, Ehevertragspflichten zu erfüllen. Das, was er formuliert, nämlich die durch Geisteskrankheit bedingte Unfähigkeit, *sich zu binden*, fiele unter die Sparte „mental illness . . . precluding psychologically sufficient consent“ (ebd.), die er aber nicht meint.

ist. Kann man hier sagen: der Pflicht überhaupt nicht genügen zu können bedeutet Unmöglichkeit, ihr stets genügen zu können bedeutet Möglichkeit, und die eingeschränkte Fähigkeit wäre etwas Mittleres? Weiter wurde schon gesagt, daß die Teilerfüllung *rechtlich* entweder als Nichterfüllung oder als Erfüllung zu werten ist. Es muß entschieden werden, ob der Kontrahent, der zur Zeit der Eheschließung an einer Krankheit leidet, die ihn nach zwei Jahren impotent machen wird, zur Erfüllung seiner Ehevertragspflicht fähig ist oder nicht. Es steht fest, daß er seine Zusage, die auf die ganze Dauer der Ehe geht, nicht voll erfüllen können wird. Dennoch muß entschieden werden, ob er im rechtlichen Sinne fähig zur Erfüllung ist oder nicht, ob seine Ehe gültig ist oder nicht. Die Entscheidung kann nur dadurch geschehen, daß die Teilerfüllung bewertet wird. Wird sie als Erfüllung angesehen, dann bedeutet das: wer die Ehe vollziehen kann, der ist fähig, der kann seine Vertragspflicht erfüllen. Sieht man die Teilerfüllung dagegen als Nichterfüllung an, dann wird man – schwieriger – sagen müssen: im Zeitpunkt der Eheschliessung (auf diesen Moment kommt es an) ist der fähig, der keine Ursache für eine später sicher eintretende Impotenz in sich trägt.

Die Bewertung der Teilerfüllung ist ein offenes Problem. Hier bleibt jedoch zu sagen: Unmöglichkeit und Möglichkeit schließen sich aus. Wozu ein Kontrahent fähig sein muß, damit er eine Pflicht erfüllen kann, ergibt sich aus dem Inhalt der Pflicht. Wenn er das rechtlich Gebotene tun kann, ist er fähig. Wenn er es nicht kann, ist ihm die Erfüllung unmöglich[155]. Was im Einzelfall rechtlich geboten ist, ist als neu zutage tretendes Problem in der Kanonistik noch nicht erarbeitet. Als abstraktes Kriterium könnte man angeben: Eine

---

155 Ausgehend von dem Denkansatz, daß die Eheführungsunfähigkeit als Fehlen der „psychic aptitude to bind oneself to the obligations of the marriage" (*Finnegan*, Jurisprudence 446) zu beschreiben sei, als „incapacitas assumendi onera", wie es immer wieder in der Literatur und Rechtsprechung formuliert wird (vgl. Anm. 148), erklärt *Finnegan* (Jurisprudence 448) einmal die häufig gebrauchte Hinzufügung: assumere *sub gravi*. Er schreibt: „First of all it must be recalled that the essential obligations of marriage are not assumend unless they be assumed *sub gravi*; that is, one must not only duly intend to, but also be psychically be able to bind himself to do or to omit something under pain of subjectively grave guilt." Ein solcher Schuldvorwurf kommt aber nur in Frage, wenn die Person ihre Verpflichtung einhalten *kann*. Die Formulierung: „eine Pflicht ist nur dann übernommen, wenn sie so übernommen ist, daß sie auch verpflichtet", d.h. daß aus ihrer Nichterfüllung ein Schuldvorwurf erwächst, ist nichts anderes als eine andere Fassung des Axioms „Nemo potest ad impossibile obligari", abgestellt eher auf moralische als rechtliche Kategorien. Wo die Erfüllung nicht möglich ist, erwächst aus der Nichterfüllung kein Schuldvorwurf (weil es keine rechtliche Verpflichtungskraft gibt). Dann ist die Pflicht nicht *sub gravi* übernommen.

Teilerfüllung, die das Sinnziel der Dauerpflicht wahrt, kann als Erfüllung betrachtet werden. Eine Teilerfüllung, die die Pflicht sinnentleert, muß dagegen als Nichterfüllung gewertet werden. Die Beurteilung der Teilerfüllung ist somit nur aufgrund einer genauen Sinnbestimmung der ehelichen Pflichten möglich, die durch die Theologie im Blick auf das christliche Verständnis des Menschen geschehen kann.

b) Individueller Bezug der Unmöglichkeit

Die Pflichten aus dem Ehevertrag zu erfüllen, obliegt den konkreten Ehepartnern. Die Rechtswirksamkeit der Pflichten scheitert, wenn die Erfüllung einem dieser konkreten Partner nicht möglich ist. Die Unfähigkeit ist immer auf den individuell bestimmbaren Partner zu beziehen[156]. Ist ihm das rechtlich Gebotene nicht möglich, dann entbehrt seine Erklärung der Verpflichtungskraft.

Im Ehenichtigkeitsprozess ist immer festzustellen, ob die Pflichterfüllung, deren Unmöglichkeit behauptet wird, der ganz bestimmten Person unmöglich war. Kriterium ist nicht, ob eine solche Pflicht einem vergleichbaren Personenkreis in der Regel erfüllbar ist, sondern ob das für den konkreten Ehepartner zutrifft. Die Aussage eines Psychotherapeuten, den Homosexuellen fehle in aller Regel die Fähigkeit, die Pflicht zu ausschließlicher Geschlechts-

---

[156] Damit ist nicht gemeint, daß die von den Vertragspartnern zu erfüllenden Verpflichtungen individuell zu beurteilen seien, wie z.B. *LaDue* (Love 49) aus einem Urteil c. Anné (SRRDec v. 25. Februar 1969 in: EphIC 26(1970)419-442) meiner Ansicht nach mißverstehend folgern zu können glaubt. Aus der Aussage des genannten Urteils (S. 431), daß sich die Richter bei der Nichtigkeitserforschung notwendigerweise „in campo existentiali" bewegen müssen, kommt *LaDue* zu dem Satz: „Furthermore, a certain element pertaining to the consortium vitae might be absolutely necessary to constitute one given marital union and yet not absolutely necessary to constitute another." So führt er den an sich richtig verstehbaren Satz aus: „And finally, this individual union between these two people must be evaluated", den er als Aussage des Urteils c. Anné formuliert, ohne daß bei diesem eine ähnliche Aussageabsicht erkennbar würde. *LaDue* scheint noch an anderer Stelle Anné zu mißdeuten. Hatte dieser festgestellt: „Quam longe difficilior vel immo impossibilis esset disquisitio de affectionibus et indolum discordantia ob quas contenderetur nupturientes instaurandi communionem vitae incapaces esse. Istiusmodi causarum matrimonialium tractatio speciem rescissionis matrimonii potius quam eiusdem declarationis nullitatis prae se ferret" (ebd. 433), so sieht *LaDue* (Love 50) darin einen Ansatz zu der Frage nach der Angemessenheit der Ehegerichte und nach pastoralen Stellen, die solche Ehefälle außerhalb der Grenzen gegenwärtiger Eherechtsprechung behandeln könnten. Dazu zeigt Anné aber keinerlei Tendenz.

gemeinschaft mit dem Partner zu erfüllen, ist Beweisargument, daß eine solche Annahme auch für den prozeßbeteiligten Gatten wahrscheinlich ist. Ein Beweis dafür, daß seine Homosexualität *ihn* zur Ehe unfähig machte, ist sie nicht. Bewiesen werden kann die Unfähigkeit allein durch die individuell bezogene Feststellung, daß die betroffene Prozeßpartei aufgrund ihrer Krankheit nicht zur Wahrung der ehelichen Treue fähig war.

Gerade in der Gerichtspraxis spielen Erfahrungssätze, die die Wertung von Sachverhalten erleichtern, die in das Fachgebiet anderer Disziplinen fallen als in das der Kanonistik, eine wichtige Rolle. Um so bewußter muß die Gefahr vermieden werden, stillschweigend Indizien zu Beweisen umzuwerten. Steht z.B. fest, daß Nymphomanie die Fähigkeit, mit einem Partner allein Geschlechtsgemeinschaft zu haben, ausschließen kann, darf daraus nicht die Vorstellung erwachsen, daß Nymphomanie immer eheunfähig mache. Es bedarf immer der Ermittlung und des Beweises der individuellen Unfähigkeit[157].

c) Objektiver Charakter der Unmöglichkeit

Die Frage nach der Unmöglichkeit ist trotz der individuellen Bezogenheit des Begriffs nicht subjektiv zu beantworten, sondern objektiv. Zwischen dem, was einem Betroffenen selbst möglich *erscheint*, und dem, was ihm objektiv möglich *ist*, können erhebliche Unterschiede bestehen. In die Sicht eines Zügellosen, der sich selbst als unfähig bezeichnet, die eheliche Treue zu wahren, gehen eine Fülle von Komponenten ein, die sein Urteil zum Beweis ungeeignet machen können. Wenn ihm die Heftigkeit seines Triebes gefällt, wird er weniger gut beurteilen können, ob ihm ein anderes Verhalten möglich wäre, als wenn er unter seiner geschlechtlichen Hemmungslosigkeit leidet. Unabhängig von dem sachlichen Hintergrund des Art. 117 EPO, wonach die Aussage der

[157] Morrisey (Urteil des Provinzial-Gerichtes Quebec v. 11. Juni 1975 in: StC 9 (1975)184-187, hier 184) formuliert: „If we do not find in a person, to a sufficient degree, the fundamental elements of rational maturity in the relationship of daily life, self-mastery in conduct, stability of conduct and capacity to adapt to circumstances, this person, as an individual, is not considered capable of fulfilling the fundamental obligation of the matrimonial state.“ Das individuelle Vorliegen der Unfähigkeit ist allerdings auch dann erwiesen, wenn z.B. beim betroffenen Partner eine psychische Erkrankung diagnostiziert wird, die *immer* zu bestimmten Leistungen unfähig macht. Wenn die medizinisch-psychiatrische Definition einer psychischen Störung die Aussage umfaßt, daß sie eine ausschließliche geschlechtliche Bindung unmöglich macht, dann liegt die notwendige individuelle Bestimmtheit in der Feststellung, daß eine Störung vorliegt, die dieser Definition entspricht.

Parteien allein keinen Beweis erbringt – weil nämlich das Interesse am Ausgang des Prozesses die Akzente auch einer wahrhaftigen Aussage verschiebt –, ist die Frage nach der eigenen Eheführungsunfähigkeit durch die betroffenen Personen kaum wahrheitsgemäß zu beantworten, ist ihr eigenes Urteil mit großer Vorsicht zu werten.

Notwendig ist eine objektive Beantwortung der Frage, ob der konkreten Person die Erfüllung der fraglichen Pflicht möglich war. Eine solche Beurteilung kann sich auf Zeugenaussagen stützen, soweit es um die Unmöglichkeit selbst und nicht um ihre Ursachen geht. Die Umwelt kann manchmal erstaunlich gut unterscheiden, ob jemand sich gehen läßt, oder ob er mit sich selbst nicht fertig wird, obwohl er sich bemüht.

Die Frage nach der Ursache, die in unserer Themenstellung wichtig ist, kann nur durch den Fachmann beantwortet werden. Die Zahl der Fälle, in denen der Nachweis von Symptomen durch die Zeugenvernehmung den Schluß zuläßt, daß eine psychische Störung den Betroffenen unfähig zur Erfüllung einer Ehevertragspflicht gemacht habe, ist gering. Die Einschaltung des Fachmannes ist zudem deshalb wichtig, weil er nicht nur die Ursache ermitteln, sondern auch objektiv-individuell feststellen kann, was der Person möglich war und was nicht. Wo eine solche Untersuchung sachkundig stattfinden kann, sollte man auf sie nicht zugunsten des laienhaften Eindrucks verzichten, den die Personen aus der Umgebung des Betroffenen wiedergeben[158].

III. Auswirkungen der Unmöglichkeit auf den gegenseitigen Vertrag

Was bisher über den Rechtsgrundsatz der Nichtigkeit einer auf Unmögliches gerichteten Verpflichtung gesagt wurde, war bewußt nur auf die einseitige Erklärung einer Person im Rechtsbereich bezogen, etwas Bestimmtes tun oder unterlassen zu wollen. Um den rechtlichen Grundgedanken auch auf den Ehevertrag anwenden zu können, bedarf es einiger zusätzlicher Überlegungen[159]. Sie betreffen die Charakterisierung des Ehevertrages selbst (dazu 1),

---

158 Zu der Notwendigkeit und dem Nutzen eines Sachverständigen im Ehenichtigkeitsprozeß vgl. *McMahon* (Role) und *Murtagh* (Approach 318).

159 Daß zwischen der Anwendung des Unmöglichkeitsgrundsatzes auf die Verpflichtung und auf den Vertrag ein Denkschritt zu vollziehen ist, wird allerdings meistens nicht erwähnt. So wird der folgende Satz aus einer SRRDec c. Lefebvre v. 2. Dezember 1967 Bd. 59(1967)798-807, hier 803: „Doctrina tenet invalidum esse contractum de obiecto relative impossibili, cum ad impossibile nemo teneatur" unmittelbar an die Feststellung

die Problematik des gegenseitigen Vertrages (hierüber unter 2) sowie die Tatsache, daß in der Regel nicht die Erfüllung des gesamten Vertrages unmöglich ist (dazu 3).

1. Charakterisierung des Ehevertrages

Der Rechtsgrundsatz von der Unmöglichkeit sagt aus, daß eine Verpflichtung unwirksam ist, die sich auf Unmögliches richtet. Soll er auf einen Vertrag anwendbar sein, dann muß der Inhalt des Vertrages im Eingehen von Verpflichtungen bestehen.

Wäre es richtig, was can. 1081 § 2 CIC als Gegenstand des Ehekonsenses bezeichnet, dann wäre der Unmöglichkeitsgrundsatz auf den Ehevertrag nicht anwendbar. Dort heißt es nämlich, daß der Ehekonsens ein Willensakt sei, durch den jeder Teil *das Recht* auf den Leib *übergibt und annimmt*. Wäre das so, dann brauchte die Frage nicht erörtert zu werden, welche Wirkungen die Unmöglichkeit der Erfüllung von Pflichten auf die Ehe hat. Denn hier scheint es um die Übertragung von Rechten zu gehen. Solche Rechte können nur bestehen oder nicht bestehen, und dementsprechend kann eine Rechtsübertragung stattfinden oder nicht. Von Pflichterfüllung brauchte dann keine Rede zu sein. Hatte der Mann das „Recht", dann konnte er es übertragen. Wenn nicht, ist das äußere Geschehen unerheblich.

---

angeschlossen: „Iamvero patet neminem posse contrahere obligationes quas *incapax sit dotibus ipsis suis* etsi acquisitis adimplere." Ebenfalls übersprungen wird die Gedankenreihe zwischen der Feststellung eines Defektes der psychischen Struktur und der Folgerung, daß die Ehe der betroffenen Personen nichtig sei, in den Rechtsausführungen eines Urteils des Diözesangerichtes Brooklyn c. Besendorfer (ohne Datum, in: StC 8(1974) 443-449, hier 445). Dort heißt es in mehr philosophischer als juristischer Argumentation: „Consent is the act of a person, taking into account the profound philosophical and psychological awareness of the unity in man, of the totality he is in himself. A person's consent cannot exist independently of that person. If he be a defective subject for marriage, then his consent will be and can only be the consent of this defective person. His consent is but the expression of this defective personality *trying* to give himself in this marital relationship to another. For how can the consent even say more than what he, the consentor is. *Nemo dat quod non habet*. The intimate relationship, the unity, that exists between a person and his acts is such that if he lacks the capacity for marriage, the act whereby he tries to marry will also be defective." Ob diese Überlegung die Folgerung trägt, daß das Rechtshandeln einer „defective person" auch rechtlich in einer Weise beeinträchtigt sei, daß man von Ungültigkeit der gesetzten Akte sprechen kann, ist zumindest bezweifelbar.

In can. 1081 § 2 CIC findet sich eine Formulierung, die in der Kanonistik manchen Klärungsprozeß verhindert hat. Die Vorstellung von Rechtsübertragung und -annahme bestimmt die Erörterungen der Simulation ebenso wie die der Impotenz. Sie ist aber unzutreffend[160].

Wenn Paulus im ersten Korintherbrief schreibt: „Die Frau hat nicht die Gewalt über den eigenen Leib, sondern der Mann; in gleicher Weise hat auch der Mann nicht die Gewalt über den eigenen Leib, sondern die Frau“[161], dann meint er damit dasselbe, was can. 1081 § 2 CIC ausdrücken will: das Recht, vom Ehegatten den Vollzug der Geschlechtsgemeinschaft zu erbitten. Es ist der Ehe wesentlich, daß sich Mann und Frau einander zur Gewährung des Ehevollzuges verpflichten. Jeder hat das Recht, den anderen zu bitten, und der andere soll sich nicht entziehen.

Can. 1081 § 2 CIC beschreibt den Weg, wie die Gatten das Recht auf den Ehevollzug erwerben, als Rechtsübertragung. Rechtsübertragung aber setzt Rechtsinhaberschaft beim Übertragenden voraus. Nur was ich habe, kann ich geben[162]. Das Recht auf den Vollzug der Geschlechtsgemeinschaft mit mir, das der Ehepartner erhalten soll, kann ich aber nicht selbst haben. Die Vorstellung eines Rechtes auf den Leib, das dem Partner bei der Eheschließung *übertragen* wird, ist schlechthin absurd.

Tatsächlich ist es Inhalt des Ehevertrages, Verpflichtungen *einzugehen* und Rechte *zu begründen*[163]. Die Definition des can. 1081 § 2 müßte etwa lauten: „Der Ehekonsens ist ein Willensakt, durch den jeder Partner sich ver-

---

160 Vgl. *Lüdicke* (Rechtsnatur). Neben der Sache liegend erscheinen Formulierungen wie die folgende, die *Villeggiante* (Incapacità 50) gebraucht: „Certamente l'omosessuale non è portatore di questo jus integrum (gemeint ist das ius in corpus), e, nel migliore dei casi, puo trasferire alla comparte un jus fortemente mutilum: ma allora è l'oggetto formale sostanziale del consenso che viene a mancare . . .“ Es verwundert nicht, daß eine solche Sicht des Ehevertrages den Zugang zu einer klaren rechtlichen Erfassung verbaut.

161 1 Kor 7, 4

162 Tatsächlich wird der Satz „Nemo dat quod non habet“ in diesem Zusammenhang gebraucht. *Boccafola* (Perpetuity 37) wendet ihn auf den Fall der Impotenz an: „An impotent person cannot make a valid contract to transfer the right to the use of his body for those acts suitable for propagation; if such use does not, in fact, exist: Nemo dat quod non habet.“ Das Recht auf die eigene eheliche Treue kann kein Kontrahent vor der Eheschließung selbst besitzen, es also auch nicht *übertragen*. Die Fähigkeit, die Treue zu wahren, ist dagegen kein Recht, sondern eine Tatsache. Den Gegenstand des Konsenses beschreibt *Gasparri* (De matrimonio I n. 3 S. 14) so: „. . . Matrimonium est verus contractus bilateralis. . . cum sit legitimus consensus duorum in idem placitum, obligationem inducens in utraque parte ex iustitia communitativa aliquid praestandi vel omittendi.“

163 Vgl. dazu auch oben § 3, 3a

pflichtet, dem anderen ausschließlich und unwiderruflich den Vollzug der Geschlechtsgemeinschaft zu gewähren." Dieser Satz ist unvollständig, weil er nicht alles aussagt, was Gegenstand der ehelichen Willenseinigung ist. Es geht aber um die Struktur: nur mit einer Formulierung dieser Art wäre richtig ausgedrückt, was im Ehekonsens geschieht: daß beide Kontrahenten Pflichten begründen, deren Kehrseite ein Recht des Partners ist[164].

Auf einen solchen rechtsbegründenden Vertrag kann der Rechtsgrundsatz angewendet werden: die Rechtswirksamkeit der erklärten Verpflichtungen und das Entstehen der entsprechenden Rechte hängt davon ab, daß die Erfüllung der Verpflichtungen möglich ist[165]. Nur wenn z.B. der Ehe-

---

164 Der Vertragsschluß ist ein rechtschaffender Vorgang, der mißverstanden ist, wenn man von der Übergabe von Rechten spricht. *Keating's* Formulierung (Legal Test 31 Anm. 23): „In this case nullity is based on ‚inexistentia obiecti contractus', not on ‚inexistentia consensus in contractum' " versperrt den Zugang zu der Erkenntnis, daß die Unmöglichkeit der Erfüllung der eingegangenen Verpflichtung die Nichtigkeitsursache des Vertrages ist, nicht die „Inexistenz des Rechtes". Allenfalls könnte man von einer Unmöglichkeit, das Recht *zu begründen*, sprechen. Ähnlich ungenau drückt sich *LaDue* (Love 44) aus, wenn er sagt: „The conjugal convenant can be invalid because the party lacks one or another of the essential ingredients constituting the material of the contract. This deficiency would not amount to a deliberate exclusion of the object, but rather to a lack of the object itself." Solche von scholastischer Begrifflichkeit herkommenden Aussagen können natürlich richtig verstanden werden. Ihre Gefahr liegt aber darin, daß sie das Verständnis rechtserheblicher Wirkmechanismen verdunkeln. Es wird später darauf einzugehen sein, daß die Rede vom fehlenden Konsensobjekt für die Unfähigkeit, eine Ehepflicht zu erfüllen, den Schluß auf das Vorliegen eines Konsensfehlers bewirkt, der mit den Konsensmängeln im Sinne des CIC kategoriell vergleichbar sei und eine Einordnung der Eheführungsunfähigkeit bei den Konsensmängeln rechtfertige. Die Formel vom fehlenden Konsensobjekt mit der Folgerung der Zuordnung zu den Konsensmängeln benutzt auch *Navarrete* (Mutationes 13). Aus der Rota-Rechtsprechung sei auf eine SRRDec c. Anné v. 25. Februar 1969 (in: DirEccl 81(1970II)219-234) hingewiesen, wo sich in den Nrn. 2 (letzter Absatz) und 3 (erster Absatz) der Ponens bemüht, mit den Begriffen scholastischer Philosophie die möglichen Konsensdefekte zu erfassen. *Villeggiante* (Incapacità 60-61) sieht das durch eine Konvergenz der scholastischen Philosophie und der modernen Wissenschaftsergebnisse für gerechtfertigt an. Bei der modernen Wissenschaft denkt er an die Psychologie. Der eigentliche Problempunkt ist aber die Diskrepanz zwischen Scholastik und präzisem Rechtsdenken.

165 Unter der Überschrift „Unmöglichkeit des Inhaltes des Eheconsenses" hat *Groß* (Lehrbuch 299/300) diesen Gedanken bereits zu Beginn dieses Jahrhunderts für nicht-physische Unmöglichkeiten erwogen. Er schreibt: „Gäbe es nun einen derartigen *geistigen* Zustand beim Menschen, welcher erfahrungsgemäß bei ungestörtem Verstandesgebrauch und voller Willensfähigkeit bloß die Vollziehung der in der ehelichen Vereinigung liegenden *ethischen Momente* bleibend und bestimmt unmöglich machte, so müßte

mann M potent ist, kann er verpflichtet sein, mit seiner Frau F die Ehe zu vollziehen. Nur dann kann F den Ehevollzug von ihm verlangen. Ist M impotent, kann er zwar eine Selbstverpflichtung erklären, doch schafft er damit keine Pflicht und kein Recht[166].

2. Die Ehe als gegenseitiger Vertrag

Mit der Feststellung, daß die Pflicht eines Gatten und das Recht des anderen nicht rechtswirksam entstehen, wenn die Erfüllung der Pflicht nicht möglich ist, wird nur die eine Hälfte des Ehevertrages erfaßt. Bleibt die Pflicht des anderen Partners bestehen, die nicht unerfüllbar ist?

Es ist keineswegs notwendig, daß in einem gegenseitigen Vertrag, in dem beide Partner Pflichten eingehen und Rechte begründen, mit der Unerfüllbarkeit der Pflicht des einen Partners auch die Pflicht des anderen wegfällt. Es kann durchaus Verträge geben, bei denen auch dann ein Interesse am Bestand der Leistungspflicht des einen Partners besteht, wenn die Pflicht des anderen zur Gegenleistung unerfüllbar ist.

Die Ehe ist aber kein Geschäft dieser Art. Hier kann keine einseitige Rechtsbeziehung bestehen. Es ist nicht möglich, daß M Ehemann der F ist, F aber nicht seine Ehefrau. Can. 1036 § 3 CIC bringt diese Tatsache zum Ausdruck, wenn er sagt, daß ein trennendes Ehehindernis, das nur bei einem Partner vorliegt, die ganze Ehe nichtig mache. Mörsdorf[167] nennt diese Besonderheit des Ehevertrages „Unteilbarkeit".

Die Ehe ist wesentlich Partnerschaft zweier Menschen, in der Rechte und Pflichten nur beiden zukommen können oder keinem. Nach christlichem Eheverständnis kann kein Partner ein Recht haben, das nicht auch dem anderen zukäme, kann keiner zu etwas verpflichtet sein, was nicht auch Pflicht des anderen wäre.

---

ein solcher ebenso und in ganz gleichem Umfange ein Ehehindernis bilden, wie es jener Zustand des Menschen, der die Vollziehung der in der ehelichen Vereinigung liegenden *physischen Momente* unmöglich macht, thatsächlich bildet. Einen derartigen geistigen Zustand des Menschen gibt es aber *nicht*."

166 *Ménard* (Invalidating Force 8) spricht von der Verpflichtung, ein Geschlechtsleben heterosexueller Art zu führen, als von einer „mutual obligation corresponding to a mutual right". Er bringt damit die Gegenseitigkeit ebenso zum Ausdruck wie den sachlichen Zusammenhang von Pflicht und Recht.

167 *Mörsdorf*, Lehrbuch II 166

Wenn die Unerfüllbarkeit der Pflicht eines Kontrahenten dazu führt, daß sie nicht rechtswirksam wird, kann auch sein Partner nicht in diesem Sinne verpflichtet sein. Wenn die unerfüllbare Pflicht so geartet ist, daß ohne ihre Rechtswirksamkeit ein Partner nicht Ehegatte wird, dann wird es auch der andere nicht: der ganze Ehevertrag scheitert.

3. Unerfüllbarkeit wesentlicher Pflichten

Die Ehe ist ein komplexes Gefüge von Rechten und Pflichten. Eine psychische Störung, die einem Partner die Erfüllung des Ehevertrages unmöglich macht, braucht nicht alle Pflichten zu betreffen, die mit der Ehe verbunden sind. Es ist zwar denkbar, daß eine psychische Störung sich so auswirkt, daß ein Partner als grundlegend unfähig zur Ehe erscheint, er also für eine nicht unterscheidbare Gesamtheit ehelicher Verpflichtungen erfüllungsunfähig ist. In den meisten Fällen wird der Gutachter jedoch begrenzte Beinträchtigungen feststellen können, die nur einen Teil der gegebenen Zusagen unerfüllbar machen. Es stellt sich dann die Frage, welche Pflichten betroffen sein müssen, damit der ganze Ehevertrag nichtig ist. Die Unterscheidung soll zunächst abstrakt getroffen werden, danach sind dann ein paar Gesichtspunkte zur konkreten Betrachtung aufzuzeigen.

a) Abstrakte Abgrenzung zwischen wesentlichen und unwesentlichen Vertragspflichten

Aus dem Rechtsgrundsatz der Unmöglichkeit war zu entnehmen, daß eine Verpflichtung ohne rechtliche Bindungskraft ist, die sich auf Unmögliches richtet. Ein Vertrag, in dem sich gleichartige Pflichten und Rechte beider Partner gegenüberstehen, scheitert als ganzer, wenn die Verpflichtungen eines Partners wegen Unmöglichkeit der Erfüllung nicht wirksam sind.

Bei einem Vertrag, der aus einem Gefüge mehrerer Pflichten und Rechte beider Partner besteht, braucht nicht notwendig die Erfüllung aller Pflichten eines der beiden unmöglich zu sein. So kann ein Ehepartner zur Lebensgemeinschaft und zum Geschlechtsvollzug sehr wohl fähig sein, die Treue aber nicht wahren können.

Kann der Vertrag bestehen, wenn ein Teil seines Inhaltes nicht zu verwirklichen ist? Wenn eine der mit ihm verbundenen Verpflichtungen nicht erfüllbar und damit rechtsunwirksam ist?

Die Antwort richtet sich nach der Bedeutung der unerfüllbaren Verpflichtung für die Ehe. Wenn sie zum unerläßlichen Grundinhalt der Ehe gehört, dann kann sie nicht fehlen, ohne daß die Ehe selbst entfiele. Wenn eine Pflicht der Ehe wesentlich ist, dann ist der Wesensbestand der Ehe zerstört, wenn die Pflicht nicht wirksam ist. Der Ehevertrag zielt auf mehrere verschiedene und verschiedenwertige Pflichten und Rechte. Eine Unterscheidung der wesentlichen und unwesentlichen Bestandteile ist erforderlich, um den Wesensbestand herauszuarbeiten und die Voraussetzungen der Ehegültigkeit definieren zu können. Nur wenn die Herstellung einer Pflicht-Recht-Beziehung nicht möglich ist, die wesentlich zum Ehevertrag gehört, muß der Vertrag als ganzer scheitern. Bei unwesentlichen Pflichten gilt das nicht[168].

Daß der Ehevertrag nichtig ist, wenn eine wesentliche Pflicht für einen Partner unerfüllbar ist, setzt voraus, daß der Inhalt der Ehe nicht veränderbar ist, nicht zur Disposition der Partner steht, nicht eingeschränkt werden kann. Bei einem Vertrag, über dessen Inhalt die Parteien verfügen können, führt die Unerfüllbarkeit einer vereinbarten Pflicht nicht notwendig zur Nichtigkeit. Die Parteien hätten den Vertrag ja auch inhaltlich enger fassen können und die unerfüllbare Pflicht nicht aufzunehmen brauchen. Diese Möglichkeit besteht jedoch beim Abschluß eines Ehevertrages nicht.

Die Rechtsgemeinschaft bestimmt, bei welchen Verträgen sie ihren Gliedern Gestaltungsfreiheit gewährt und bei welchen nicht. Wo die Folgen eines Vertrages privater Natur sind, wo kein öffentliches Interesse an dem Inhalt der Rechtsbeziehungen zwischen den Vertragspartnern besteht, da kann Gestaltungsfreiheit herrschen.

---

[168] Richtig stellt daher *Lefebvre* (Évolution 353) auf die „capacité de répondre à l'essentiel de l'engagement" ab. In einem Urteil des Ottawa Regional Tribunal c. Latrémouille v. 9. April 1969 (in: StC 3(1969)153-163, hier 156) wird zunächst aus Gaudium et Spes Nr. 50 zitiert (hier wird die deutsche Übersetzung nach LThK Vat III 440 wiedergegeben): „Die Ehe ist aber nicht nur zur Zeugung von Kindern eingesetzt, sondern die Eigenart des unauflöslichen personalen Bundes und das Wohl der Kinder fordern, daß auch die gegenseitige Liebe der Ehegatten ihren gebührenden Platz behalte, wachse und reife. Wenn deshalb das – oft so erwünschte – Kind fehlt, bleibt die Ehe dennoch als volle Lebensgemeinschaft bestehen und behält ihren Wert sowie ihre Unauflöslichkeit." Daran schließt sich in dem genannten Urteil folgende Überlegung an: „Naturally, we must distinguish in this description between the essential elements of marriage and those which are but complementary. However, if these complementary elements render impossible certain essential elements, such as fidelity, procreation, and stability, then, from a juridical position, they must be taken into consideration to establish to what extent they are opposed to a true matrimonial consent. . . An asocial type of person, one who is unstable, unable to have a moral appreciation and who, thus, is unable to guarantee the exercise of the obligations of marriage."

Bei Verträgen jedoch, die ganz bestimmte Wirkungen haben, die die ganze Rechtsgemeinschaft betreffen und sich nicht auf den privaten Bereich der Vertragspartner beschränken, gibt die Gemeinschaft den möglichen Vertragsinhalt vor. Die Parteien können sich entscheiden, *ob* sie den Vertrag wollen, aber nicht, welchen Inhalt er haben soll. Sie haben Vertragsschließungsfreiheit, nicht aber Gestaltungsfreiheit.

Zu den Verträgen, die man frei abschließen, nicht aber frei gestalten kann, gehört die Ehe. Bereits aus ihrer Hinordnung auf Nachkommenschaft wird klar, daß sie nicht nur im privaten Bereich der Vertragspartner Wirkungen zeigt. Vielmehr bestimmt sie die Rechtsstellung der Kinder, ihren Anspruch auf Unterhalt und ihre Chancen in der Gesellschaft. An die Ehe knüpfen sich eine Fülle von Folgen, die die Rechtsgemeinschaft betreffen, und die von dieser Gemeinschaft garantiert werden sollen. Die Verantwortlichkeit der Partner füreinander und für ihre Kinder, die vermögensrechtlichen Abhängigkeiten, die abstammungsrechtlichen Folgen, die Offenkundigkeit der Verwandtschaftsverhältnisse sind Konsequenzen der Ehe im öffentlichen Raum.

Die Ehegatten können nicht aushandeln, welche Pflichten und Rechte sie übernehmen und einander gewähren wollen und welche nicht. Schränken sie dennoch ihren rechtlichen Bindungswillen ein, vereinbaren sie z.B., daß keiner von ihnen das Recht auf den Vollzug der Ehe erwerben soll, dann bewirken sie nicht etwa, daß *ihre* Ehe einen eingeschränkten Inhalt hat, sondern daß ihr Verhältnis zueinander keine Ehe ist.

Wenn man davon ausgeht, daß die Ehe einen bestimmten vorgegebenen Inhalt hat – das kanonische Recht geht davon aus –, der lebenslange Bindung, Ausschließlichkeit, Ausrichtung auf die Nachkommenschaft u.a. umfaßt, dann muß man konsequenterweise sagen, daß die Partner über den Inhalt ihres Vertrages nicht verfügen können. Sie haben nur die Wahl zwischen einem so gearteten Vertrag, der vor der Gemeinschaft als Ehe gilt, oder einem nicht als solche anerkannten und benannten Verhältnis privater Art. Es steht nicht eine breite Palette von Gestaltungsmöglichkeiten zur Wahl, sondern nur die Alternative: Ehe oder nicht.

Wenn der Vertragsinhalt vorgegeben ist, wenn also die Partner nicht die Möglichkeit haben, durch ihre eigene Gestaltung festzulegen, was ihnen an ihrem Eheverhältnis wesentlich ist und was nicht, dann kann die Aussage darüber, welche Pflichten wesentlich zur Ehe gehören, allgemeinverbindlich sein[169]. Mit der gleichen Allgemeinheit, mit der die Ehe inhaltlich beschrie-

---

[169] Zutreffend wird der Zusammenhang von Wesentlichkeit und Allgemeinverbindlichkeit der Ehepflichten, die für den Ehevertrag unabdingbar sind, gesehen in einem Ur-

ben werden kann, läßt sich dann sagen, was die Partner wollen müssen, damit ihr Verhältnis eine vertraglich begründete Ehe ist, was sie nicht aus ihrem Willen ausschließen dürfen, ohne daß die Eheschließung scheitert, und schließlich – damit kommt unser Gegenstand wieder in den Blick –, was sie leisten können müssen, damit ihr Ehevertrag als erfüllbar bezeichnet werden kann.

Maßstab für die Unterscheidung von wesentlichen und unwesentlichen Ehepflichten muß sein, ob die Ehe ihren christlichen und sozialen Sinn behält, wenn eine bestimmte Pflicht nicht erfüllbar ist. Den Unterschied zwischen dem sozialen Sinn und der spezifisch christlichen Sinnhaftigkeit der Ehe gilt es zu beachten[170]. Zum sozialen Sinn muß man die Ausrichtung auf die Nachkommenschaft zu rechnen. Ehe ist der natürliche Raum für die Erzeugung und Erziehung von Kindern. Zum sozialen Sinn muß man die Ausschließlichkeit zählen, die die Sicherheit der Abstammungsverhältnisse bringt. Hierher muß man die Unauflöslichkeit rechnen, die die Beständigkeit des Familienverbandes garantiert.

Der spezifisch christliche Sinn der Ehe kommt zu den natürlich-sozialen Aufgaben hinzu: die Sakramentalität der Ehe als Antwort auf ihre Unwiderruflichkeit vor Gott; die Leibesgemeinschaft als unaufhebbares „Ein-Fleisch-Werden“ und als Abbild des Geheimnisses zwischen Christus und der Kirche[171]; die Heilsverantwortung der Gatten füreinander und für ihre Kinder.

Als Ergebnis unserer abstrakten Unterscheidung zwischen wesentlichen und unwesentlichen Pflichten des Ehevertrages ergeben sich zwei Prüfungsfragen:

Betrifft die Unfähigkeit eines Kontrahenten eine Pflicht, die zum Inhalt des Ehevertrages gehört? Und wenn ja: Verliert das Verhältnis der Partner seinen Sinn als Ehe unter sozialem und christlichem Blickwinkel, wenn die Pflicht unerfüllbar ist und daher nicht rechtwirksam sein kann?

---

teil des Ottawa Regional Tribunal c. Latrémouille v. 28. Oktober 1974 (in: StC 8(1974) 449-451, hier 450): „The essential distinction between this community of life “(d.h. der Ehe) ,,and others is that the object of the convenant or convention is not left to the free will of the parties; the object is permanent, exclusive, and ordained to the formation of a family, parents and children. The other benefits perhaps should not be called secondary, but they cannot be called essential, because they can vary greatly from one person to another because of character, knowledge, degree of intelligence, religious formation and education.“

[170] Vgl. *Lüdicke*, Impotenz 91-96

[171] Eph 5, 21-32

b) Konkrete Abgrenzung zwischen wesentlichen und unwesentlichen Vertragspflichten

In den meisten Fällen erscheint die Formulierung des abstrakten Prinzips leicht, die Beantwortung konkreter Fragen dagegen schwer. So ist auch an dieser Stelle zuzugeben, daß eine einwandfreie und abschließende Verteilung der ehevertraglichen Pflichten auf die Kategorien „wesentlich" und „unwesentlich" zur Zeit nicht möglich erscheint. Noch nicht einmal die Frage kann zufriedenstellend beantwortet werden, welche Pflichten sich überhaupt aus dem Ehevertrag ergeben[172]. Wir hatten bei der abstrakten Unterscheidung der Ehe-

---

[172] Aus den zahlreichen Bemühungen um den Inhalt des Ehevertrages und die wesentlichen Pflichten, die sich aus ihm ergeben, sei folgendes referiert: *Murtagh* (Approach 323) fügt den Begriff des consortium vitae den Wesensgütern der Ehe im Sinne des can. 1086 § 2 hinzu. *Lefebvre* (Jurisprudence 377 Anm. 5) bemerkt hingegen beiläufig, bei den wesentlichen Verpflichtungen (obligations essentielles) handele es sich um die in can. 1086 § 2 genannten. Weit über den bisher anerkannten Inhalt rechtserheblicher Willensbeschränkungen im Sinne des genannten can. geht *Morrisey* (Incapacity 9) hinaus. Er schreibt: „If we admit that certain elements are essential to the community of conjugal life such as: 1) the balance and maturity required for a truly human form of conduct; 2) the relationship of interpersonal and heterosexual friendship; 3) the aptitude to co-operate sufficiently for conjugal assistance; 4) mental balance and the sense of responsibility required for the material welfare of the home; and 5) the psychic capacity to participate in the care for and education of the children, than the voluntary exclusion of any of these will necessarily exclude the validity of marriage." In seinem Artikel über die gerichtliche Bedeutung der ehelichen Liebe setzt *Murtagh* (Amor 52) eine Bejahung der Wesensgüter der Ehe mit dem amor conjugalis gleich, hofft jedoch, durch die Umbenennung und das Abstellen auf den amor conjugalis in der Rechtsprüfung bisher unlösbare Fälle lösen zu können und den Ausschlußwillen ersetzen zu können durch das Fehlen des umfassenden Willens. Das scheint mir ein juristisch wenig gelungener Kunstgriff zu sein, für den man sich nicht auf das II. Vatikanum berufen sollte.

Aus dem Teil „in jure" einer Berufungsentscheidung des Gerichts von Montreal v. 20. April 1972 abstrahiert *Lesage* Kriterien über die Natur und Anwendung des Begriffs „consortium vitae". Er stellt das Recht auf die omnis communitas vitae neben das Recht auf omne actum coniugalem (Consortium vitae 99) und versucht dann, die Erfordernisse des consortium vitae in konkrete, rechtlich aufweisbare Elemente auszuformulieren (ebd. 101). Die 15 Elemente, die er als für das consortium vitae wesentlich bezeichnet und deren Fehlen in einem vitalen Grad den Partner eines *wesentlichen Rechtes der Ehe* beraube, enthalten u.a.: hingebende Liebe, Beachtung des Gewissens des Gatten in sexuellen Beziehungen, gemeinsame Verantwortung der Gatten für die Schaffung ehelicher Freundschaft, beiderseitige Verantwortung für die Beschaffung des Lebensunterhalts, Selbstbeherrschung und Mäßigung, Höflichkeit und Freundlichkeit des Charakters und der Umgangsformen, Objektivität und Realismus in der Beurteilung der Geschehnisse des Familienlebens usw. (ebd. 103/104). Mit diesen „wesentlichen Elementen" des consortium vitae ist der Bereich dessen, was der Ehe unter rechtlichem Gesichtspunkt wesentlich ist, wohl weit überschritten in den Raum dessen hinein, was das Zeitbedingte, Wünschenswerte, individuell Verschiedene, ja oft konkret Unrealisierbare einer individuellen Partnerschaft ausmacht. Bei der Richtigkeit des Ansatzes, daß es um die Ausformulierung rechtlich faßbarer wesentlicher Ehepflichten gehe, überrascht die von *Lesage* gemachte Ausführung seines Vorhabens als Verstoß gegen den selbstgesetzten Ausgangspunkt. (Kritisch zu den 15 Elementen *Lesage's* äußert sich *LaDue*, Love 52). Unbefriedigend ist aber auch die Wertung des Begriffs „intima communitas vitae et amoris coniugalis", den Gaudium et Spes Nr. 48 verwendet, als nicht zum Wesen des Ehevertrages gehörend, wie es in einer SRRDec c. Fiore v. 30. November 1968 (in: EphIC 26(1970)197-208) geschieht. Ist mit der Formulierung des Konzils auch noch kein rechtlich unmittelbar handhabbarer Begriff geschaffen, so kann man doch diese als Wesensbeschreibung gedachte Aussage nicht für rechtlich irrelevant erklären. So heißt es auch in einer SRRDec c. Anné v. 25. Februar 1969 (in: Monitor 96(1971)21-39, hier 29): „Propositio haec Concilii Vaticani II sensum iuridicum habet." Ergebnis der Erörterungen Anné's über das obiectum formale des Ehekonsenses ist folgende Aussage: „Rectius, itaque, consensus matrimonialis definitur: actus voluntatis quo vir et mulier foedere inter se seu irrevocabili consensu constituunt consortium vitae coniugalis, perpetuum et exclusivum, indole sua naturali ad prolem generandam et educandam ordinatum. Obiectum, exinde, formale substantiale istius consensus est non tantum ius in corpus, perpetuum et exclusivum, in ordine ad actus per se aptos ad prolis generationem, excluso omni alio elemento formali essentiali, sed complectitur etiam ius ad vitae consortium seu communitatem vitae quae proprie dicitur matrimonialis, necnon correlativas obligationes, seu ius ad «*intimam personarum atque operum coniunctionem*», qua «se invicem perficiunt ut ad novorum viventium procreationem et educationem cum Deo operam sociant» (Enc. «Humanae vitae»)." Eine andere Sicht der Dinge kommt in einer überaus traditionalistischen Entscheidung der Apostolischen Signatur c. Staffa v. 29. November 1975 in einer Utrechter Ehesache (in: Apollinaris 49(1976)31-48, hier 38) zum Ausdruck: „*Matrimonium in facto esse* definitur «intima communitas vitae et amoris coniugalis». Ceterum notio matrimonii uti «vitae coniugalis communio» (cfr. can. 1128), «communio vitae» (cfr. can. 1129), «consortium totius vitae», «coniunctio consuetudinem vitae retinens» et alia huiusmodi est tuitissima in traditione canonica. Unde ex illa notione Con.Vaticani II, nihil novi in re iuridica erui potest." Damit dürfte die Intention der Konzilsaussage wohl nicht ausgeschöpft sein. Auch ist damit der Einwand nicht getroffen, der gegen das Utrechter Urteil in erster Linie zu erheben war. Dort hatte es geheißen (zit. nach dem Urteil der Ap. Signatur): „Ce mariage est invalide: parce qu'il n'y a jamais en question une intime 'communauté de vie et d'amour conjugal'." Zu betonen gewesen wäre die Gewährung des Rechtes auf die Lebensgemeinschaft bzw. die Fähigkeit dazu, weil es auf die tatsächlich gewonnene Gemeinschaft nicht ankommt. Mit der Bestreitung jeder Relevanz der communitas vitae et amoris für die Gültigkeit der Ehe geht das Gericht weiter, als der Fall es erforderte. Vom Verständnis der communitas vitae bei den Griechen, Römern und Germanen sowie bei den christlichen Autoren bis zum II. Vatikanischen Konzil handelt eine SRRDec c. Masala v. 12. März 1975 (in: EphIC 32(1976)271-279).

Ein weiterer Versuch, die rechtliche Erheblichkeit der ehelichen Liebe zu klären, ist der Artikel von *LaDue* (Love) mit Verarbeitung unveröffentlichter Rota-Rechtsprechung. Weiterhin ist hinzuweisen auf *Navarrete* (Structura), der den amor conjugalis als im Recht nicht handhabbaren Begriff ansieht. Anders steht er zu der rechtlichen Handhabbarkeit des Begriffs consortium vitae conjugalis. Gegen *Navarrete's* Ablehnung der juridischen Erheblichkeit der ehelichen Liebe wendet sich *Eysink* (Huwelijksliefde 75). Er meint: „De vraag naar de rechts-theologische relevantie van de huwelijksliefde wil uiteraard niet zeggen dat de geldigheid van de huwelijk afhankelijk is van een bepaalde graad van volmaaktheid van de huwelijksliefde. . . Waar het om gaat is dat de partners de werkelijke *wil* tot een ‚intima communitas vitae et amoris' tot uitdrukking brengen of ook dat de partners überhaupt *in staat zijn* om een dergelijke gemeenschap te realiseren." (ebd. 80). Mit der Lehre Pauls VI. in seiner Rota-Ansprache v. 9. Februar 1976 (AAS 68 (1976)204-208) über eheliche Liebe und ehelichen Konsens beschäftigt sich *Navarrete*, Amor. Das Ergebnis, das *Caffarra* (Charitas 618) bei Würdigung der rechtlichen Erheblichkeit der ehelichen Liebe erzielt, läuft auf eine Umetikettierung des can. 1086 § 2 hinaus: „Quaestioni propositae «*qua mensura defectus amoris coniugalis impedit ut consensus causet matrimonium iuridice validum*» nostro iudicio respondendum est: «ea nimirum mensura qua defectus talis est ut partes consentientes et sese mutuo coniugaliter foederantes excludant vel unitatem vinculi vel indissolubilitatem ipsius vel ius ad actus per se aptos ad prolis generationem». Sauberer erscheint da doch die Formulierung einer SRRDec c. Pinto v. 30. Juli 1969 (in: Monitor 69(1971)510-514, hier 511): „Igitur, qui matrimonium contrahit non amore ductus . . . dummodo nec matrimonium ipsum, nec ius ad actus vere coniugales, nec essentiales matrimonii proprietates positivo voluntatis actu excludat, verum matrimonium contrahit, quin matrimonialem consensum ullo pacto simulet." Ebenfalls klar ist die Aussage der Apostolischen Signatur in dem vorstehend erwähnten Urteil c. Staffa v. 29. November 1975 (in: Apollinaris 49(1976)31-48, hier 42): „Si . . . amor accipiatur ut actus voluntatis quo sponsi mutuo «sese tradunt atque accipiunt» ac constituuntur maritus et uxor, amor idem est ac consensus matrimonialis. Hoc actu unusquisque coniugum dat alteri propriam personam atque personam alterius acceptat, et quidem in perpetuum et exclusive, in ordine ad actus qui sua natura sunt maxime expressivi amoris coniugalis. Nisi eliciatur hic actus voluntatis, qui essentialiter est traditivus suipsius – ac proinde actus amoris – matrimonium non initur. Hoc sensu et tantum hoc sensu, amor pertinet ad causam efficientem, intrinsecam et essentialem, contractus matrimonialis et consensus matrimonialis vocari etiam posset actus amoris, quo voluntas utriusque partis tradit et acceptat ius in corpus, perpetuum et exclusivum, in ordine ad actus per se aptos ad prolis generationem, id est ad actus proprios amoris coniugalis." Zu den Aussagen des Konzils und der Rechtserheblichkeit der ehelichen Liebe vgl. auch *Fedele* (Innovazioni 370-380) und *Sanson* (Jurisprudence 14-29).

Ahern (Incapacity 234) weist auf die Veränderbarkeit der Ehe und ihrer Pflichten hin: „What it means to be a husband or a wife, a father or a mother has varied greatly throughout the ages. Duties concerning the procreation and education of children are not the same today as they were hundred years ago. . . Consequently, matrimonial obligations can vary, i.e., be greater or less, even as to things that are essential in marriage." Diese Aussage wird mit Vorsicht aufzunehmen sein, soweit von der Veränderbarkeit der *Wesens*merkmale der Ehe gesprochen wird und der Veränderlichkeit der *wesentlichen* Ehepflichten. Zuzugeben ist aber sicher, daß die Formulierung des Wesensbestandes der Ehe stets neuem Überdenken zugänglich ist. Gegen die Verengung des Wesens der Ehe auf das „ius in corpus" wendet sich *de la Hera* (L'ordonnance).

pflichten vorstehend unter a) abschließend zwei Fragen formuliert, anhand derer sich feststellen ließ, ob eine bestimmte Unfähigkeit eines Kontrahenten von Belang für die Gültigkeit seiner Ehe ist. Zu beiden Fragen wollen wir einige Gesichtspunkte nennen.

(1) Die Pflichten des Ehevertrages

Schon wenn wir wissen wollen, welche Pflichten Inhalt des Ehevertrages sind, bewegen wir uns in rechtlichen Kategorien. Ehe sich aber die Frage unter diesem präzisen Ansatz stellen läßt, sind Vorarbeiten notwendig, die nicht primär Aufgabe der Rechtswissenschaft sind.

Das Wesen der Ehe zu bestimmen, die Beziehungen der Partner untereinander vor Gott und der Gemeinschaft zu beschreiben, ist im Rahmen der Suche nach dem christlichen Ehebild zunächst Aufgabe der Theologie[173]. Sie muß die Erkenntnisse der Wissenschaften über den Menschen und die Gesellschaft im Lichte der Offenbarung interpretieren und bewerten. Das Ergebnis ihrer Arbeit müßte eine Beschreibung der Ehe sein, aus der die Kanonistik rechtserhebliche Grundlinien entnehmen und ausformulieren kann. Das Zweite Vatikanische Konzil hat eine Wesensbeschreibung der Ehe versucht[174]. Die dort aufgereihten Aussagen über die Ehe in eine Werthierarchie zu bringen und rechtliche verwertbare Akzente zu setzen, ist Aufgabe der Theologie und besonders der Kanonistik.

Zwei Gesichtspunkte sind bei einem solchen Umsetzungsprozeß besonders zu beachten: die Wandelbarkeit des Bildes der Ehe und der Unterschied zwischen Recht und Moral.

(a) Das Bild der Ehe, und zwar sowohl das natürlich-soziale wie das spezifisch christliche, ist nicht unwandelbar. Die Aufgabe, die die Lebensgemeinschaft von Mann und Frau in der sozialen Umwelt wahrnimmt, verändert sich mit der Entwicklung der Umwelt selbst. So war z.B. nicht immer die Ehe der Raum für die Erziehung der Kinder, sondern die Großfamilie, der Clan, in den die Kinder des Ehepaares aufgenommen wurden, ohne daß eine besonders enge oder gar ausschließliche Beziehung zu den leiblichen Eltern entstand. Mit dem Wegfall der Großfamilie im mitteleuropäischen Kulturkreis ist die Ehe

---

[173] *Morrisey* (Legislation 344): „In the field of marriage, law and jurisprudence depend upon the theological definition of marriage." Vgl. auch ausführlich zum Verhältnis von Jurisprudenz und Theologie *Sanson* (Jurisprudence).

[174] Gaudium et Spes Nr. 48

stärker Ort der Kindererziehung geworden. Die Aufgabe der Partner beschränkt sich nicht mehr auf die Erzeugung der Nachkommen, sondern umfaßt jetzt in vollem Maße die Versorgung und Erziehung der Kinder[175].

Auch die christliche Sicht der Ehe ist Entwicklungen und besserer Erkenntnis durchaus zugänglich. Die Neubewertung der Gattenbeziehung und die Beseitigung der unguten Stufung der Ehezwecke sind Schritte des Konzils in Richtung auf eine Neubesinnung, die das spezifisch Christliche der Ehe deutlicher erkennbar macht.

(b) Auf dem Wege von der Beschreibung der Ehe in theologischen Begriffen hin zu der rechtlichen Aussage, welche Pflichten der Ehevertrag beinhaltet, ist eine Gefahr zu beachten und sorgfältig zu vermeiden: mit der ehelichen Zusage verbundene moralische Pflichten dürfen nicht mit Rechtspflichten verwechselt oder gar gleichgesetzt werden. Es ist z.B. die Frage zu prüfen, ob die Pflicht für die Ehegatten, mit keinem anderen Partner Geschlechtsgemeinschaft zu haben, eine Rechtspflicht ist oder ein Gebot der Moral[176]. Die Ehe

---

[175] Ausführlich befaßt sich *Brown* (Incompetence 154-156) mit den sozialen Veränderungen, die von Einfluß sein können auf das, was Ehegatten leisten können müssen, damit ihre Beziehung Aussicht auf Gelingen hat.

[176] Anlaß zu dieser Prüfung bietet eine Verschiebung im Verständnis der ehelichen Treuepflicht in der Rechtsprechung der Rota. Ältere Urteile gingen davon aus, daß eine Ehenichtigkeit nur dann in Frage komme, wenn sich ein Partner die Fortführung oder Aufnahme eines eheähnlichen Verhältnisses mit einem anderen Partner als dem Ehegatten vorgenommen hatte, wenn er einer dritten Person ein Recht auf den Geschlechtsakt gewähren wollte. „Hoc (sc. bonum fidelitatis) excluditur cum contrahentes in matrimonii celebratione intendant, praeter traditionem et acceptationem iuris ad actus coniugales cum altero contrahente, etiam ius aut obligationem ad actus coniugales cum tertia persona." (SRRDec c. Quattrocolo v. 20. Mai 1930 Bd. 22(1930)282-296, hier 283/284). Erst bei der Gewährung eines Rechtes auch an eine dritte Person wurde die Pflicht des Ehevertrages als rechtserheblich beeinträchtigt angesehen. In neueren Urteilen hingegen wird es für einen ehevernichtenden Willensvorbehalt als ausreichend angesehen, wenn ein Kontrahent ganz allgemein die Absicht hat, die Treue nicht zu wahren. Hier erscheint die Pflicht des Ehevertrages schon als beeinträchtigt, wenn zwar nur der Ehegatte ein Recht auf den Geschlechtsvollzug erhalten soll, der Kontrahent sich selbst aber Freiheit vorbehält. *Flatten* (Treuepflicht 340) hat schon 1951 die Akzentverschiebung in der Rota-Rechtsprechung scharf herausgearbeitet. Die Alternative im Verständnis des ius in corpus exclusivum lautet in seiner Formulierung: „Entweder bedeutet die Exklusivität, daß ausschließlich der Ehepartner das Recht hat, daß ihm der geschlechtliche Verkehr gewährt wird. Oder aber die Exklusivität besagt, daß der Ehepartner das Recht hat, daß ausschließlich ihm der geschlechtliche Verkehr gewährt wird." *Flatten* vertritt die Meinung, lediglich das zweite Verständnis werde dem wahren Sinn des ius exclusivum gerecht. Außerehelicher Geschlechtsverkehr sei mehr als fornicatio, sei in

bringt einerseits Pflichten mit sich, bei denen eine Zuordnung leicht erscheint: etwa den Partner nicht eifersüchtig zu machen, seine Personwürde zu achten, ihm Gewissensfreiheit zu gewähren. Problematisch wird aber schon die Charakterisierung etwa der Pflicht zur gegenseitigen Hilfe im Sinne des can. 1013 CIC. Ist hier ein Gebot der Moral gemeint, oder kann diese Pflicht in rechtlich handhabbaren Begriffen gefaßt werden? Was bedeutet der Ehezweck der „Bedürfnisbefriedigung" (remedium concupiscentiae)? Ist die Ehe als Mittel zur Stillung eigener Bedürfnisse gemeint, oder ergibt sich hier eine Pflicht, dem Verlangen des Partners Abhilfe zu schaffen? Wo verläuft hier die Grenze zwischen Recht und Moral?

Die Abgrenzung zwischen Rechtspflicht und Moralgebot ist ausschlaggebend dafür, ob aus einer bestimmten Unfähigkeit die Nichtigkeit der Ehe folgt. Nur wenn ein Partner zu etwas unfähig ist, was zu seinen Rechtspflichten gehört, was er also leisten können muß, damit der Vertrag wirksam ist, dann ist die Ehe möglicherweise nichtig. Ist er lediglich zur Erfüllung einer moralischen Forderung unfähig – etwa seine Frau nicht absichtlich eifersüchtig zu machen –, dann ist die Gültigkeit seiner Ehe davon nicht betroffen.

Es geht nicht um Tendenzen, also nicht darum, möglichst die Zahl der Nichtigkeitsursachen einzuschränken. Es ist vielmehr notwendig, sachlich richtig vorzugehen. Jede Unterscheidung, die für das Ergebnis erheblich ist,

---

vollem Sinne Ehebruch, Kontraktbruch. Leider begründet er seine Meinung nicht näher. Seine Stellungnahme erscheint von einem christlich verantwortbaren Ehebild her plausibel. Dennoch: wie weit geht die *Rechts*pflicht? Lautet das *rechtliche* Verbot, dessen Verletzung die Ehe nichtig macht, nicht nur darauf, allein dem Partner ein Recht einzuräumen, das *moralische* Verbot jedoch weitergehend, sich auch selbst keine Freiheit vorzubehalten? Es kann nicht leicht behauptet werden, daß die Veränderung der Rota-Rechtsprechung eine Wandlung im Verständnis der *Rechts*pflicht anzeige. Ausführungen, die ein Urteil im konkreten Fall begründen müssen, haben immer stark beweistechnischen Einschlag. Es ist möglich, daß die Rota früher nur die Kriterien anders faßte, aus denen heraus ein rechtserheblicher Willensvorbehalt als bewiesen erschien. Die Forderung, der Vorsatz eines Kontrahenten müsse aufgezeigt sein, daß er einer bestimmten Person ein Recht auf die copula gewähre, kann reine Beweisregel sein. Ist damit aber nicht vielleicht richtig ausgedrückt, daß „ius exclusivum" bedeutet, sich nur einem Partner gegenüber zu ehelichen Akten zu verpflichten? Und daß eheliche Untreue, die nicht auf das entsprechende Recht einer dritten Person antwortet, ein Verstoß allein gegen ein moralisches Gebot ist, wenn auch ein schwerer Verstoß gegen ein gravierendes Gebot der Moral? Die Entscheidung dieser Frage ist wichtig, weil die genaue Umschreibung der *Rechts*pflicht nötig ist, um sagen zu können, welche Unfähigkeit die Ehe nichtig macht. Zur Unterscheidung von rechtlichen und moralischen Verpflichtungen vgl. L. *de Naurois*, Obligation juridique et obligation morale, in: Mélanges offerts au Professeur Louis Falletti, Paris 1971, 423-431.

muß beachtet werden. Es gilt, sich vor der überstürzten Suche nach Ehenichtigkeitsgründen ebenso zu hüten wie vor der Abwehr eines jeden Gesichtspunktes, der nicht geläufig ist. So wie jeder Mensch ein natürliches Recht auf die Ehe hat, so hat er auch einen Rechtsanspruch, eine nichtige Ehe für nichtig erklärt zu bekommen. Dieser Anspruch verpflichtet nicht nur die Gerichte, sondern auch die kanonistische Wissenschaft[177].

(2) Wesentliche und unwesentliche Pflichten

Ob eine Pflicht wesentlich ist oder nicht, kann erst gesagt werden, wenn feststeht, daß sie überhaupt zum Inhalt des Ehevertrages gehört. Dann jedoch erhebt sich die Frage: was bleibt, wenn diese Pflicht und das mit ihr verbundene Recht des Partners entfällt? Besteht dann noch eine Ehe, eine Beziehung zwischen den Partnern, die vor Gott und der kirchlichen Gemeinschaft unwiderruflich bindet?[178]

---

[177] Von daher hat die SRRDec c. Serrano v. 5. April 1973 (in: RevEspDerCan 30 (1974)107-128) vielleicht Anstoß-Funktion, indem sie die Rechtserheblichkeit der Fähigkeit zu interpersonalen Beziehungen herauszuarbeiten sucht. Es handelt sich dabei um einen Ehefall aus der Diözese New Orleans, der naturgemäß in Amerika besonderes Interesse fand und – soweit ersichtlich – folgende Arbeiten ausgelöst hat: William A. *Schumacher*, Interpersonal Communication in Marriage, in: StC 9(1975)5-35; *ders.*, The Importance of Interpersonal Relations in Marriage, in: StC 10(1976)75-112; Martin E. *Lavin*, The Rotal Decision Before Serrano, April 5, 1973: Some Observations Concerning Jurisprudence, Procedure, and Risk, in: Jurist 36(1976)302-316. Auch José-Maria *Serrano Ruiz* selbst hat einige Gedanken seines Urteils noch einmal aufgegriffen in seinem Artikel „Le droit à la communauté de vie et d'amour conjugal comme objet du consentement matrimonial", in: StC 10(1976)271-301.

[178] *Ahern* (Incapacity 238/239) erwähnt aus einem Urteil, das in einem Band zu privatem Gebrauch umlaufe, die Feststellung, daß es ganz klar sei, daß der Ehe eigentümliche Verpflichtungen für verschiedene konkrete Ehen verschieden sein könnten: „While there is no marital obligation on a whealthy husband to work, there may well be such an obligation in the case of a husband without private means." Die Pflicht *zu arbeiten* ist wohl der falsche Ansatzpunkt der Betrachtung. Beiden Ehen ist die Pflicht der Gatten eigen, die Familie wirtschaftlich zu unterhalten. Wie das im Einzelfall zu geschehen hat, dürfte wohl nicht in den Bereich der Pflichten fallen, die mit der Ehe wesentlich verbunden sind. Grundvoraussetzung der Beurteilung, ob eine Pflicht zum Wesensbestand des Vertrages gehört, ist die genaue Untersuchung des wirklichen Inhaltes der fraglichen Pflicht. Der Satz: „The fact, that these peculiares obligationes can vary from marriage to marriage is self-evident", der sich in einer Urteilssammlung der Canon Law Society of Great Britain findet (wegen des Reproduktionsverbotes kann keine nähere Bezeichnung erfolgen), kann so wohl nicht unterschrieben werden. Die Pflichten, die erfüll*bar* sein müssen, sind für jede Ehe gleich, wenn sie wesentlich sein sollen. Ob sie in einer konkre-

Die Antwort auf die Vorfrage steht zunächst noch aus. Die Bemühungen um Aussagen darüber, welchen Inhalt der Ehevertrag theologisch und rechtlich gesprochen hat, sind in Literatur und Rechtsprechung zahlreich[179]. Von abschließenden Ergebnissen kann man aber noch nicht sprechen, so daß auch die Aufnahme des „Rechtes auf die Lebensgemeinschaft" in den can. 303 § 2 SE75 zwar der herrschenden Tendenz entspricht, aber noch keineswegs auf gesichertem Boden steht[180].

---

ten Ehe tatsächlich erfüllt werden müssen, ist, wie sich an dem genannten Beispiel des Familienunterhalts zeigt, eine andere Frage. Das Urteil scheint von der unausgesprochenen Vorstellung auszugehen, daß nur solche Unfähigkeiten eine konkrete Ehe verungültigen, die auch das Mißlingen dieser Ehe bewirken. „For example, where a couple is so wealthy that servants abound and money for the upkeep of the matrimonial establishment and the common life is no problem, it would be meaningless to suggest that the ability of the wife to keep house, or the husband to bring home a pay-packet, are necessary for the community of life that makes marriage. On the other hand, the inability of another couple in much more humble circumstances, to attend to these matters might be something of quite critical importance." So kann man aber nicht argumentieren. Verfällt das erste Paar in Armut, kommt die Unfähigkeit zur Selbsterhaltung deutlich zum Tragen. Wenn die Fähigkeit, für die Familie zu sorgen, Voraussetzung einer gültigen Ehe ist, dann ist sie nicht durch zufällig vorhandenes Vermögen ersetzbar. Eine Ehe ist ja auch dann wegen Impotenz nichtig, wenn der impotente Mann vom Altar weg verhaftet und zu lebenslänglicher Freiheitsstrafe verurteilt wird, obwohl seine Beischlafsfähigkeit so niemals auf die Probe gestellt wird. Die Gültigkeit einer Ehe hängt nicht davon ab, ob eine bestimmte Unfähigkeit zum Scheitern der Ehe führt, sondern ob sie dem Wesen der Ehe widerspricht.

179 *Ahern* (Incapacity 239) nennt einige Pflichten, die jeder Ehe eigen seien: „The capacity of the parties to form a community, to make necessary self-sacrifices, to judge with sufficient maturity about common matters, to give one another the perpetual and exclusive right to marital relations." Es ist klar, daß hier Pflichten sehr verschiedener Art und Rechtserheblichkeit nebeneinander gestellt sind.

180 Rota-Urteile zum consortium vitae communis als Objekt des Konsenses führt *Lefebvre* (Évolution 353 mit Anm. 24) an. Die Apostolische Signatur verlangt, ehe das ius ad vitae communionem als Recht und Pflicht, die sich von den drei Ehegütern unterscheiden lassen, in der Rechtsprechung verwandt wird, eine genaueste Umschreibung der konstitutiven Elemente dieses Rechtes und dieser Pflicht (Dec v. 5. Dezember 1972, Prot.N. 3196/72, in: Apollinaris 46(1973)281-292, hier 291). Einen Versuch, die Rechtserheblichkeit des in can. 303 SE75 verwendeten Ehemerkmals des „consortium vitae" zu erhellen, macht *Murtagh* (Approach). Daß er dabei letztlich auf „presence or absence of the consortium vitae" als Indiz für die Gültigkeit oder Nichtigkeit der Ehe abstellt (ebd. 371), ist kein befriedigendes Ergebnis. Es führt ihn selbst zu der Frage, die er als explosiv bezeichnet, ob der Zusammenbruch einer Ehe ein Indiz dafür sei, „that the consortium vitae was never present" (ebd.). Vgl. dazu *Wrenn* (Cohabitation), der zeigt, wie der Ausschluß der Wohngemeinschaft von der Rota zwar nicht als Grund für

Die hier zu untersuchende Abgrenzung zwischen wesentlichen und unwesentlichen Pflichten hat ebenfalls noch nicht gezielt stattgefunden[181]. Das Problem der Unerfüllbarkeit ehevertraglicher Pflichten ist immer noch so neu, daß eine thematische Aufarbeitung der Frage, welche Pflichten für den Bestand des Ehevertrages wesentlich sind, noch nicht vorliegt. Selbst die im CIC genannten Pflichten zur Geschlechtsgemeinschaft, zur Erzeugung und Erziehung von Nachkommenschaft, zur Lebensgemeinschaft, zur Ausschließlichkeit und Treue, zur Unauflöslichkeit und gegenseitigen Hilfe und Bedürfnisbefriedigung sind daraufhin noch nicht hinreichend untersucht[182].

---

die Nichtigkeit der Ehe, wohl aber als Indiz, wenn nicht gar als Grundlage einer Vermutung behandelt worden ist, daß Nichtigkeitsgründe im Sinne des can. 1086 § 2 CIC gegeben seien. Vgl. weiterhin *Sanson* (Jurisprudence 29-35).

181 Eine abstrakte Abgrenzung gibt Anné (SRRDec v. 25. Februar 1969 in: EphIC 26(1970)419-442). Er bezeichnet das Eheband als bestehend aus einer „summa relationum iuridicarum, ethicarum et socialium talium quales matrimonii propriae sunt et ab eisdem re non distinguitur. . . Inter has relationes, aliae sunt essentiales, sine quibus matrimonium non habetur, aliae integrantes quae quidem momentosae sunt ut matrimonium perfecte verificetur. . . " (ebd. 430).

182 Zur *Geschlechtsgemeinschaft: Lefebvre* (Jurisprudence 382) erwähnt ein eigenes Urteil (SRRDec v. 2. Dezember 1967 Bd. 59(1967)798-807) in einem Fall von Homosexualität, in dem sich die Unfähigkeit des Mannes nicht auf den Vollzug ehelicher Akte an sich bezog, so daß also keine absolute Unfähigkeit vorlag, sondern daß für ihn nur die Unmöglichkeit gegeben war, eine *normale* sexuelle Aktivität auszuüben. Das konnte nach Meinung *Lefebvre's* nur zu einem Constat-Urteil führen. Er bezieht das Nichtkönnen nicht allein auf die Beischlafsfähigkeit, sondern auf die Normalität der sexuellen Betätigung. Das geht qualitativ über das bisher anerkannte Recht hinaus. (Ebenso *Navarrete*, Incapacitas 65). Nach einer SRRDec c. Anné v. 3. Februar 1973, über die *Lefebvre* (Jurisprudence 383/384) referiert, sei das Objekt des Ehekonsenses nach dem Konzil nicht mehr nur das ius in corpus im engen Sinne, sondern die „communauté de vie hétérosexuelle perpétuelle et exclusive." Der Homosexuelle sei „incapable aussi bien d'accepter que d'assurer la communauté de vie volue." (ebd. 384).

Zur *Nachkommenschaft: Ahern* (Incapacity 237 mit Anm. 16) meint, daß die Erziehung der Kinder, genauer ihre Aufzucht, wesentliche Pflicht der Ehe sei. „Thus if a party considered himself free to abandon his children after birth, and married with the intention of doing this, his marriage would be invalid." Vgl. dazu auch *de la Hera* (L'ordonnance). *Finnegan* (Jurisprudence 449) zählt Fälle auf, in denen seiner Meinung nach eine Person zur Leistung der Pflicht zur Nachkommenschaft unfähig ist. Mit der Begründung, der nichtkatholische Partner einer Mischehe habe bei der Eheschließung die Absicht gehabt, die katholische Erziehung der Kinder zu verhindern, erklärt ein Urteil des Portsmouth Dioecesan Tribunal c. O'Ryan v. 29. Mai 1974 (in: StC 8(1974)433-438) die Ehe für nichtig. „An intention of the sort envisaged is so destructive of any true community in so far as a committed Catholic is concerned that it inevitably nullifies the matrimonial consent." (436). Als Begründung wird die Lehre des Paulus in 1 Kor 7

Damit steht die Rechtslehre und -praxis aber nicht ohne jedes verläßliche Fundament da. Die Aussagen des II. Vatikanischen Konzils über die Ehe haben die bisher für wesentlich gehaltenen Bestandteile des Ehevertrages nicht relativiert. Auszugehen ist also auch fernerhin davon, daß einer Ehe die Geschlechtsgemeinschaft ebensowenig fehlen darf wie Einheit und Unauflöslichkeit. Dabei umfaßt die unitas matrimonii nicht nur die Einpaarigkeit, sondern auch die Ausschließlichkeit im Sinne ehelicher Treue. Was gemäß can. 1086 § 2 CIC einem Ehevertrag nicht kraft willentlichen Ausschlusses fehlen darf, ohne ihn zu vernichten, kann ihm auch nicht kraft Unmöglichkeit der Verwirklichung fehlen. Das wissenschaftliche Bemühen muß dahin zielen zu erforschen, ob eine bessere Erkenntnis des Wesens der Ehe, angestoßen etwa durch die Konzilsaussagen, dazu führt, auch andere Pflichten des Ehevertrages als unabdingbar anzusehen. Grund-Aussage für eine solche Erforschung, die jeder Arbeit in dieser Sache zugrundegelegt werden muß, ist: Nur die Rechtspflicht ist dem Ehevertrag wesentlich, die nicht fehlen darf, ohne daß die Beziehung der Partner den Charakter der Ehe verlöre. Nur die Unerfüllbarkeit einer solchen Pflicht macht die Ehe nichtig.

---

angeführt, wonach eine Ehe mit einem ungläubigen Partner getrennt werden solle, wenn dieser nicht zu friedlichem Zusammenleben bereit sei. „It is a logical step to argue that where two Christians contract marriage, with one party intending to frustrate the right of the other to educate their children in the fulness of the Faith, such a contract is invalid; there is no truly Christian community of life and love possible. To hold that such a union is sacramental is absurd." Die Berufung auf das Privilegium Paulinum ist hier wohl nicht angebracht. In Frage kommt allenfalls der Gesichtspunkt der arglistigen Täuschung, zumal das Urteil die Lage als weniger klar bezeichnet, wenn sich der katholische Partner auf die Absicht des Nichtkatholiken einläßt. Von daher überrascht die Sicherheit, mit der das Gericht die Nichtigkeit der Ehe ausspricht.

Zur *Unauflöslichkeit:* Für unfähig zur unauflöslichen Lebensgemeinschaft hält *Ménard* (Invalidating Force 18/19) den Homosexuellen.

Zur *Bedürfnisbefriedigung: Murtagh* (Consortium Vitae 130) erwägt auch einen positiven Willensausschluß des remedium concupiscentiae als Nichtigkeitsgrund, allerdings unter einem erweiterten Gesichtspunkt, nämlich des Ausschlusses des „Rechtes auf die Lebensgemeinschaft (right to the communion of life)". Wenn ein Partner, in der Regel der Mann, die Ehe schließt, um seine Frau als Mittel zur Befriedigung der eigenen sexuellen Bedürfnisse zu gebrauchen, so ist nach *Murtagh* zu fragen, ob hier ein wirkliches ius in corpus, ein Recht auf die Lebensgemeinschaft übertragen wird. Das Problem stellt sich dann auch unter dem Gesichtspunkt der Unerfüllbarkeit einer entsprechenden Pflicht.

Zum *mutuum adiutorium: Fedele* (Innovazioni 378) meint, daß die Beseitigung der Hierarchie der Ehezwecke im Entwurf der Codex-Reform-Kommission nicht die Übernahme der personalistischen Theorie der Ehe bedeute, die das mutuum adiutorium zum Wesen der Ehe zähle.

IV. Zusammenfassung

Als Konsequenz aus dem Rechtsgrundsatz der Unmöglichkeit haben wir als Bestandteile des Ehenichtigkeitsgrundes der Eheführungsunfähigkeit einige Aussagen erarbeitet: Die Eheführung muß unmöglich sein, d.h. ein Partner muß unfähig sein, eine aus dem Ehevertrag folgende Pflicht zu erfüllen. Die Pflicht muß für die Ehe wesentlich sein. Die Erfüllung der Pflicht muß dem Partner in seiner individuellen Struktur, gemessen an objektiven Maßstäben unmöglich sein, und die Ursache dafür muß in einer Störung seiner psychischen Struktur liegen. Daraus ergibt sich folgende Definition der Eheführungsunfähigkeit:

> Eheführungsunfähigkeit liegt vor, wenn eine Person aufgrund einer Störung ihrer psychischen Struktur nicht fähig ist, eine dem Ehevertrag wesentliche Rechtspflicht zu erfüllen.

2. KAPITEL

ABGRENZUNGEN UND UNTERSCHEIDUNGEN

§ 13

Ehefühungsunfähigkeit und psychische Impotenz

These: *Im derzeit geltenden Gesetzesrecht gibt es nur einen Tatbestand, der den Begriff der Eheführungsunfähigkeit aufgrund einer Störung der psychischen Struktur ausfüllt: die psychisch verursachte Impotenz im Sinne des can. 1068 § 1 CIC.*

Daß sich das wissenschaftliche Interesse der Eheführungsunfähigkeit, dem Unvermögen zur Erfüllung der mit dem Ehevertrag gegebenen Verpflichtungen, zugewandt hat, ist relativ neu. In der Tat hat erst die Erforschung psychischer Strukturen die Erkenntnis über die Auswirkungen psychischer Störungen auf die Gültigkeit der Ehe in bedeutenderem Umfang vorangebracht. Es verwundert deshalb nicht, daß das Eherecht des CIC keinen Tatbestand kennt, der unserer Definition der Eheführungsunfähigkeit entspricht. Dennoch wird von den Normen des CIC eine Fallgestaltung erfaßt, die auch den Begriff der Eheführungsunfähigkeit ausfüllt: die psychisch verursachte Impotenz, d.h. die Beischlafsunfähigkeit, die psychische Störungen zur Grundlage hat.

Die Fälle, die in can. 1068 § 1 CIC ihre zusammenfassende gemeinsame Beschreibung finden, könnte man sich als einen Kreis veranschaulichen, der sich mit einem anderen Kreis überschneidet, der seinerseits für alle Fallgestaltungen steht, die die Definition der Eheführungsunfähigkeit ausfüllen.

Der erste Kreis, mit dem die vielfältigen Gestaltungen der Impotenz gemeint sind, umfaßt alle Arten von Unfähigkeit der Ehegatten, miteinander den Geschlechtsakt zu vollziehen. Die Fähigkeit zum Geschlechtsvollzug ist zugleich die Fähigkeit, eine dem Ehevertrag wesentliche Pflicht zu erfüllen. Diese Pflicht, die in can. 1081 § 2 CIC ausdrücklich erwähnt wird, geht dahin, mit dem Partner, wenn er es billigerweise wünscht, die eheliche copula zu vollziehen. Wer diese Pflicht nicht erfüllen kann, ist impotent im Sinne des can. 1068 § 1 CIC. Unter näheren Voraussetzungen, wenn nämlich die Impotenz der Ehe vorausgeht und unheilbar ist, ist die Ehe eines so betroffenen Partners nach Auskunft des genannten can. nichtig.

Der Codex läßt es offen, auf welchen Ursachen die Impotenz beruhen kann. Er versteht die Impotenz lediglich als die Unfähigkeit, die eheliche copula zu vollziehen, und damit als Unfähigkeit, eine der Ehe wesentliche Pflicht zu erfüllen[183].

Auch die Eheführungsunfähigkeit im Sinne der gegebenen Definition hat es mit der Unerfüllbarkeit wesentlicher Ehepflichten zu tun. Dieser zweite Kreis erfaßt *alle* der Ehe wesentlichen Pflichten, beschränkt sich aber auf die Fälle, in denen die Unerfüllbarkeit dieser Pflichten psychische Ursachen hat.

Es ist klar erkennbar, welche Merkmale beider Bereiche durch die psychisch bedingte Impotenz erfüllt werden, wie also die Kreise „Impotenz" und „Eheführungsunfähigkeit" sich überschneiden. Die psychisch bedingte Impotenz ist, wenn man sie als die auf einer Störung der psychischen Struktur beruhende Unfähigkeit versteht, die Pflicht zum Mitvollzug der Geschlechtsgemeinschaft dem Partner gegenüber zu erfüllen, sowohl als Impotenz im Sinne des can. 1068 § 1 CIC beschreibbar, als auch als Eheführungsunfähigkeit im Sinne der Definition[184].

---

183 Es kann hier offen bleiben, was „copula" inhaltlich meint: ob lediglich die Vereinigung der Geschlechtsorgane oder darüber hinaus die effusio veri seminis. Die Impotenz wird deswegen als ehevernichtend angesehen, weil sie unmöglich macht, was möglich sein muß, damit die Ehe ihren Sinn nicht verliert: die Geschlechtsvereinigung der Gatten. Wie diese Einigung beschaffen sein muß, um den Sinn der Ehe sicherzustellen, ob dazu die bloße potestas coeundi ausreicht oder ob eine sogenannte copula perfecta oder gar eine copula satiativa nötig ist, wie in der Codex-Reform-Kommission erörtert worden ist (vgl. Communicationes 6(1974)188-193), kann hier dahinstehen. Es geht hier nur um die Feststellung, daß Impotenz die Unerfüllbarkeit einer der Ehe wesentlichen Verpflichtung bedeutet.

184 James H. Provost sieht in der Anerkennung der psychisch verursachten körperlichen Impotenz den entscheidenden Schritt vom Begriff der Impotenz als copula-Unfähigkeit hin zur Berücksichtigung der psychisch bedingten Unfähigkeit zu anderen Ehepflichten in der kirchlichen Eherechtsprechung (in einem nicht näher bezeichneten Urteil in: Jurist 33(1973)418-428, hier 420/421).

Die Überschneidung der beiden Beschreibungen zwingt zu der Feststellung, daß Impotenz und Eheführungsunfähigkeit eine gemeinsame Grundstruktur haben. Sie weichen insofern voneinander ab, als die Impotenz im Sinne des can. 1086 § 1 CIC nicht nur psychisch verursachte Fälle von copula-Unfähigkeit meint, die Eheführungsunfähigkeit dagegen nur Störungen mit psychischer Ursache. Andererseits reicht die Eheführungsunfähigkeit weiter, indem sie die Unerfüllbarkeit auch anderer Pflichten erfaßt als der zum Mitvollzug der Geschlechtsgemeinschaft.

Zugleich mit dem Gemeinsamen beider Tatbestände ist auch das nicht Gemeinsame zu sehen[185]. Die Frage, ob die in can. 1068 § 1 CIC genannten einschränkenden Merkmale, die die ehevernichtende Impotenz charakterisieren, auch für die Eheführungsunfähigkeit zutreffen, ist nicht einfach schon durch den Aufweis einer gemeinsamen Grundstruktur beantwortet. Es bedarf später noch gesonderter Überlegungen zur Relativität der Eheführungsunfähigkeit (vgl. § 17), zum Unheilbarkeitserfordernis und zum ausschlaggebenden Zeitpunkt, in dem die Unfähigkeit vorliegen muß (vgl. § 18).

---

185 *Lesage* (Jurisprudence 16) will die in einem körperlichen Fehler zutage tretende Impotenz von dem Erfüllungsunvermögen aufgrund psychischer Defekte deswegen unterscheiden, weil letztere das Konsensobjekt „consortium vitae" beträfen, die Impotenz dagegen nicht. „Un défaut purement somatique ne s'oppose pas au consortium vitae, car celui-ci est, par essence, d'ordre moral et il doit subsister au sein de tous les avatars physiques, «for better and for worse»." Diese Zuordnung der Lebensgemeinschaft zur moralischen Ordnung, diese Abspaltung der geschlechtlichen Vollziehbarkeit der Ehe von der Lebensgemeinschaft mutet lebensfremd an. Es ist auch nicht zu sehen, wie die psychisch bedingte Impotenz hier zuzuordnen ist. Kommt es auf die Unfähigkeit zum leiblichen Vollzug oder auf die Störung der psychischen Struktur an, die die Lebensgemeinschaft affiziert? Ohne nähere Begründung beantwortet *Lesage* (Jurisprudence 18) die Frage so: „Le ius ad corpus peut être affecté non seulement par le refus formel des parties, mais aussi par leur incapacité radicale de faire l'acte conjugal, incapacité qui constitue l'empêchement d'impuissance si elle est physique (c. 1068), et qui est une vice de consentement si elle est psychique (c. 1086)." Die hier fehlende Begründung kann in seinem Artikel „Psychic Impotence" gefunden werden. Zu einer Kritik dieser Arbeit ist an dieser Stelle kein Raum.

Anderer Ansicht ist *Keating* (Legal Test 31). Er stellt fest, daß das Konzept eines eheverungültigenden Defektes in Form der Unfähigkeit „to carry out the substance of the contract" im kanonischen Recht und in der Rechtsprechung im trennenden Ehehindernis der unheilbaren Impotenz anerkannt sei. Für die physische Impotenz wie für die psychische Inkompetenz gelte, daß eine Person, die eine wesentliche Eheverpflichtung nicht erfüllen kann, als unfähig gelten müsse, sie zu übernehmen (Legal Test 34).

§ 14

Eheführungsunfähigkeit und Fehlverhalten

These: *Die Eheführungsunfähigkeit darf nicht einfach aus einem bloßen Fehlverhalten eines Kontrahenten gefolgert werden, ohne daß die Ursache dieses Fehlverhaltens, nämlich eine Störung der psychischen Struktur, geklärt ist.*

Eheführungsunfähigkeit ist von der Ehevertragsunfähigkeit dadurch zu unterscheiden, daß bei ihr die Störung der psychischen Struktur ihre Auswirkung im Bereich der Eheführung zeigt, d.h. bei der Verwirklichung dessen, was im Ehevertrag zugesagt worden ist. Erster Anhaltspunkt für die Überlegung, ob eine Ehe eventuell wegen Eheführungsunfähigkeit nichtig sein könnte, ist deswegen das Verhalten eines Ehepartners in der Ehe, genauer ein Fehlverhalten, durch das er gegen Rechtspflichten aus dem Ehevertrag verstößt.

Mit der oben formulierten These wird ein Merkmal der Definition der Ehevertragsunfähigkeit erläutert: daß sie durch eine Störung der psychischen Struktur verursacht sein muß. Anhand eines Beispieles, das in ähnlicher Form jederzeit für ein kirchliches Ehegericht praktisch werden kann, soll gezeigt werden, wie notwendig es ist, die Ursächlichkeit der psychischen Strukturstörung zu beachten[186], wenn man nicht Fälle nach den Regeln der Ehevertragsunfähigkeit behandeln will, die absolut nicht hierher gehören.

Fall 1: Der Mann M hat, wie sich im Laufe der Beweisaufnahme in einem Ehenichtigkeitsprozeß ergibt, eine Frau F geheiratet, die eine seiner zahlreichen Freundinnen vor der Ehe war. Nacheinander und auch gelegentlich

---

[186] *Russon* (Assessment 57) schreibt: „Obnoxious and otherwise abnormal behaviour, per se, is not always indicative of personality disorder and a lack of psychic capacity for marriage: only that behaviour which can with reasonable certainty be associated with a psychic impairment or loss of function can be considered to be indicative of lack of capacity.“

gleichzeitig hatte M zu mehreren Frauen Intimverhältnisse unterhalten, und er hatte diese Verhältnisse z.T. über die Eheschließung hinweg aufrechterhalten und auch noch neue Beziehungen angeknüpft. In der Beweisaufnahme wird ferner deutlich, daß der Begriff „eheliche Treue" in seiner Umgebung als Fremdwort galt.

Die Ehefrau F und die Zeugen wurden u.a. gefragt, ob M ihrer Meinung nach fähig gewesen sei, die eheliche Treue zu wahren. F, die von M nie gehört hatte, daß er ihr vielleicht gar nicht treu sein wollte, bewertet seine sexuellen Ausschreitungen laienhaft dahin, daß er zur ehelichen Treue gar nicht fähig gewesen sei. Auch die Zeugen, die den Lebenswandel des M beobachtet haben, sind der Ansicht, er habe mit einer Frau allein nicht auskommen können. Er sei zur ehelichen Treue unfähig gewesen.

Ist der Schluß gerechtfertigt, M sei eheführungsunfähig gewesen? Die Antwort kann sich zunächst aus der Einlassung des M selbst ergeben.

a) So ist es z.B. möglich, daß M ehrlich aussagt, er habe gar kein Motiv gehabt, seiner Frau treu zu sein. Er habe sich das nie vorgenommen, und vielfältiger geschlechtlicher Umgang sei für ihn eine Selbstbestätigung gewesen, die er nicht entbehren mochte. Da ihm zudem niemand wirklich nahegebracht habe, welchen Wert eheliche Treue für ihn und für seine Ehe haben könne, habe er keinen Grund gehabt, auf seine verschiedenen Intimverhältnisse zu verzichten.

Auf die Frage, was er getan hätte, wenn man ihn vor die Alternative gestellt hätte, auf seinen freizügigen sexuellen Umgang zu verzichten oder aber zur kirchlichen Trauung nicht zugelassen zu werden, antwortet er, daß er sich dann mit der standesamtlichen Trauung begnügt hätte. Dort wäre ihm eine solche Alternative nicht gestellt worden.

Bei einer solchen Aussage des M klärt sich das Bild. Es wird deutlich, daß sein Fehlverhalten nicht Folge einer Unfähigkeit war, sich an die Regeln des Ehevertrages zu halten, sondern Konsequenz seiner Einstellung zur ehelichen Treue und seines Willens zu wechselndem geschlechtlichem Umgang, Folge der Verneinung der genannten Regeln[187]. Hat die Klage auf Feststellung der

---

[187] Ein deutliches Beispiel für einen vergleichbaren Fall schildert die SRRDec c. Anné v. 16. Juli 1968 (in: Monitor 94(1969)408-416). Es handelt sich hier um einen Mann, der aus Gründen eines egoistischen Lebensstiles keine Kinder aus der Ehe wollte und von seiner Frau einmal absichtlich über die unfruchtbare Zeit getäuscht wurde, ein anderes Mal aufgrund eines beiderseitigen Irrtums eine Schwangerschaft herbeiführte. Als Klagegrund ist in der genannten Zeitschrift angegeben: „ob incapacitatem ex parte viri tradendi comparti ius in corpus et sibi correlativam assumendi obligationem nonobstante bina prole, nata contra viri voluntatem" (ebd. 408). Weder die Rechtsausführun-

Nichtigkeit wegen Eheführungsunfähigkeit des M gelautet, so ist es nach seiner Einlassung im dargestellten Sinne an der Zeit, den Klagegrund zu wechseln und den Beweis einer Simulation zu versuchen.

b) Wenn M aber nun nicht so aussagt, wie unter a) geschildert wurde, sondern sich vor dem kirchlichen Gericht keine Blöße geben will, weil er weiß, daß sein Verhalten mißbilligt wird, dann ist die Lage weniger durchschaubar. Selbst wenn M angibt, er habe bei der Eheschließung die feste Absicht gehabt, der F treu zu sein, sämtliche Intimverhältnisse zu beenden und keine neuen anzuknüpfen, ist noch nichts sicher erwiesen. Gilt der Mann nach dem pfarramtlichen Zeugnis und nach dem Eindruck, den er bei seiner Vernehmung macht, als glaubwürdig, bestätigen darüber hinaus die Zeugen diesen Eindruck, dann verstärkt sich der Verdacht, daß M zur ehelichen Treue nicht fähig war.

Man muß aber sehr deutlich sehen, daß dieser Verdacht nur negativ zu begründen ist: es ist kein anderer Grund in der Beweisaufnahme sichtbar geworden, der zu dem Fehlverhalten des M geführt haben könnte. Um sicher urteilen zu können, M sei wirklich unfähig zur Wahrung der ehelichen Treue gewesen, reicht diese Feststellung nicht aus. Es muß eine positive Ursache ermittelt werden, die zur Untreue des M geführt hat.

Es stellt sich hier die Alternative einer – nicht gestandenen– Simulation oder einer Eheführungsunfähigkeit. (Eine dritte Möglichkeit wird anhand von Fall 2 aufzuzeigen sein.) Beiden Klagegründen sollte im Prozeß nachgegangen werden. Es können sich dann folgende Ergebnisse zeigen:

aa) Die Simulation wird durch Zeugen bewiesen. Dann fehlt es zwar am Geständnis des M, doch ist der Nachweis auch ohne dieses möglich und ausreichend.

bb) Die von M nicht gestandene Simulation läßt sich nicht erweisen. Dann entfällt dieser Punkt als mögliche Stütze eines Nichtigkeitsurteils. Es bleibt also für die Nachforschung die Eheführungsunfähigkeit übrig. Sie ist im gewählten Fall nicht eben sehr wahrscheinlich, doch möglich, und zwar auch

---

gen noch die Darstellung des Beweisergebnisses reden deutlich von einer solchen Unfähigkeit. Der einzige Satz, der zwischen Rechtslage und Beweisergebnis eine Verbindung schafft, lautet: „Nefariae conditiones a viro mulieri propositae . . . luce clarius demonstrant absolutam illius voluntatem in procreationem adversam" (ebd. 416). Zu Recht stellt das Urteil nicht auf die Unfähigkeit ab, zumal dem Mann nicht die Gewährung des Rechtes auf die eheliche copula unmöglich war (es wurden die unfruchtbaren Perioden genutzt), sondern allenfalls eine heftige Aversion gegen Kinder bestand, was zu Recht in einer SRRDec c. De Jorio v. 23. Juni 1971 (in: DirEccl 82(1971II)198-201) als etwas vom ius in corpus zu Unterscheidendes bezeichnet wird.

neben der unbeweisbaren Simulation[188]. Mehr als einen Verdacht in dieser Richtung kann man aus dem bisherigen Beweisergebnis nicht entnehmen.

Könnte man davon ausgehen, daß eine Eheführungsunfähigkeit vorliegt, wenn M *nicht simuliert hat?* Wenn er guten Willens war? Wenn also seine Einstellung und Willenshaltung als Motiv für sein Fehlverhalten entfällt? Diese Frage soll anhand des Falles 2 beantwortet werden.

Fall 2: In diesem Falle zeigt sich zunächst das gleiche äußere Bild: M hat von seinen zahlreichen Freundinnen die F geheiratet und die Verhältnisse zu anderen Frauen teils fortgesetzt, teils neu begonnen. Ehefrau und Zeugen stehen auf dem Standpunkt, er sei zur ehelichen Treue nicht fähig.

M wird selbst gehört. Er sagt ehrlich, d.h. wahrheitsgemäß aus, er habe bei der Eheschließung die beste Absicht gehabt. Er habe gewußt, was die Treue für die Ehe bedeutet, habe auch gewußt, daß er sich durch die Eheschließung zur Treue verpflichtete. Er sei gewillt gewesen, diese Treue zu halten und habe die Ehe bewußt als Alternative zu seinem bisherigen Verhalten verstanden und gewollt. Dennoch habe er es nicht fertiggebracht, seinen bisherigen Freundinnen den Abschied zu geben, und es sei ihm auch nicht gelungen, auf die Anknüpfung neuer Verhältnisse zu verzichten.

Es ergeben sich im Verfahren keine Zweifel an der Ehrlichkeit des M. Pfarrer, Vernehmungsrichter und Zeugen bescheinigen, daß er eine aufrichtige Natur habe und man seinen Aussagen glauben könne. Ist hier der Verdacht nicht geradezu dringend, daß M durch Frau und Zeugen richtig beurteilt wurde, wenn sie sagten, er sei zur Treue unfähig? Es sei ihm nicht möglich gewesen, die eheliche Treue zu wahren?

Muß aus dem Fehlen einer Simulation geschlossen werden, daß sein Fehlverhalten Folge einer Unfähigkeit war, normgerecht zu handeln oder zu unterlassen? Ein solcher Schluß wäre unzulässig[189]. Im geschilderten Fall 2 ist nur aufgewiesen, daß M bei der Eheschließung nicht die Absicht gehabt hat, sich

---

188 Vgl. dazu unten § 16

189 Auf die Gefahr, daß das Scheitern einer Ehe zum Anlaß genommen wird, um in der Vergangenheit des Paares zu stöbern in der Hoffnung, dort einen Fehler zu finden, der auf die Nichtexistenz der Ehe schließen lasse, weist *Boulanger* (Problèmes) hin. Er sieht in der Ausdehnung des Nichtigkeitsgrundes des Erfüllungsunvermögens auf sämtliche ernsten Geisteskrankheiten, auf Charakter- und Persönlichkeitsstörungen usw. die deutliche Gefahr einer gewissen Akrobatik. Dabei wisse man gut, daß in vielen Fällen das Scheitern der Ehe anderen Faktoren zuzuschreiben ist als dem angegebenen kanonischen Nichtigkeitsgrund.

ehewidrig zu verhalten. Es gibt aber mehrere Möglichkeiten, seine Verstöße gegen die eheliche Treue zu begründen[190].

a) M kann nach der Eheschließung seine feste Absicht, die er bei der Eheschließung hatte, zugunsten seines bisherigen Lebensstiles fallen gelassen haben. Dann ist sein Fehlverhalten durch seinen Willen gesteuert, der zwar bei der Eheschließung nicht so ausgerichtet war – daher keine Simulation –, sich aber später geändert hat.

Eine solche Willensänderung kann nicht ohne vernünftigen Grund angenommen werden. Es müssen sich Anhaltspunkte ergeben, worauf die Sinnesänderung des M beruht, warum er von seinen Vorsätzen Abstand genommen hat und warum er sich für die Fortführung seines vorehelichen Lebensstiles entschieden hat.

b) M hat seine Vorsätze nicht aufgegeben, sich aber dennoch nicht daran gehalten. Seine Untreue stellt sich als Folge einer Schwäche dar, die ein Handeln gegen gute Vorsätze und gegen bessere Überzeugung nicht eben selten macht.

Eine solche Schwäche gehört zur normalen Befindlichkeit des Menschen. Wer ihr gelegentlich (oder auch häufig) erliegt, wird weder vom Recht noch von der Moral als unfähig angesehen, die entsprechende Verpflichtung zu erfüllen. Weder Moral noch Recht gehen davon aus, daß jemand, der aus allgemeinmenschlicher Schwäche gegen Gebote der Moral oder des Rechtes verstößt, nicht verpflichtet sei, solche Gebote zu beachten, weil ihm das nicht möglich sei. Die Verletzung der ehelichen Treue hat nur dann rechtliche Erheblichkeit für die Gültigkeit der Ehe, wenn sie in einer Unfähigkeit des M beruhte, sie zu wahren. Von Unmöglichkeit kann man aber erst sprechen, wenn die Fähigkeiten der Person so weit von ihrem natürlichen und der Ehe angemessenen Zustand abweichen, daß eine unüberwindliche Diskrepanz zwischen Forderung und Leistungsfähigkeit besteht. Es wurde oben (§ 1 Nr. 2) schon betont, daß die Gültigkeitsvoraussetzungen der Ehe dem gesunden Menschen angemessen sind. Im nachparadisischen Zustand der Menschheit gehört die Schwäche in der Erfüllung des Gebotenen zum normalen Menschen.

Gestünde man der Schwäche, der Versuchung zur Untreue zu widerstehen, den Charakter einer Unfähigkeit zu, dann müßte jeder nicht auf voller Überlegung beruhende Ehebruch Beweis für die Unfähigkeit zur Wahrung der

---

190 Auch *Lefebvre* (Jurisprudence 385 mit Anm. 40) unterscheidet zwischen der „*manière* de pratiquer la communauté de vie conjugale", die „*ne* doit pas être considérée comme revenant à l'absence d'objet du consentement prévu", und dem Verhalten, das eine Manifestation eines pathologischen oder psychopathischen Zustandes ist.

Treue sein. Man verschöbe dann die Grenze dessen, was man von einem Menschen rechtlich und moralisch verlangen kann. Man entließe ihn aus allen Pflichten, die zu erfüllen ohne Bemühen und Anstrengung nicht gelingt.
c) M hat seine Vorsätze nicht aufgegeben und sich nicht willentlich seinem vorehelichen Lebensstil wieder zugewandt. Er hat sich auch um die Wahrung der Treue bemüht. Es ergeben sich aber – anders als bei der Möglichkeit b) – Anzeichen dafür, daß seine psychische Struktur dahingehend gestört ist, daß ihm die Wahrung der Treue nicht möglich ist. Die nähere Untersuchung des psychischen Zustandes des M durch einen Gutachter ergibt eine entsprechende Diagnose. Es wird festgestellt, daß die psychische Struktur des M eine Störung aufweist, die ihm die Beschränkung auf einen Geschlechtspartner unmöglich macht, und zwar in der Weise, daß seine Fähigkeit, dem Drang zur Aufnahme sexueller Beziehungen zu widerstehen, beseitigt ist.

Erst bei einer solchen Fallgestaltung haben wir es mit Eheführungsunfähigkeit zu tun. Erst hier liegt eine wirkliche Unmöglichkeit für M vor, die mit der Eheschließung übernommene Pflicht zur Beachtung der ehelichen Treue zu erfüllen. Nur in diesem Falle entzieht sich sein Verhalten seiner eigenen Steuerung und Einflußnahme. Nur bei einer solchen Sachlage kann M als nicht gesund, d.h. als habituell von der Normalbefindlichkeit abweichend bezeichnet werden. Nur dann kann M als rechtlich unfähig betrachtet werden, eine Ehe zu führen, und das ist die Voraussetzung für die rechtliche Folgerung, daß der von ihm geschlossene Ehevertrag nicht rechtswirksam ist. Die nötigen Tatsachen muß das psychiatrische Gutachten ergeben.

Die beiden Beispielsfälle sollen der Verdeutlichung der Tatsache dienen, daß ein Fehlverhalten eines Partners allein nicht Beweis für seine Eheführungsunfähigkeit sein kann[191]. Es ist nur erstes Indiz, es schafft den sogenannten „fumus boni iuris“, auf den hin entsprechende Untersuchungen angestellt werden.

Das Fehlverhalten gewinnt an indizierender Kraft, wenn andere Ursachen ausscheiden und die Eheführungsunfähigkeit als mögliche Erklärung des Fehlverhaltens übrig bleibt. So verdichtet die Feststellung, daß eine Simulation

---

191 *Finnegan* (Jurisprudence 450) weist darauf hin, daß es auf die Fähigkeit zur Beachtung der ehelichen Vertragspflichten ankommt, nicht auf die tatsächliche Beachtung. „Thus, although marital fidelity is not of the essence of marriage (for a marriage can exist without fidelity), yet the power to be faithful is of the essence of matrimony.“ Daraus folgt: „The eventual non-observance of an essential obligation, or the mere material violation of an essential right, does not argue to an incapacity to assume the right and obligation which one proposes, or at least knows, he will not honor.“

nicht vorliegt[192] – eine nie zwingend zu beweisende Feststellung! –, ebenso den Verdacht wie die Aussage des Betroffenen, er habe sich redlich um die Einhaltung der übernommenen Verpflichtung bemüht. Damit werden aber nur andere Ursachen ausgeschlossen. Die denkbaren Gründe, die ein Fehlverhalten verursachen oder motivieren können, sind nicht abschließend aufzählbar. Im Wege des Ausschlusses kann der Beweis nicht erbracht werden, daß eine Eheführungsunfähigkeit als einzige Erklärung übrigbleibt. Wie man eine Ehe nicht wegen Simulation für nichtig erklären kann, weil ein Partner sich so verhält, als habe er die Treue nicht gewollt, so kann man auch nicht auf die Eheführungsunfähigkeit schließen, weil keine andere Ursache des Fehlverhaltens erwiesen ist. Das Ehenichtigkeitsurteil kommt in keinem Falle ohne positiven Nachweis aus, daß der behauptete und urteilstragende Klagegrund wirklich vorliegt. Die Nichtigkeit der Ehe kann nur dann mit Eheführungsunfähigkeit begründet werden, wenn die entsprechende Störung der psychischen Struktur positiv nachgewiesen ist.

---

192 *Murtagh* (Amor 55) will die Unfähigkeit vor der Simulation prüfen. Wenn feststellbar ist, daß wohl nie eine „true conjugal love" – worunter er die willentliche Bejahung der Wesensgüter der Ehe versteht – gegeben war, dann will er zwei Erklärungen untersuchen: a) daß die betroffene Person keine echte eheliche Liebe (im genannten Sinne) geben konnte, oder b) daß die betroffene Person sie nicht geben wollte. Mag auch logisch die Unfähigkeit vor der Unwilligkeit liegen, so ist das doch hier nicht der Fall, weil es sich bei der Unfähigkeit nicht um die des Wollens handelt, sondern um die der Verwirklichung des Gewollten. Letztere aber im Prozeß vor den Willensmängeln zu untersuchen, kann man aus beweistechnischen Gründen nicht empfehlen. Bezeugungen des mangelnden Ehewillens sind leichter zu erlangen als zuverlässige Auskünfte über die psychischen Fähigkeiten eines Partners zur Zeit der Eheschließung.

§ 15

Eheführungsunfähigkeit und andere Nichtigkeitsgründe nach dem CIC

These: *Die Eheführungsunfähigkeit kann zugleich mit und unabhängig von allen anderen Ehenichtigkeitsgründen – Willensmängeln, Ehehindernissen und Formmängeln – vorliegen.*

Die Eheführungsunfähigkeit und die Ehenichtigkeitsgründe, die sich aus den Normen des CIC ergeben, liegen mit einer Ausnahme auf verschiedenen Ebenen. Diese Ausnahme ist die Impotenz im Sinne des can. 1068 § 1 CIC. Sie ist, wie schon festgestellt wurde (§ 13), ein Fall von Unfähigkeit, eine Pflicht aus dem Ehevertrag zu erfüllen[193]. Insoweit stimmt sie mit dem Begriff der Eheführungsunfähigkeit überein. Beide Fallgruppen sind dadurch charakterisiert, daß der rechtserhebliche Sachverhalt im Bereich der Verwirklichung dessen liegt, was im Ehevertrag zugesagt wird. Die Unmöglichkeit, das zu leisten, was im Ehevertrag als rechtliche Verpflichtung erklärt worden ist, ist der Ansatz der Eheführungsunfähigkeit und der Impotenz.

Alle anderen Ehenichtigkeitsgründe, und zwar Ehehindernisse, Ehewillensmängel und Fehler der Form liegen auf einer anderen Ebene. Sie beseitigen die Gültigkeit des Eheschlusses unmittelbar, indem sie ihm eine rechtliche Schranke setzen (Hindernisse), die Wirkursache der Ehe unzulänglich machen (Willensmängel) oder die Gültigkeit formal ausschließen (Formmängel).

1. Die trennenden Ehehindernisse sind Umstände, deren Vorliegen es unmöglich macht, daß eine gültige Ehe zustande kommt. Sie bewirken die Nichtigkeit des Ehevertrages, ohne daß es auf die Fähigkeit der Partner, den Vertrag zu erfüllen, ankäme. Es besteht daher keine Schwierigkeit, eine Ehenichtigkeitsklage zugleich wegen des Hindernisses z.B. der Kultusverschiedenheit

---

[193] Über die Begründung der Nichtigkeitswirkung der Impotenz vgl. *Lüdicke*, Impotenz 95/96.

und wegen Eheführungsunfähigkeit zu erheben. Daß ein Partner zur Zeit der Eheschließung ungetauft war, ist sachlich und logisch unabhängig von seiner psychisch bedingten Unfähigkeit, z.B. die Treue zu wahren. Wenn auch die Ehe nicht zweimal nichtig sein kann, so läßt sich doch das Urteil auf zwei Gründe stützen. Keiner ist dabei dem anderen vorrangig.

2. Es wird immer wieder in der Literatur betont, daß das „Erfüllungsunvermögen", die Unfähigkeit, die mit dem Ehevertrag zugesagten Leistungen zu erbringen, vom Willen der betroffenen Person unabhängig sei[194]. Es gehört auch zu den Merkmalen der Eheführungsunfähigkeit, daß eine wirkliche Unfähigkeit eines Partners gegeben sein muß, eine Begrenzung seines Handlungs- oder Unterlassungsvermögens durch die Störung seiner psychischen Struktur, die von seinem Willen unabhängig ist und die er nicht überschreiten kann. Die Fälle des Erfüllungsunvermögens sind oft gerade dadurch charakterisiert, daß

---

194 Daß eine solche Unabhängigkeit in facto wenigstens gegeben sein kann, sagt *Primetshofer* (Eheunfähigkeit 211) anhand neuerer Entwicklungen in der Rota-Rechtsprechung: „Hierbei ist man offenbar von der Überlegung ausgegangen, daß krankhafte Veranlagungen der hier besprochenen Art zwar durchaus ein Anlaß sein können, im Augenblick des Eheabschlusses einen Willensvorbehalt gegen eines der Wesensgüter der Ehe zu setzen, daß dies aber durchaus nicht unbedingt notwendig der Fall sein muß. Davon ausgehend zeigt sich, daß der Ehekonsens, insofern damit ein kogniszitiv-volitiver Akt gemeint ist, in den in Rede stehenden Fällen nicht unbedingt und in jedem Fall in seiner Substanz getroffen sein muß." Damit stellt *Primetshofer* wohl zustimmend eine fortschreitende Erkenntnis der Rota dar, die damit über Fälle hinausgeht, in denen zwar die Unfähigkeit zur Treue als Motiv einer Simulation (und zwar in Form des Ausschlusses des bonum sacramenti, SRRDec c. Lefebvre v. 19. Dezember 1959 Bd. 51(1959)609-614, bes. 613) oder als Anlaß zur Simulation (SRRDec c. Lefebvre v. 26. April 1958 Bd. 50(1958)277-281, bes. 279) gewertet wird. Im letztgenannten Falle hatte die Frau in der zutreffenden Erkenntnis geheiratet, daß die Wahrung der Treue ihr nicht möglich sein werde. Daraus folgert das Urteil, sie habe die Treue auch nicht gewollt: „Enimvero, notetur: non agitur hic de mera impossibilitate assumptas obligationes adimplendi, sed praevisa haec impossibilitate, intendebat Eugenia obligationis ipsius negationem." (278). Sie hatte nämlich gesagt, sie habe es abgelehnt, sich an ihren Mann für immer zu binden, weil es ihr unmöglich schien, ein Leben lang einem Mann treu zu sein. Ihre Einlassung geht aber allein auf einen willentlichen Ausschluß der Unauflöslichkeit aus dem Motiv der erkannten Unfähigkeit zur Treue. Das Urteil folgert den nicht gestandenen ***Willen*** zum Ausschluß der Treue
tudo e sua parte impossibilitatis aliter vivendi, et exinde voluntas fidem excludendi quam aperte sciebat sese non servaturam." (28). *Primetshofer* (Eheunfähigkeit 210) hält diese Sicht für von der unbewiesenen Prämisse abhängig, daß jemand nicht zu wollen vermöge, was er nicht erfüllen kann. Für die Unabhängigkeit von Wille und Erfüllungsfähigkeit vgl. *Zapp* (Incapacitas 453 und 470).

der Wille des Partners zur Beachtung der Pflichten des Ehevertrages gegeben ist, und daß ihm die Verwirklichung dennoch nicht gelingt. Diese Diskrepanz ist Indiz für eine Eheführungsunfähigkeit[195].

Wegen der grundsätzlichen Unabhängigkeit können Eheführungsunfähigkeit und Simulation zugleich vorliegen und beide als Grund für die Nichtigkeit der Ehe angeführt werden[196].

Auch eine Unvereinbarkeit der Willensmängel im weiteren Sinne mit der Eheführungsunfähigkeit liegt nicht vor. Weder die Mängel in der Erkenntnis (Unwissen, Irrtum) noch in der Willensfreiheit (vis, metus) kollidieren mit der psychisch bedingten Unfähigkeit zur Pflichterfüllung. Nicht einmal Ehevertragsunfähigkeit und Eheführungsunfähigkeit schließen einander aus. Es ist durchaus denkbar, daß eine Person in einer Weise psychisch gestört ist, daß sie die Ehewillenserklärung weder zurechenbar abgeben noch ihren Inhalt später verwirklichen kann[197].

---

[195] S. o. § 14

[196] Vgl. auch *Zapp*, Incapacitas 471.

[197] Eine SRRDec c. Lefebvre v. 2. Dezember 1967 Bd. 59(1967)798-807) handelt etwa von einem Homosexuellen, der zögerte, die Ehe zu schließen, sich aber schließlich überwand und sich für ehefähig hielt. Das Urteil beginnt in den Ausführungen „in iure" zum Gesichtspunkt „De defectu discretionis iudicii" mit dem markanten Satz: „Incapax est vir homosexualis iste propter defectum discretionis iudicii, necnon propter incapacitatem assumendi onera coniugalia." (467). Die Sachverständigen hatten in diesem Falle eine „conditio psychopathica determinata seu dementia proprie dicta" angezweifelt, sondern nur „un désarroi affectif *profond*" für gegeben erachtet. Insofern kann man die Beeinträchtigung des Ehewillens unter dem Gesichtspunkt der Zurechenbarkeit nicht leicht behaupten. Deutlicher ist das Beispiel der Schizophrenie in der SRRDec c. Mattioli v. 28. November 1957 Bd. 49(1957)773-780, das eine zur Zeit eines lichten Intervalls geschlossene Ehe für nichtig erklärt, weil „ipsa ratio vetat huiusmodi infelices devictos tenere oneribus illis, quae lucido equidem intellectu ac plena deliberatione *actuali*. . . forte contraxerunt, quae tamen, ob iam incoeptam mentis deordinationem, sensim in peius progredientem, *natura sua* inhabiles iam sunt ad implendum." (775). Wenn nun die Ehe darüber hinaus im Zeitpunkt eines schizophrenen Schubes geschlossen ist, treffen die vorstehenden Überlegungen für eine Ehenichtigkeit mit den Grundsätzen über die Nichtzurechenbarkeit der Erklärungen Geistesgestörter zusammen.Eine neuere SRRDec c. Di Felice v. 17. Januar 1976 (in: EphIC 32(1976)284-285) geht weiter und sieht in der mangelnden Urteilskraft die einzige Begründung für die Nichtigkeitswirkung des Erfüllungsunvermögens, und zwar mit folgender Argumentation: „Etenim incapacitas assumendi onera coniugalia duplicem producit defectum: a) in seipsa considerata, ademit vim obiectivam consensus matrimonialis, cum deficiat ipsum obiectum contractus; b) in subiecto autem perpensa, praepedit ipsum consensum, cum impediat discretionem judicii matrimnio proportionatam. Deficiente prorsus consensu ob defectum discretionis judicii matrimonio proportionatae, non amplius agendum est de defectu obiecti consensus, cum jam

Auch hier liegen zwei Gründe zugleich vor, die jeder für sich die Ehe nichtig machen. Der Konsens wird nicht zugerechnet, weil die nötige geistige Verantwortlichkeit fehlt, und er bindet zudem nicht, weil er unerfüllbar ist. Hier kann allerdings von einer logischen Rangfolge gesprochen werden. Wenn feststeht, daß die Ehewillenserklärung nicht zurechenbar war, dann braucht die Unfähigkeit zur Eheführung nicht mehr geprüft zu werden[198]. Dennoch empfiehlt es sich bei dem geltenden System, das zwei gleichlautende Urteile fordert, auch die Eheführungsunfähigkeit festzustellen und als Grund für die Nichtigkeit der Ehe hilfsweise zum Ausdruck zu bringen.

An dieser Stelle soll nur erwähnt werden – Näheres bei der Frage nach der Systematik (§ 19) –, daß eine weit verbreitete Meinung in der Literatur die Eheführungsunfähigkeit selbst als Konsensmangel ansieht. Sie versteht die Erfüllbarkeit der ehevertraglichen Zusage als Objekt des Konsenses und bezeichnet ihr Fehlen, also die Unerfüllbarkeit, als Fehlen des Konsensobjektes. Dann aber sei der Konsens selbst mangelhaft, so daß die Unfähigkeit, Pflichten des Ehevertrages zu erfüllen, ein Konsensmangel sei[199].

---

ipse consensus non existat ob incapacitatem nupturientis ad illum ponendum. Quare incapacitas assumendi onera coniugalia solummodo vim juridicam ad irritandum matrimonium habet ob defectum discretionis iudicii, ex eadem in persona nupturientis promanantem." Wenn das Erfüllungsunvermögen immer auch mit einer Trübung des Urteilsvermögens einherginge, könnte man das Verhältnis beider Gesichtspunkte der Nichtigkeitswirkung so beschreiben, wie es das zitierte Urteil tut. Das Neue an der „incapacitas assumendi onera" ist aber gerade, daß sie oft nicht mit einer Beeinträchtigung der Urteilsfähigkeit einhergeht.

198 *Köster* (Psychische Eheunfähigkeit 85) erwähnt eine Fallgestaltung, in der Ehevertragsunfähigkeit *und* Eheführungsunfähigkeit in Frage kommen. Er beschreibt das Verhältnis beider Tatbestände im Falle der Schizophrenie so: „Mit diesem Nichtigkeitsgrund haben die kirchlichen Gerichte es relativ häufig zu tun. Im allgemeinen ist sie als Konsensmangel zu behandeln. Doch wenn die Remission um die Zeit der Eheschließung ziemlich lang war und man geneigt ist, eine echte lichte Periode anzunehmen, so mag die Ehe unter Umständen doch wegen psychischer Eheunfähigkeit für nichtig erklärt werden." Mit „Konsensmangel" meint *Köster* hier „amentia", mit „psychischer Eheunfähigkeit" die Unfähigkeit zur Erfüllung der Ehevertragspflichten.

199 Als Beispiel für alle anderen sei *Köster* (Psychische Eheunfähigkeit 90/91) zitiert: „Außer den Fällen, in welchen der Konsens ungültig ist, sei es wegen Ausschlusses des Ehebandes oder einer Wesenseigenschaft der Ehe, sei es wegen Mangels der erforderlichen Urteilskraft oder der freien Entscheidung seitens des Kontrahenten, kann es vorkommen, daß der Ehekonsens ungültig ist wegen Mangels des Formalobjektes, durch das der Konsens erst wirklicher Konsens wird. Denn es kann vorkommen, daß der Kontrahent unfähig ist, und zwar unheilbar, das Objekt des Konsenses zu übergeben und anzunehmen. Dann liegt keine exclusio obiecti vor, wie in can. 1086 § 2, sondern das Fehlen des Ob-

Diese Argumentation wird noch an einer weiteren Stelle zu erwähnen sein, nämlich dort, wo das Unheilbarkeitserfordernis bei der Eheführungsunfähigkeit zu erörtern sein wird. An dieser Stelle sei nur gesagt – anknüpfend an die Überlegungen zur gleichen Grundstruktur von Impotenz und Eheführungsunfähigkeit unter § 13 –, daß nach der oben dargestellten Argumentenreihe auch die Impotenz ein Ehewillensmangel wäre.

3. Es liegt auf der Hand, daß Eheführungsunfähigkeit und Formmängel voneinander unabhängige Ehenichtigkeitsgründe sind. Die Unfähigkeit zur Erfüllung des Ehevertrages beseitigt die materielle bindende Kraft der ehevertraglichen Zusage, während der Formmangel im Fehlen einer positiven formalrechtlichen Gültigkeitsvoraussetzung seine Wirksamkeit hat. Verfahrensmäßig ist die Ermittlung des Formmangels vorrangig, da es dazu normalerweise keines Prozesses bedarf, sondern bloß einer verwaltungsmäßigen amtlichen Feststellung[200].

---

jektes, da der Nupturient unfähig ist, das zu geben, worin der Ehekonsens besteht." Und auf Seite 101: „Psychische Eheunfähigkeit bedeutet indirekt einen Konsensdefekt, weil das Objekt des Konsenses fehlt, und wird dann nicht mit Unrecht unter den Konsensmängeln aufgezählt."

[200] Vgl. Art. 231 EPO.

§ 16

Eheführungsunfähigkeit und Mitursachen

These: *Eheführungsunfähigkeit liegt nicht vor, wenn die Unfähigkeit zur Erfüllung einer wesentlichen Ehepflicht nicht nur durch eine Störung der psychischen Struktur verursacht wird, sondern zugleich durch einen Umstand, der nicht wesentlich mit der Ehe verbunden ist.*

Nicht immer ist es leicht, Erscheinungsbilder im Verhalten eines Ehegatten auf ihre Ursache hin zu erforschen. Kaum ein menschliches Verhalten beruht auf nur einer Ursache, sondern meistens sind Komplexe von inneren und äußeren Faktoren ausschlaggebend für die Verhaltensweise einer Person. Dazu ein Beispiel:

Bei der Untersuchung der Umstände einer gescheiterten Ehe ergab sich, daß der Mann seine Frau an Entscheidungen, die für die Ehe und das Kind von Wichtigkeit waren, nicht beteiligt hatte, weil die Mutter der Frau in derselben Wohnung wohnte. Er zog sich mehr und mehr zurück, wurde eigenbrötlerisch, ausfallend gegenüber Frau und Schwiegermutter, fühlte sich ständig ungerechten Angriffen ausgesetzt. Er beteiligte sich nicht an den Freizeitbeschäftigungen der Frauen, sondern zog sich in eine Ecke des Hauses zurück, um seinen eigenen Interessen nachzugehen, behauptete aber, dorthin aus seiner eigenen Wohnung verdrängt worden zu sein. Schließlich gab er die Lebensgemeinschaft auch äußerlich auf und zog aus.

Als psychologischer Befund ergab sich ein stark vermindertes Selbstvertrauen, das sich den zwei Frauen gegenüber ständig in der Defensive fühlte. Hatte er in den ersten Monaten der Ehe seiner Frau gegenüber noch genügende Offenheit und Toleranz aufgebracht, so zeigte sich sein Selbstbewußtsein nach dem Einzug der Schwiegermutter den – vermeintlichen – Angriffen nicht gewachsen, als deren Urheberin er bald auch seine Frau ansah, die mit ihrer Mutter gemeinsame Sache mache. Unter den konkreten Umständen ließ die psychische Struktur des Mannes eine Eheführung in Partnerschaft, Toleranz und Interessenausgleich nicht zu. Er war nicht fähig, die Lebensgemeinschaft aufrechtzuerhalten. Der Gutachter war aber der Ansicht, daß die Ehe ohne die Wohngemeinschaft mit der Mutter der Frau nicht gescheitert wäre.

In dieser Fallgestaltung ist die psychische Struktur des Mannes eine Ursache seines Verhaltens, die nicht hinwegdenkbar ist, ohne daß auch seine Unfähigkeit wegfiele, die familiäre Situation zu bewältigen. Sie ist conditio sine qua non. Wäre sein Selbstbewußtsein gesund gewesen, hätte er unter gleichen Umständen Toleranz und Partnerschaft aufgebracht, hätte er auf die Probleme nicht mit der Aufgabe der Lebensgemeinschaft reagiert.

Die Feststellung, daß eine Störung der psychischen Struktur eines Ehepartners unabdingbare Voraussetzung seiner Unfähigkeit ist, die Probleme seiner konkreten Ehe zu bewältigen, reicht aber nicht aus, um von einer Eheführungsunfähigkeit zu sprechen. Notwendig ist vielmehr außerdem, daß nicht Situationen diese Unfähigkeit mitverursachen, die der Ehe nicht wesentlich sind. Läßt ein Umstand die psychische Struktur eines Ehepartners zum Tragen kommen und ihn eheunfähig werden, und zwar ein Umstand, der nicht mit der Ehe selbst verbunden ist und hinweggedacht werden kann mit der Folge, daß die Unfähigkeit nicht aufträte, so liegt eine Eheführungsunfähigkeit nicht vor.

Die Unfähigkeit zur Erfüllung der einer Ehe wesentlichen Pflichten zeigt sich immer in konkreten Lebensumständen. Läßt sich die Pflicht auch abstrakt formulieren – etwa als Verpflichtung, mit dem Partner zusammenzuleben –, so steht doch die Pflichterfüllung stets in einem konkreten Situationsgefüge. Es ist dann genau zu untersuchen, *wozu* der eventuell eheführungsunfähige Partner nicht fähig ist. In unserem Beispiel trat zutage, daß er zur Lebensgemeinschaft mit Frau und Kind fähig gewesen wäre, nicht aber zum Zusammenleben mit Frau, Kind und Schwiegermutter. Er war nicht unfähig, die Pflicht zur Lebensgemeinschaft zu erfüllen, sondern nur, sie unter den gegebenen konkreten Umständen zu leisten. Diese Unfähigkeit bezog sich nicht auf eine der Ehe eigentümliche Pflicht, sondern auf die Bewältigung einer Situation, die mit zusätzlichen, der Ehe nicht wesentlichen Belastungen verbunden war[201].

---

201 Einen ähnlichen Sachverhalt hat die Apostolische Signatur in einem Urteil c. Staffa v. 29. November 1975 (in: Apollinaris 49(1976)31-48, hier 47) festgestellt. Es wird gesagt, daß die kurze Dauer einer Ehegemeinschaft stets als Indiz für die Nichtigkeit gewertet worden sei, „dummodo brevitas vitae coniugalis et defectus integrationis vitae coniugalis non sit tribuendus causis extrinsecis, v. gr. eventui impraeviso qui coniuges dividit. In casu revera adfuit factum magni momenti, quod iudices non satis consi-

Die Unfähigkeit, die konkrete Ehesituation zu bewältigen und in ihr die Zusagen des Ehevertrages zu realisieren, kann nur dann als Unmöglichkeit der Vertragserfüllung angesehen werden, wenn nicht zusätzliche Umstände die Unfähigkeit mitbedingen, die nicht zur Ehe selbst gehören. Im genannten Beispielsfall hätte sich die äußere Situation der ehelichen Lebensgemeinschaft so verändern lassen, daß dem Mann die Erfüllung seiner Pflicht möglich gewesen wäre. Die einer Ehe wesentlichen Umstände wären dabei nicht angegriffen worden.

Solange die konkrete Unfähigkeit eines Partners durch Umstände mitbedingt ist, die sich verändern lassen, ohne daß das Wesen der Ehe angetastet wird, kann von Unmöglichkeit der Pflichterfüllung nicht gesprochen werden[202]. Ein Beispiel dafür haben wir gegeben. Ein Gegenbeispiel könnte etwa so aussehen: ein Mann, der nur zu einer ehelichen Lebensgemeinschaft ohne Kinder fähig ist, ist eheführungsunfähig im rechtlichen Sinne. Er ist außerstande, die Ehe unter den Umständen zu verwirklichen, die wesentlich zu ihr gehören, nämlich die Lebensgemeinschaft mit der Frau *und* den Kindern zu wahren.

Die Fähigkeit zum Zusammenleben mit dem Partner und den Kindern gehört wesentlich zur Ehe[203]. Umstände wie die Wohngemeinschaft mit drit-

---

deraverunt, id est gravissima difficultas quam inopinate vir expertus est vivendi cum uxoris parentibus, praesertim propter indolem socrus. Ruina ergo matrimonii tribuenda est difficultatibus provenientibus praesertim e parentibus uxoris cum quibus cohabitare coacti sunt coniuges." Ein solcher Sachverhalt kann aber die indizielle Bedeutung des raschen Scheiterns der Ehe nur beseitigen, wenn die Ursächlichkeit der geschilderten Umstände den Schluß auf die Nichtigkeit der Ehe – jedenfalls unter dem Gesichtspunkt der Eheunfähigkeit – ausschließt.

[202] *Finnegan* (Jurisprudence 450) betont, nachdem er Fälle aufgezählt hat, in denen eine Person zur Erfüllung wesentlicher Ehepflichten unfähig sei, daß stets eine Person gemeint sei, die von echter geistiger Erkrankung betroffen ist, die die persönliche Verantwortung für das Verhalten der Person aufhebt, nicht aber normale Leute in lediglich schwierigen äußeren Verhältnissen.

[203] *Navarrete* (Mutationes 9) meint, in die Neuformulierung des can. 1086 § 2 in SE75 sei das „ius ad cohabitationem" nicht aufgenommen worden, weil es schwierig sei aufzuweisen, daß ein solches Recht, das das Leben unter einem Dach beinhalte, zum Wesen der Ehe gehöre. Sieht man dieses Recht nicht als ein unbeschränktes, sondern als durch die Lebensumstände begrenztes – wie auch das ius in corpus seine inneren Schranken hat –, so wird man sagen können, daß Lebensgemeinschaft, soll sie den Raum für die educatio prolis und das mutuum adiutorium bieten, normalerweise das Zusammenleben auch im Sinne der Wohngemeinschaft voraussetzt. Mag ein willentlicher Ausschluß des Rechtes auf die Wohngemeinschaft auch psychologisch unwahrscheinlich sein und eine Aufnahme des ius ad cohabitationem in can. 1086 § 2 deswegen nicht dringend, so kann doch mit der psychisch bedingten Unfähigkeit zum Zusammenwohnen eine der Ehe wesentliche Verpflichtung unerfüllbar sein.

ten Personen, unzumutbar enge Wohnverhältnisse, Leben in einer anderssprachigen Umgebung (Gastarbeiter!) sind der Ehe nicht wesentlich. Ist die psychische Struktur eines Kontrahenten so geartet, daß er solche ungewöhnlichen, der Ehe nicht wesentlichen Erschwernisse der Situation nicht bewältigt, so kann von einer Eheführungsunfähigkeit in unserem Sinne nicht gesprochen werden. Sie setzt nicht nur voraus, daß die psychische Störung ursächlich ist, sondern auch, daß der Zusammenhang zwischen ihr und der Ehepflicht untrennbar ist. Wenn sie die Unfähigkeit bewirkt, mehr zu leisten, als die der Ehe eigentümliche Situation zur Pflichterfüllung fordert, dann mag sie zwar das Scheitern der konkreten Ehe bewirken, kann aber dennoch nicht als Unmöglichkeit verstanden werden, das, was *die Ehe* ihrem Wesen nach voraussetzt, zu realisieren.

3. KAPITEL

WEITERE FRAGEN

§ 17

Relativität der Eheführungsunfähigkeit

These: *Auch eine nur einem bestimmten Partner gegenüber bestehende Unfähigkeit, eine wesentliche Ehepflicht zu erfüllen, macht die Ehe nichtig.*

Bei der Untersuchung der Ehevertragsunfähigkeit hatte sich gezeigt, daß dieser Ehenichtigkeitsgrund nicht in relativer Form auftreten kann. Er kann nur vorliegen oder nicht vorliegen, ist aber nicht mit der Person des anderen Partners verbunden oder von ihr abhängig. Die Fähigkeiten zum Erkennen, Wollen oder Handeln sind autonome Funktionen der Person. Ob sie gegeben sind oder nicht, kann nicht von dem möglichen Ehepartner abhängen.

Anders sieht die Situation bei der Eheführungsunfähigkeit aus. Die Pflichten aus dem Ehevertrag stehen grundsätzlich im Feld der Partnerbeziehung. Sie sind dadurch charakterisiert, daß sie die Ehe ausmachen, d.h. die rechtlichen Bindungen zwischen zwei Personen darstellen. Keine der Pflichten, die sich aus dem Ehevertrag ergeben, hat ohne die Partnerbeziehung einen Sinn.

1. Die rechtliche Frage

Wenn nach der möglichen Relativität der Eheführungsunfähigkeit gefragt wird, dann ist zu untersuchen, ob die nur relativ bestehende Unerfüllbarkeit einer Pflicht anders zu bewerten ist als die partnerunabhängige.

Die Rechtsbegründung für die Nichtigkeitswirkung der Eheführungsunfähigkeit war, daß ein Vertrag rechtsunwirksam ist, den ein Partner nicht erfüllen kann. Eine rechtliche Zusage bindet nur dann, wenn der Zusagende fähig ist, sie zu erfüllen. Ist es ihm unmöglich, das Versprochene zu leisten, dann verpflichtet die Rechtsordnung ihn auch nicht dazu.

Im Ehevertrag verspricht ein konkreter Mann M einer individuell bestimmten Frau F die Erfüllung festliegender Pflichten. Der Vertrag ist nur gültig, wenn es dem M (und auch der F) möglich ist, die wesentlichen dieser Pflichten zu erfüllen. Der Vertrag ist sicher nichtig, wenn M's psychische Struktur so geartet ist, daß er weder F noch irgendeiner anderen Frau gegenüber eine bestimmte wesentliche Pflicht leisten kann. Dann ist jeder mögliche von M abschließbare Ehevertrag zum rechtlichen Scheitern verurteilt, also auch der mit F geschlossene.

Voraussetzung der Nichtigkeit des mit F geschlossenen Vertrages ist aber nicht, daß jeder andere Vertrag, den M vielleicht abgeschlossen hätte, ebenfalls unerfüllbar und nichtig wäre. Ausschlaggebend ist nur, ob M fähig ist, den konkret zu beurteilenden Vertrag zu erfüllen, d.h. die Ehe mit F zu führen. Die Gültigkeit der Ehe zwischen M und F entscheidet sich danach, ob M zur Einhaltung seiner Zusage gegenüber F fähig ist[204].

Die Ursachen, die es dem M unmöglich machen, seine Pflichten gegenüber der F zu erfüllen, können allein in seiner Person ruhen, können so geartet sein, daß sie die Unmöglichkeit ohne Rücksicht auf die Person eines möglichen Partners verursachen. So kann etwa der krankhaft Unstete zu keinerlei andauernder ehelicher Lebensgemeinschaft fähig sein.

Die Ursachen können aber auch so geartet sein, daß sie sich nur einem bestimmten Partner gegenüber so auswirken, daß die Erfüllung einer Ehepflicht dem Betroffenen unmöglich wird. Bekannt ist etwa der Fall, daß ein Mann nicht erektionsfähig ist, weil seine Frau ihn zu sehr an seine Mutter erinnert. Er hat sie aus dem unbewußten Motiv geheiratet, daß er von seiner Mutter nicht gelöst war, und nun bringt er ihr gegenüber nur die Gefühle eines Sohnes auf.

---

204 James H. Provost geht von der Möglichkeit aus, daß es – analog zur physischen Impotenz – verschiedene Ursachen für die „inability to assume the responsibilities of marriage" geben könne, die absolut oder relativ sein können, je nachdem, ob sie allein zwischen den konkreten Ehepartnern bestehen oder gegenüber jeder Person des anderen Geschlechtes (in einem nicht näher bezeichneten Urteil in: Jurist 33(1973)418-428, hier 421).

Auch in einem solchen Fall wird man sagen müssen, daß die Erfüllung der Pflichten *dieses* Vertrages dem Mann unmöglich ist, daß deshalb *dieser* Vertrag nicht rechtswirksam ist. Es läßt sich zwar von diesem Mann nicht sagen, daß er generell eheunfähig sei, doch ist die konkrete Ehe mit dieser Frau nicht gültig.

2. Die Tatsachenfrage

Für die kirchliche Rechtsprechung ist nicht nur die Feststellung von Bedeutung, daß auch eine relative Unfähigkeit zur Erfüllung wesentlicher Ehepflichten ehevernichtend ist, sondern vor allem auch die Frage, ob es relative Unfähigkeiten gibt und von welcher Art sie sind. Diese Frage richtet sich an die Fachleute[205]. Wir wollen sie hier nur stellen, sie aber – unter Beachtung un-

---

205 Antworten werden auch in der kanonistischen Literatur versucht. *Kelleher* (Incapacity) sieht das Problem der relativen Unfähigkeit zur Ehe als zuerst dem kirchlichen Recht gestellt an. Die Betonung der absoluten Unfähigkeit z.B. in Fällen von mangelnder discretio iudicii erzeuge ein tiefes Mißtrauen gegen relative Unfähigkeit. Die Tatsachen seien jedoch anders geartet. „Another way to state this is that the inability of two persons to enter or sustain a marriage is often due to the deficiencies in one party which cannot be compensated and sometimes are aggravated by the other party. In some cases, the failings of one party may be due to deficiencies of the other."(ebd. 329). Es ist sicher zuzugeben, daß die konkreten Eigenschaften und Charaktere zweier Partner bewirken können, daß ihre Ehe unglücklich verläuft. Ist das aber ein rechtlich erhebliches Problem? Läßt sich das, wozu die Partner in solchen Fällen unfähig sind, inhaltlich fassen? *Kelleher* verwendet dazu den Begriff der „psychischen Inkonsummation". Er schreibt: „Marriage is a union of persons. Granted the importance of the genital act, it is but one aspect of the personal union – the personal consummation – of marriage. Of at least equal importance, and probably of more importance, is the ability of a couple to consummate their marriage psychically and emotionally."(ebd. 327). Oder: „The relative incapacity of some couples to complement one another in marriage is a fact which must be faced. In instances where this incapacity existed at the time the marriage took place, the marriage is null." (ebd. 330). Zweifellos wird hier ein wichtiger Fragenkreis angesprochen: Ist eine Ehe gültig, die aufgrund der Unvereinbarkeit der Partner zum Scheitern verurteilt ist? Was heißt „Scheitern"? Wie unausweichlich ist es? Auf welchen Ursachen beruht es? Kraft welcher Überlegung kann man von einer Ungültigkeit der Ehe sprechen? Ist der Vertrag nichtig? Fehlt die sakramentale Wirklichkeit? Eine Antwort auf diese Fragen wird zuerst gefunden werden müssen, ehe man die Aussage wagen kann, daß Ehen in solchen Fällen null und nichtig sind.

Relative Unfähigkeit zur Erfüllung ehelicher Pflichten betrachtet ein Urteil des Diözesangerichtes Brooklyn c. Besendorfer (ohne Datum, in: StC 8(1974)443-449, hier 446) als den Regelfall: „The notion of ‚ability to fulfill', again, cannot be viewed solely in the abstract. A person has an ability with another *concrete, human person*. Herein lies the

serer thematischen Beschränkung – nicht beantworten[206].

a) Zunächst ist zu fragen, ob es die relative, d.h. von der Person des Partners abhängige Unfähigkeit gibt, eine Pflicht zu erfüllen, die nur von den Gatten gemeinsam geleistet werden kann. Ein Beispiel wurde schon genannt: die psychisch bedingte Impotenz. Sie betrifft eine Ehevertragspflicht, die nur im Zusammenwirken der Gatten vollzogen werden kann.

Laut can. 1013 § 1 CIC gehört zur Ehe auch die Pflicht, einander Hilfe zu leisten. Bislang hat diese Pflicht in der kirchlichen Rechtspraxis keine Rolle gespielt, weil sie zu wenig konkretisiert ist. Es erscheint daher gegenwärtig auch ziemlich schwierig zu sagen, wann eine solche Pflicht erfüllt, und darüber hinaus, wann sie erfüllbar bzw. unerfüllbar ist. Ohne Klärung des Inhaltes dieser Verpflichtung und des darauf bezogenen Erfüllungsbegriffes kann die Tatsachenfrage nicht gestellt werden, ob es entsprechende psychische Strukturstörungen gibt.

b) Sodann ist die Psychologie zu befragen, ob es eine von der Person des Partners abhängige Unfähigkeit geben kann, eine Pflicht zu erfüllen, die ein Gatte allein zu leisten hat, eine Pflicht, der durch ein Tun oder Unterlassen genügt wird, das nicht der Mitwirkung des Partners bedarf. Inhaltlich wäre hier die Erziehung der Nachkommen (can. 1013 § 1 CIC) oder die Wahrung der Unauflöslichkeit der Lebensgemeinschaft (can. 1013 § 2 CIC) zu nennen. Die absolute, durch eine psychische Störung bedingte Unfähigkeit, Kinder zu

---

all important factor of the relativity of the marriage convenant. Very few persons are *absolutely* incapable of contracting marriage. If this were not so, marriage would no longer be a human institution.“ Es scheint, daß hier die notwendige Relativität der Pflichten und Rechte, die die Ehe ausmachen – sie können nur innerhalb der Partnerbeziehung der Ehe bestehen (vgl. *Lüdicke*, Rechtsnatur) – mit der Fähigkeit, diese Pflicht zu erfüllen, verwechselt wird.

[206] Es ist wohl etwas zu weitgehend formuliert, wenn *Morrisey* (Incapacity 19) meint, bei der Unfähigkeit zur Erfüllung von Ehepflichten, die jedes eheliche Leben zerstöre, handele es sich um die „incompatibility of personalities“. Das ist nicht der springende Punkt. Es geht um die Unmöglichkeit, Pflichten des Ehevertrages zu erfüllen, nicht primär um die Unvereinbarkeit der Ehepartner. Allerdings läßt sich nicht sicher sagen, was mit „incompatibility“ gemeint ist. *LaDue* (Love 48) übersetzt z.B. eine Stelle aus einer SRRDec c. Anné v. 25. Februar 1969 (in: EphIC 26(1970)419-442, hier 430): „crescens convenientia et harmonia“ mit „growth in compatibility“. Anné bezeichnet das, was *er* meint, nicht als wesentlichen Bezug im Komplex der Beziehungen, die das Eheband ausmachen, sondern nur als integrierenden, der für die Vervollkommnung der Ehe von Wichtigkeit ist.

erziehen, ist gut vorstellbar, ebenso eine krankhafte Unstetigkeit, die das dauernde Zusammenleben mit jedem beliebigen Partner ausschließt. Die Tatsachenfrage lautet aber hier: gibt es entsprechende Unfähigkeiten, die durch den konkreten Partner mitbedingt sind, die nicht aufträten, wenn der Betroffene einen anderen gewählt hätte? Die gleiche Frage stellt sich hinsichtlich der Fähigkeit zur Treue. Die absolute Unfähigkeit ist z.B. in Form der Nymphomanie bekannt. Gibt es auch relative Formen? Hier öffnet sich noch ein weites Feld für das Gespräch zwischen Kanonistik und Psychologie.

3. Unvereinbarkeit der Partner?

Das tatsächliche und – wie es manchmal scheint – unverschuldete Scheitern einer Ehe unter Personen, die nicht psychisch gestört erscheinen, drängt der kirchlichen Rechtsprechung und Literatur eine Frage auf: Gibt es die Unvereinbarkeit von bestimmten Partnern? Gibt es den Fall, daß zwei Menschen die Eheführung unmöglich ist, ohne daß sich in der psychischen Struktur eines oder beider Partner eine Störung ermitteln ließe? Kann es sein, daß zwischen psychisch gesunden Menschen Unvereinbarkeiten der Strukturen des geistig-seelischen Bereichs bestehen, die den Betroffenen ein friedliches eheliches Zusammenleben unmöglich machen?

Die Frage wird von der kanonistischen Literatur hier und da kontrovers erörtert[207]. Sie liegt außerhalb des hier zu behandelnden Themas, das sich

---

[207] Bezogen auf die Fähigkeit, miteinander ein dauerndes und exclusives Leben zu führen, erörtert *Ahern* (Incapacity 248-251) die Frage der „essential incompatibility", der wesentlichen Unvereinbarkeit der Partner. Er nennt drei Merkmale dieser Unvereinbarkeit: 1. daß beide Parteien in bestimmter Weise psychopathische Persönlichkeiten sind (er erörtert später die Möglichkeit, daß nur eine oder gar keine psychopathische Persönlichkeit beteiligt ist); 2. daß die Persönlichkeiten einander widerstreiten, nicht aber anderen; 3. daß der Widerstreit der Persönlichkeiten so geartet ist, daß die Parteien „are incapable of even engaging, permanently and exclusively, in marital relations with one another, in a way appropriate for human beings."(ebd. 248). Solche Fallgestaltungen hält *Ahern* für medizinisch möglich (ebd. 249), und zwar auch ohne das Vorliegen von Psychopathien.

Anderer Ansicht ist *Reinhardt* (Mental Disorder 209/210), nach dessen Aussage der psychologische Test der Partner in allen Fällen von „Inkompatibilität" zum Aufweis ernster psychopathischer Phänomene bei einem oder beiden Partnern geführt hat. Er zitiert Psychiater, die vor der Annahme einer echten relativen Eheführungsunfähigkeit warnen (210/211). In mehreren Fällen sei allerdings nicht Psychose eines oder beider Partner der Befund gewesen, sondern sogenannte „personality disorder"(211/212). *Reinhardt*

auf die Folgen psychischer Störungen beschränkt. Sie wird hier aber der Vollständigkeit halber erwähnt, zumal die Frage, ob die Unvereinbarkeit nicht doch notwendig psychopathische Persönlichkeitsstrukturen voraussetzt, ungeklärt ist.

---

gibt damit die These auf, es gebe eine streng relative Unvereinbarkeit von Partnern, die er in einem anderen Aufsatz im Jahre 1970 vertreten hatte (*M.Reinhardt* und *G.J.Arella*, Essential Incompatibility as Grounds for Nullity of Marriage, in: The Catholic Lawyer 16(1970)173-187), und von der *Lesage* (Consortium Vitae 104/105) im gleichen Band noch ausgeht, in dem *Reinhardt* sie aufgibt. Die Abgrenzungskriterien, die *Lesage* (ebd. 107) unter Berufung auf *Reinhardt/Arella* gibt, sind klar und handhabbar, passen jedoch besser auf die individuell bedingte Eheführungsunfähigkeit, wo sie praktisch verwendbar sind: „a) Both parties in the marriage have a radical, constitutional personality defect. This radical personality deficiency in each party must be necessarily as serious as when proof of nullity is to be based on the personality disorder of one of them.
b) The deficiencies must exist at the time of the wedding. Usually, it is not difficult to prove this point since personality structure does not easily change, especially without medical assistance.
c) The deficiencies – or rather, the resulting personalities – of both parties must be permanent, in the sense, that they are connaturally destined to exist in an inevitable manner, at least throughout a certain period of conjugal life subsequent to marriage.
d) Both deficient personality structures must meet or come into opposition in such a way that conjugal life – that is, the *omne jus ad actum conjugalem* or the *omne jus ad consortium vitae* – becomes connaturally, or humanly, impossible."

Ausführliche Literatur- undRechtsprechungsangaben zum Problemkreis „Essential Incompatibility" enthält anstelle von eigenen Rechtsausführungen ein Urteil c. Tierney des Paterson Dioecesan Tribunal v. 19. März 1975 (in: StC 9(1975)178-184).

§ 18

Die Heilbarkeitsfrage bei der Eheführungsunfähigkeit

These: *Für die ehevernichtende Wirkung der Eheführungsunfähigkeit kommt es nicht darauf an, ob sie unheilbar ist, sondern nur darauf, ob sie im Zeitpunkt der Eheschließung vorliegt.*

Die Frage, ob die Eheführungsunfähigkeit unheilbar sein muß, um die Ehe nichtig zu machen, stellt sich aus verschiedenen Gründen. Der erste in der Literatur häufig angesprochene liegt in deren Vergleichbarkeit mit der Impotenz im Sinne des can. 1068 § 1 CIC[208]. Für die Impotenz enthält dieser can. die Aussage, daß sie die Ehe nichtig mache, wenn sie unheilbar (perpetua) ist. Mit der Übertragbarkeit dieses Merkmals setzen sich mehrere Autoren auseinander[209]. Darauf wird weiter unten einzugehen sein.

---

[208] Vgl. oben § 13.

[209] *Lefebvre* (Évolution 354 Anm. 28) argumentiert mit dem fehlenden Konsensobjekt, folgert daraus aber nicht einen Ehewillensmangel: „Puisque c'est l'objet du consentement qui par son absence entraîne la nullité du mariage, il faut, que le ‚ius' en question soit accompagné de l'anteriorité et de la perpetuité", bezogen auf das Recht zum consortium vitae communis. Die Parallele zwischen Impotenz und Erfüllungsunvermögen in der Heilbarkeitsfrage sieht auch *Ahern* (Incapacity 246). Vgl. auch *Köster* (Psychische Eheunfähigkeit 103/104). *Reinhardt* (Mental Disorder 217) begründet nicht, warum das Erfüllungsunvermögen unheilbar sein müsse, um die Nichtigkeit der Ehe herbeizuführen. Nach der Beschreibung des Nichtigkeitsgrundes mit „inability . . .to fulfill one or more of the essential terms of the marriage contract" spricht er unvermittelt vom Perpetuitätserfordernis. Grund dafür kann nur die Parallelität dieses Nichtigkeitsgrundes mit dem Inhalt des can. 1068 § 1 CIC sein. *Keating* (Legal Test) stellt fest, daß das Konzept eines eheverungültigenden Defektes in Form der Unfähigkeit „to carry out the substance of the contract" im kanonischen Recht und in der Rechtsprechung im trennenden Ehehindernis der unheilbaren Impotenz anerkannt sei.

Aus der Rechtsprechung sei hingewiesen auf eine SRRDec c. Pinto v. 18. März 1971 (in: Periodica 61(1972)439-445), wo es heißt: „Etiamsi contrahens matrimonialem consensum praestiterit, si ob mentalem morbum vel perturbationem incapax sit ad danda

Zweiter Grund für die Überlegung, ob die Eheführungsunfähigkeit unheilbar sein müsse, um die Nichtigkeit der Ehe zu bewirken, ist der Ansatzpunkt, an dem sich die psychische Störung in diesen Fällen auswirkt: nicht die Bildung oder Abgabe eines Ehewillens ist beeinträchtigt, sondern die Fähigkeit zur Eheführung, zur Realisierung des Ehevertrages in der Zeit des ehelichen Zusammenlebens. Wo die Auswirkungen einer Störung, die die Nichtigkeit der Ehe herbeiführen soll, sich nicht auf den präzisen Eheschließungszeitpunkt zu beziehen scheinen, sondern auf die fortdauernde Wirklichkeit „Eheführung". da drängt sich die Überlegung auf, ob nicht auch die Störung von andauernder Art sein müsse, damit aus ihr die Nichtigkeit der Ehe folgen könne.

Die Frage nach dem Unheilbarkeitserfordernis kann nicht für alle Arten unerfüllbarer Verpflichtungen gleicherweise beantwortet werden[210]. Wenn auch das Ergebnis in allen Fällen übereinstimmt, so sind doch die Überlegungen verschieden, die dahin führen. Es sind dabei Unterlassung- und Handlungspflichten getrennt zu betrachten.

I. Die Heilbarkeitsfrage bei Unterlassungspflichten

Es stellt sich zunächst für die Unterlassungspflichten die Frage, ob die psychische Störung, die sie unerfüllbar macht, unheilbar sein muß, um die Nichtigkeit der Ehe zu bewirken.

1. Beschreibung der Unterlassungspflicht

Die Unterlassungspflicht, auch negative Pflicht genannt[211], entsteht aus einem Verbot, etwas Bestimmtes zu tun, oder aus der Zusage, etwas Bestimm-

---

iura et assumenda officia essentialia matrimonialis contractus . . . invalide nubit, dummodo incapacitas haec antecedens sit ac perpetua." (440). Begründet wird die Aussage in folgendem Satz: „Cum vero impedimentum hoc e iure naturae dimanet, eodem modo ac impotentia coeundi viget, scilicet, incapacitas debet esse antecedens et perpetua."(441). Diese Überlegungen zitiert eine Entscheidung der Apostolischen Signatur v. 5. Dezember 1972 (in: Apollinaris 46(1973)281-292, hier 290). Die Notwendigkeit, die Heilbarkeit des Erfüllungsunvermögens durch moralisch zulässige Mittel zu überprüfen, nennt auch ein nicht näher bezeichnetes Urteil c. Provost (in: Jurist 33(1973)418-428, hier 424).

210 Im Anschluß an *Keating* (Bearing 190) weist *Wrenn* (Outline 481) auf die Notwendigkeit hin, in der Heilbarkeitsfrage Handlungs- und Unterlassungspflichten zu unterscheiden.

211 Z.B. *Köster* (Psychische Eheunfähigkeit 103) und *Keating* (Bearing 191).

tes zu unterlassen. Sie wird durch die Beachtung des Verbotes erfüllt, durch das Nichtüberschreiten der gesetzten Schranke. Sofern sie auf freiwilliger Übernahme beruht, wird sie dadurch erfüllt, daß der Unterlassungszusage nicht zuwidergehandelt wird, daß also tatsächlich unterlassen wird.

Ob eine Unterlassungspflicht im rechtlichen Sinne erfüllt ist, kann erst gesagt werden, wenn sie endet. Ist bis zu diesem Zeitpunkt gegen das Verbot oder die gegebene Zusage nicht verstoßen worden, hat also das zu unterlassende Tun nicht stattgefunden, dann ist die Pflicht im Rechtssinne erfüllt.

Bei der Unterlassungspflicht gibt es keine Teilerfüllung. Nur die absolute Beachtung des Verbots oder der Zusage führt zur Erfüllung. Ein einziger Verstoß bereits bedeutet, daß die Erfüllung vereitelt ist. Das Verbot, einen Mord zu begehen, kann nicht mehr als beachtet bezeichnet werden, sobald ein Mord begangen ist. Die Pflicht, jeden Mord zu unterlassen, ist nicht erfüllt.

Die Pflicht zum Unterlassen ist erfüllbar, wenn die verpflichtete Person fähig ist, das Verbot oder die Zusage einzuhalten: wenn sie in der Lage ist, das verbotene Tun zu unterlassen. Wo eine Person unter dem Zwang steht, zu tun, was sie zu unterlassen verpflichtet ist, dort ist sie zur Erfüllung der Unterlassungspflicht unfähig. Einen Zwang, der sich auf einen bloß einmaligen Verstoß gegen die Pflicht beschränkte, dürfte es allerdings praktisch nicht geben.

2. Anwendung auf die Ehe und rechtliche Beurteilung

Als Unterlassungspflichten des Ehevertrages werden im CIC die eheliche Treuepflicht und die Verpflichtung zur Beachtung der Unauflöslichkeit deutlich. Die Zusage, mit dem Gatten die Lebensgemeinschaft zu führen, bis der Tod sie beendet, bedeutet, als Pflicht der Partner formuliert, daß sie sich nicht von dieser Lebensgemeinschaft lossagen und eine neue begründen dürfen.

Die eheliche Treuepflicht entsteht aus der Zusage, nur dem Ehegatten zum Geschlechtsverkehr zur Verfügung zu stehen[212]. Aus dieser Zusage erwächst das Verbot, mit anderen Personen den Geschlechtsverkehr zu vollziehen. Die Beachtung dieses Verbotes, die Wahrung der gesetzten Schranke bedeutet die Erfüllung der Zusage zu ehelicher Treue.

Macht eine Störung der psychischen Struktur des Kontrahenten die Erfüllung dieser Zusage unmöglich, so bedeutet das, daß es ihm unabhängig von seinem Willen nicht möglich ist, während der gesamten Ehedauer Geschlechts-

---

[212] So versteht *Flatten* (Treuepflicht 340) das ius in corpus exclusivum im Sinne des can. 1081 § 2 CIC.

verkehr mit anderen Personen zu unterlassen. Solche Unmöglichkeit liegt nicht erst dann vor, wenn die Treue immer wieder gebrochen werden muß, sondern – theoretisch, wenn es diesen Fall auch praktisch kaum geben wird – auch schon dann, wenn aus der psychischen Störung der Zwang zu nur einer Übertretung des Verbotes herrührt. Bereits *ein* Verstoß gegen die Verpflichtung, keiner anderen Person die Geschlechtsgemeinschaft zu gestatten, vereitelt die Erfüllung dieser Verpflichtung. Liegt bei einem Kontrahenten zur Zeit der Eheschließung eine Störung der psychischen Struktur vor, die ihn unfähig macht, die eheliche Treue ein Leben lang zu wahren, d.h. ihre Verletzung zu unterlassen, dann ist die Erfüllung seiner Verpflichtung unmöglich und daher nicht rechtswirksam.

Der Ehevertrag, den eine so betroffene Person schließt, ist nicht gültig. Die Pflicht, Geschlechtsverkehr mit anderen Personen zu unterlassen, entsteht nicht. Die geforderte Pflicht ist unbedingter Art, und sie muß – wenn sie wirksam sein soll – sofort erfüllt werden können. Eine eheliche Treuepflicht, die erst einige Zeit nach der Eheschließung beachtet werden kann, ist ein Widerspruch in sich[213]. Die Unfähigkeit eines Partners, die Treue zu wahren, kann mit einer gültigen Ehe nicht vereinbar sein, und zwar auch nicht unter dem Gesichtspunkt, daß die Fähigkeit zur Treue noch erworben werden kann. Es ist schlechthin sittenwidrig, eine verbindliche Rechtsbeziehung im Sinne einer Ehe mit einer treueunfähigen Person zuzulassen. Damit würde dem gesunden Partner zugemutet, unauflöslich an eine Person gebunden zu sein, die die wesentlich zur Ehe gehörende Pflicht zur geschlechtlichen Treue nicht beachten kann. Es würde ihr zugemutet, die Untreue des Partners in der Hoffnung zu ertragen, daß eine eventuelle Heilung den Zwang zum Ehebruch beseitigen werde.

Der rechtliche Grund für die Unvereinbarkeit von Ehe und Zwang zur Untreue liegt darin, daß die eheliche Treuepflicht eine Unterlassungspflicht ist. Sie ist absolut zu verstehen, sie kann nicht zum Teil erfüllt werden, indem die Treue zeitweilig gewahrt wird. Wo ein Partner dem Zwang zum Verstoß nicht widerstehen kann, da ist ihm die Erfüllung seiner Pflicht auch dann unmöglich, wenn der Zwang einmal beseitigt werden kann. Die Erfüllung einer

---

213 „Exclusivitas iuris in corpus non patitur temporis spatia, in quibus illud evanesceret. Sufficit ut haec inhabilitas tradendi ius exclusivum adsit tempore nuptiarum." (SRRDec c. Anné v. 17. Januar 1967 Bd. 59(1967)23-36, hier 29/30). Unter Berufung auf SRRDec c. Heard v. 5. Juni 1941 Bd. 33(1941)488-496, hier 494 zur Nymphomanie heißt es bei Anné: „. . . nec opus erit considerari an sanari possit." Diese Aussage wiederum ist in einer SRRDec c. Lefebvre v. 15. Januar 1972 (in: EphIC 28 (1972)319-324, hier 321) aufgenommen.

Unterlassungspflicht ist nicht auf einen späteren Zeitpunkt verschiebbar. Wer die Treue nicht halten kann, ist zum Abschluß eines Vertrages, mit dem er sich zur Treue verpflichtet, unfähig. Schließt er ihn dennoch, kommt keine Rechtsbindung zustande. Eine später erworbene Fähigkeit zur Treue kann – selbst wenn sie vorhersehbar war – die bereits durch Zuwiderhandlung verletzte und damit unerfüllbar gewordene Unterlassungspflicht nicht mehr erfüllbar machen.

Die prozessuale Fragestellung wird gegenüber der bisher dargestellten abstrakt-materiellen dadurch etwas erleichtert, daß es wohl keine psychische Störung gibt, die einem Partner den Ehebruch in nur einem Falle unausweichlich macht. Die Fälle zwangsweiser Untreue (z.B. Nymphomanie) zeigen das Bild ständiger Verletzung der ehelichen Treue, und nur ein solches Erscheinungsbild ist Anlaß, nach einer Eheführungsunfähigkeit zu forschen. Es ist nicht notwendig oder auch nur sinnvoll, bei Feststellung eines gelegentlichen Ehebruchs eine Untersuchung der psychischen Struktur des Ehebrechers einzuleiten, ob in ihr die Ursache lag und der Ehebruch vielleicht unvermeidlich war. Auch mehrere, ja häufige Ehebrüche kommen als Indiz für eine Eheführungsunfähigkeit kaum in Betracht, wenn sie erst geraume Zeit nach der Eheschließung auftreten, nach Abkühlung des Verhältnisses unter den Ehegatten. Nur wenn begründeter Anlaß besteht, eine psychische Störung des Betroffenen zu vermuten, sind entsprechende Erhebungen sinnvoll[214].

II. Die Heilbarkeitsfrage bei Handlungspflichten

1. Beschreibung der Handlungspflicht

Die Handlungspflicht, auch positive Pflicht genannt[215], entsteht aus einem Gebot, etwas Bestimmtes zu tun, bzw. aus einer entsprechenden Zusage. Sie wird durch die Vornahme des zugesagten oder gebotenen Tuns erfüllt[216].

---

214 Vgl. oben § 14.

215 Z.B. *Köster* (Psychische Eheunfähigkeit 103) und *Keating* (Bearing 190).

216 In einem Urteil des Gerichtes der Erzdiözese Hartford v. 8. August 1969 (in: Jurist 29(1969)451-456, hier 454) heißt es von der Handlungspflicht, daß ihre vorübergehende Unerfüllbarkeit die Integrität der Ehe nicht wirklich beschränke. Die Erfüllungsunfähigkeit müsse deswegen unheilbar sein. In dieser vereinfachenden Argumentation kommt der Grundsatz des Unheilbarkeitserfordernisses bei der Impotenz, die ebenfalls eine Handlungspflicht betrifft, zur Auswirkung.

Wann eine Handlungspflicht erfüllt ist, ist davon abhängig, wie das gebotene Handeln näherhin bestimmt ist. Ist nur ein einmaliger Akt zugesagt, dann genügt seine Vornahme. Sind mehrere Akte in fester Anzahl Gegenstand der Pflicht, dann tritt die Erfüllung ein, wenn auch der letzte Akt vorgenommen ist. Die Handlungspflicht kann aber auch Dauerpflicht mit gewissen Bedingtheiten sein: sie kann ein bestimmtes Handeln erfordern, jedesmal wenn gewisse Voraussetzungen gegeben sind. Eine solche Pflicht ist erfüllt, wenn jedesmal gehandelt worden ist, sooft die Voraussetzungen vorlagen. Geschah das Handeln nicht in allen diesen Fällen, dann liegt Teilerfüllung vor. Ist jedoch nie entsprechend dem Gebot oder der Zusage gehandelt worden, dann ist die Pflicht nicht erfüllt.

Die Handlungspflicht ist erfüllbar, wenn es dem Verpflichteten möglich ist, die Akte zu setzen, die Gegenstand des Gebotes oder der Zusage sind. Im Falle einer Dauerpflicht, die auf immer wieder zu vollziehendes Tun geht, ist Erfüllung möglich, wenn dem Anspruch in allen gebotenen Fällen genügt werden kann. Kann dagegen nur in einigen Fällen gehandelt werden, dann ist nur eine Teilerfüllung möglich.

Die Handlungspflicht ist unerfüllbar, wenn dem Verpflichteten kein Akt der Art möglich ist, auf die die Pflicht sich richtet. Unmöglichkeit der Erfüllung liegt nur vor, wenn das gebotene Tun gar nicht vollzogen werden kann.

Das Problem, das die rechtliche Zuordnung der Teilerfüllung aufwirft, wurde schon angesprochen[217]. Je nach dem Sinn einer Dauerpflicht kann die eingegrenzte Fähigkeit, die nur eine Teilerfüllung zuläßt, sinnvereitelnd oder sinnwahrend sein. Wenn eine Teilerfüllung die Pflicht sinnentleert, muß sie als Nichterfüllung gewertet werden. Dann ist die Erfüllung im Rechtssinne schon unmöglich, wenn volle Erfüllung nicht möglich ist. Wenn die Teilerfüllung jedoch den Sinngehalt der Pflicht unbeschadet läßt, dann muß sie wie eine Erfüllung gewertet werden. Unmöglichkeit liegt dann erst vor, wenn gar kein Erfüllungsakt vollzogen werden kann.

2. Anwendung auf die Ehe

Hervorragendste Handlungspflicht des Ehevertrages ist die Gewährung der Geschlechtsgemeinschaft. Can. 1081 § 2 CIC bezeichnet das Recht auf den Leib als Gegenstand des Ehekonsenses.

Näherhin bedeutet die genannte Pflicht, daß jeder Ehepartner sich bereit und verpflichtet erklärt, dem gerechtfertigten Verlangen des anderen nach

[217] Vgl. oben § 12 II 3a (2).

dem Vollzug der Geschlechtsgemeinschaft zu genügen[218]. Der Mitvollzug hat zu geschehen, sooft der Partner das im Rahmen der gesetzten rechtlichen und natürlichen Schranken erbittet.

Eine weitere eheliche Handlungspflicht, die sich aus den Normen des CIC ergibt, ist die zu gegenseitiger Hilfeleistung. Auch hier ist der Einsatz jedes Gatten gefordert, sooft der andere der Hilfe bedarf.

Schließlich ist die Pflicht zur Erziehung der gemeinsamen Kinder eine Handlungspflicht aus dem Ehevertrag. Sie ist immer und jederzeit zu erfüllen; sie läßt sich nicht in Einzelakte zerlegen, die unter bestimmten Vorbedingungen zu setzen sind.

Alle genannten Pflichten sind Dauerpflichten. Sie entstehen mit dem Abschluß des Ehevertrages und enden spätestens mit dem Tode eines Gatten, frühestens aber mit dem Eintritt ihrer natürlichen Grenze. So erlischt die Pflicht zum Mitvollzug der Geschlechtsgemeinschaft mit dem Eintritt einer altersbedingten Unfähigkeit, die Pflicht zur Hilfeleistung, wenn die Gatten selbst hilflos werden, die Pflicht zur Kindererziehung, wenn diese dem Einfluß der Eltern entwachsen.

3. Rechtliche Beurteilung

Es gilt nun, nach den abstrakten Aussagen über die Handlungspflicht allgemein und über die Handlungspflichten des Ehevertrages die rechtlichen Folgen der Unmöglichkeit darzustellen, eine solche Handlungspflicht zu erfüllen. Das kann knapp geschehen, da die rechtliche Wirkungsweise der Unmöglichkeit in § 12 schon ausführlich erörtert ist. Dennoch müssen diese Überlegungen noch einmal aufgenommen werden, damit beurteilt werden kann, ob es auf die Unheilbarkeit der Unfähigkeit ankommt.

Als Beispiel zur größeren Anschaulichkeit diene die Handlungspflicht zum Unterhalt der Familie. Dabei wird *unterstellt*, daß es eine psychisch bedingte Unfähigkeit gebe, für den Familienunterhalt zu sorgen. Denkbar wäre das etwa bei einem krankhaft Asozialen, dessen psychische Struktur es verhindert, daß er regelmäßig arbeitet, der selbst bedürfnislos und zu regelmäs-

---

[218] Vgl. SRRDec c. Mattioli v. 27. Juli 1949 Bd. 41(1949)429-435, hier 435): „Age nunc: de essentia coniugalis consensus esse traditionem corporis, non ad proprium discrimen ad libitum comparti concedendam . . . sed perpetuam et exclusivam, id est illi soli, toties quoties rationabiliter, pro rerum adiunctis et probatis moribus, coniux petit, faciendam pacificum est.“

sigem Gelderwerb unfähig ist. Wir müssen ferner *unterstellen*, daß die Pflicht, für den Unterhalt der Familie zu sorgen, dem Ehevertrag wesentlich sei.

Beispiel soll hier nicht die Impotenz sein, obwohl sie – wenn psychisch bedingt – ein Fall der Eheführungsunfähigkeit ist. Sie wird nicht gewählt, obwohl sie die wohl am deutlichsten beschriebene Handlungspflicht aus dem Ehevertrag betrifft. Der Grund ist, daß im Falle der Impotenz die Heilbarkeitsfrage, um die es hier geht, scheinbar gesetzlich geregelt ist. Can. 1068 § 1 CIC sagt nämlich lediglich von der unheilbaren Impotenz aus, daß sie ein Ehehindernis sei. Die Frage des Unheilbarkeitserfordernisses bei der Impotenz ist aber zurückzustellen, um das Problem bei der Eheführungsunfähigkeit unvoreingenommen und allgemein prüfen zu können, verdeutlicht am Beispiel der Pflicht zum Familienunterhalt.

a) Auswirkung der Unmöglichkeit

Aus der Rechtsregel, daß niemand zu etwas Unmöglichem verpflichtet werden könne[219], folgt, daß eine Verpflichtungserklärung dann nicht rechtswirksam wird, wenn der Erklärende nicht in der Lage ist, sie zu erfüllen. Soll dem Partner ein Recht auf eine Leistung eingeräumt werden, so erwirbt er dieses Recht nur, wenn der Versprechende wirksam verpflichtet wird. Ein Recht ist nur da, wo eine entsprechende Pflicht besteht. Beides jedoch scheitert, wenn die Pflicht nicht erfüllbar ist und der Inhalt des Rechtes nicht realisiert werden kann.

Alle dem Ehevertrag wesentlichen Handlungspflichten sind Dauerpflichten, die mit dem Ehevertragsabschluß beginnen und wie oben dargestellt spätens mit dem Tode eines Gatten enden. Weil sie der Ehe wesentlich sind, kann die Ehe nicht bestehen, solange die entsprechende Pflicht-Recht-Beziehung nicht besteht. Wenn also – um gemäß dem gewählten Beispiel konkret zu werden –, ein Partner zum Familienunterhalt nicht fähig und so nicht verpflichtet ist und der andere das nicht fordern kann, kann die Ehe nicht Bestand haben. Die Unerfüllbarkeit einer wesentlichen Pflicht schließt das Bestehen eines gültigen Vertrages aus. Wenn also bei Abschluß einer Ehe einem Partner die Sorge für die Familie unmöglich ist, kann der äußerlich vollzogene Eheschließungsakt keinen gültigen Vertrag bewirken. Es entsteht zwar ein Rechtsschein, nicht aber eine Ehe. Die Zusage hat keine Pflicht des Unfähigen geschaffen, das zu leisten, wozu er unfähig ist. Wenn Recht und Pflicht für den Ehevertrag unabdingbar sind, dann kann er ohne sie nicht bestehen. Er

---

219 6. Regula Iuris in Sexto, vgl. oben § 12 II 1.

kann erst dann wirksam begründet werden, wenn die Pflicht und das Recht geschaffen werden können.

b) Entscheidung im Formzeitpunkt

Seit Inkrafttreten der tridentinischen Eheschließungsform ist die Ehe ein Rechtsgeschäft, das einen bestimmten, genau fixierbaren Entstehungszeitpunkt hat. Die Anordnung des Trienter Konzils, daß eine Ehe nur gültig vor dem Priester und zwei Zeugen geschlossen werden könne[220], hat bewirkt, daß eine Ehe nur noch in dem präzisen Zeitpunkt zustande kommen kann, in dem der Ehewille vor dem Priester und den Zeugen erklärt wird. Was in diesem Moment nicht bewirkt wird, wird gar nicht bewirkt, was hier scheitert, scheitert überhaupt, was hier nicht rechtswirksam wird, ist rechtsunwirksam[221].

Der Ehewille kann fortbestehen, eventuell auch solange, bis die Unfähigkeit zur finanziellen Sorge durch eine psychotherapeutische Behandlung be-

---

220 Dekret „Tamtesi" der Sessio 24 c.1 der Canones super reformatione circa matrimonium.

221 *Morrisey* (Incapacity 18) darf hier nicht mißverstanden werden, wenn er die Unfähigkeit zur Erfüllung von Ehepflichten deswegen als Nichtigkeitsgrund anerkannt sieht, weil seit dem 2. Vatikanischen Konzil nicht mehr aller Nachdruck auf den Zustand der Person bei der Eheschließung gelegt werde, sondern die Ehe nunmehr als Lebens- und Liebesgemeinschaft erkannt sei. Er will lediglich die Bedeutung der Fähigkeit zur Eheführung für die Gültigkeit des Vertrages klarstellen, der bei der Eheschließung zustande oder nicht zustande kommt (ebd. 19). Ähnlich ungeschützt wie *Morrisey* drückt sich *Ahern* (Incapacity 243) aus. *Murtagh* (Approach 321) erörtert die brisante Frage, die er letztlich nicht beantwortet, ob nicht der Zusammenbruch der Ehe eine Vermutung dafür abgibt, daß ein consortium vitae, das er für die Gültigkeit der Ehe als notwendig erachtet, nicht zustande gekommen ist. Soweit er darin nur ein Indiz sehen will, befindet er sich noch auf festem Boden (vgl. Dec. Signaturae Apostolicae c. Staffa v. 29. November 1975 in: Apollinaris 49(1976)31-48, hier 47: „Brevitas durationis vitae coniugalis semper habita est uti indicium nullitatis vinculi, sive ob vim et metum, sive ob positivum actum voluntatis excludentis aliquod elementum essentiale matrimonii, sive ob incapacitatem subiectivam alterutrius coniugum ad verum consensum matrimonialem praestandum. . ."). *Murtagh* neigt hier aber anscheinend dazu, den Verlauf der Ehe zum primären Beurteilungskriterium ihrer Gültigkeit zu machen und nicht nur zum Indiz dafür, daß eine Unfähigkeit zum consortium vitae bei der Eheschließung vorlag. Er hält das für eine „crucial question" (321), die sich nicht generell, wohl aber im Einzelfall beantworten lasse. Rascher Zusammenbruch der Ehe bedeute in sich dabei nur einen fumus boni iuris, nicht schon Beweis der Nichtigkeit (322). Man sieht, daß das angeschnittene Problem noch zu ungeklärt ist, um präzise Aussagen zu erlauben.

seitigt ist. Nun ließe sich das Verhältnis von Recht und Pflicht begründen. Das geschieht aber nicht von selbst. Ohne Einhaltung der vorgeschriebenen Form kann der Ehewille keine Ehe bewirken. Es bedarf einer förmlichen Eheschliessung nach Erwerb der Fähigkeit, etwa in Form einer Konvalidation[222].

Wenn ein Partner, der zum Familienunterhalt im Zeitpunkt der formgerechten Eheschließung wegen einer Störung der psychischen Struktur nicht fähig ist, durch seine Erklärung keine Ehe schafft, dann gilt das unabhängig davon, ob seine Unfähigkeit heilbar ist oder nicht. Im Zeitpunkt der Eheschliessung entsteht kein Rechtsverhältnis, weil Recht und Pflicht nicht entstehen. Die Heilung der Unfähigkeit allein bewirkt keine Ehe. Es bedarf einer „Heilung" auch der Ehe, genauer einer nunmehr möglichen gültigen Eheschließung, damit zwischen den Partnern das Gefüge von Rechten und Pflichten entstehen kann, das die rechtliche Seite der Ehe ausmacht.

Heilbarkeit ist eine Prognose. Die Feststellung, eine eheverhindernde Unfähigkeit könne beseitigt werden, schafft nicht die Möglichkeit, die Pflicht zu begründen, die zu erfüllen derzeit unmöglich ist. Die Konsequenz der Formpflicht, daß nur im präzisen Zeitpunkt der Willenserklärung vor Priester und Zeugen rechtserheblich, d.h. ehebegründend gehandelt werden kann, schließt die Überlegung aus, daß eine Ehe heute gültig sein könne, weil morgen vielleicht die Voraussetzungen für ihre Gültigkeit eintreten können. Vor dem Priester und den Zeugen entscheidet sich die Rechtswirksamkeit des Ehevertrages. Sie entscheidet sich danach, ob alle Gültigkeitsvoraussetzungen gegenwärtig gegeben sind. Zu diesen Voraussetzungen gehört auch die gegenwärtige Fähigkeit, die erklärten Verpflichtungen zu erfüllen[223].

---

[222] Can. 1133 CIC

[223] In einem Fall von Homosexualität erörtert Lefebvre (SRRDec v. 2. Dezember 1967 Bd. 59(1967)798-807, hier 804) die verschiedenen möglichen Nichtigkeitsgründe. Für den Grund „incapacitas assumendi onera coniugalia" führt er die Unfähigkeit des Nymphomanen an, überhaupt eine eheliche copula zu vollziehen oder das Recht darauf exclusive et perpetuo zu gewähren. Ohne darauf abzustellen, daß die Unmöglichkeit zur ehelichen copula überhaupt die Subsumption des Falles unter can. 1068 § 1 CIC rechtfertigen würde, und zwar als psychisch bedingte Impotenz, formuliert Lefebvre folgenden Satz: „Nec haec moralis impotentia ad consensus obiectum requiritur perpetua, cum ipsum obiectum revera evanescat tempore celebrationis contractus." Hier ist genau ausgesprochen, worauf es ankommt: daß zur Gültigkeit der Eheschließung auch die Fähigkeit zur Erfüllung des Vertrages gehört, und zwar die Fähigkeit dazu im Vertragsschließungszeitpunkt.

c) Gegenargument Impotenz

In der Diskussion wird immer wieder auf can. 1068 § 1 CIC hingewiesen, der für die ehevernichtende Impotenz die Unheilbarkeit fordert[224].

Bei genauem Hinsehen zeigt sich, daß das für die Eheführungsunfähigkeit formulierte Ergebnis und der Gesetzes*wortlaut* sich nicht widersprechen. Can. 1068 § 1 sagt, daß die unheilbare Impotenz die Ehe vernichte. Für die Eheführungsunfähigkeit gilt dasselbe: sie vernichtet die Ehe, wenn sie unheilbar ist. Darüber hinaus kann aber gesagt werden: sie vernichtet die Ehe auch, wenn sie heilbar ist. Das wiederum sagt can. 1068 von der Impotenz nicht. Der Codex schweigt hierzu und stellt nicht etwa die Behauptung auf, die heilbare Impotenz hindere die Ehe nicht. Das muß man bei unvoreingenommener Lesung des genannten can. feststellen. Die Aussage, die heilbare Impotenz sei kein Hindernis, findet sich lediglich in der – allerdings einhelligen – kanonistischen Lehre.

Formal betrachtet steht daher das Ergebnis zur Unheilbarkeitsfrage bei der Eheführungsunfähigkeit nicht mit can. 1068 § 1 im Widerspruch. Es sagt nur etwas, worüber der Codex schweigt. Es wäre aber zu einfach, bei diesem formalen Argument stehen zu bleiben. Zuerst ist zu betrachten, wie die neuere kanonistische Literatur zur Eheführungsunfähigkeit den scheinbaren Konflikt zwischen can. 1068 und der Erkenntnis, daß es auf die Unheilbarkeit nicht ankomme, zu umgehen versucht. Anschließend wird kurz gezeigt, wieso der Konflikt ein nur scheinbarer ist.

---

[224] So heißt es in einer SRRDec c. Pinto v. 18. März 1971 (in: Periodica 61(1972) 439-445, hier 440): „Recentiores quidam principium «Nemo ad impossibile obligari potest» matrimonio applicantes, loquuntur de impedimento dirimente moralis impotentiae quod habetur cum, manente etiam capacitate consensum praestandi, ob psychicum defectum vel perturbationem, contrahens incapax redditur assumendi sub gravi unum vel aliud vel omnia iura et officia essentialia matrimonialis contractus. Cum vero impedimentum hoc e iure naturae dimanet, eodem modo ac impotentia coeundi viget, scilicet, incapacitas debet esse antecedens et perpetua." Und in einer SRRDec c. Lefebvre v. 31. Januar 1976 (in: EphIC 32(1976)285-287, hier 287): „Ceterum vitium hoc quod supponitur antecedens, requiritur etiam necessario perpetuum, secus non apparet quod adsit revera incapacitas constitutionalis cum nonnisi temporanea sit haec, et exinde mere relativa, dum vere naturaliter incapax dici nequeat is, cui remanet sanationis possibilitas. Exigitur proinde ut curari nequeat, ad normam eorum quae referuntur in can. 1068, § 1 . . ."

aa) Der Ausweg der Autoren

Es gilt als ein Unterscheidungsmerkmal zwischen Ehehindernissen und Ehewillensmängeln, daß die Hindernisse ihre Wirkung nicht nur in einem bestimmten Moment entfalten, sondern sozusagen Dauerhemmnisse sind. Bei ihnen läßt sich, so meint man, überlegen, ob sie auch dann ehevernichtend sein müssen, wenn sie vorübergehender Natur sind.

Bei den Ehewillensmängeln dagegen ist man sich einig, daß sie die Ehe vernichten ohne Rücksicht auf das Andauern des Mangels. Wer bei der Eheschließung unter Zwang steht, heiratet ungültig, auch wenn der Zwang anschließend aufhört. Wer bei der Eheschließung rechtserheblich irrt, dessen Ehe wird nicht durch spätere Aufklärung über den Irrtum gültig. Wer im Trauungszeitpunkt etwas anderes will als er erklärt, der schafft keine gültige Ehe, wenn er sich später eines Besseren besinnt[225].

Bei allen diesen Nichtigkeitsursachen, die im Bereich des Ehewillens liegen, kommt die Heilbarkeitsfrage gar nicht auf. Die Konsequenz der Formpflicht ist hier klar gesehen: der Ehewille muß in Ordnung sein, wenn er erklärt wird. Sonst hat er keine gültige Ehe zur Folge.

Was also liegt näher als zu prüfen, ob nicht auch die Eheführungsunfähigkeit ein Konsensmangel sei? Dann entfiele wohl das Unheilbarkeitsproblem.

Die scholastische Begrifflichkeit eröffnet hier einen Weg: die Erfüllung der vertraglichen Zusage wird von den Autoren als Formalobjekt des Vertragswillens bezeichnet. Ein Wille, der sich auf etwas nicht Existentes richtet,

---

225 Diese Aussage gilt für den äußeren Rechtsbereich. Can. 1136 §§ 2 und 3 sehen abweichend vor, daß eine mit Konsensmangel eingegangene Ehe ohne Beachtung der kanonischen Form geheilt werden könne. Für den Fall des „defectus consensus mere internus" im Sinne von can. 1136 § 2 ist die Aussage, die innere Zustimmung zur Ehe mache diese gültig, abstrakt materiell-rechtlich vertretbar. Denn hier wäre weder die Nichtigkeit der Ehe beweisbar gewesen noch ist es jetzt ihre Heilung. Im Ergebnis hängt weder am bloßen inneren Vorbehalt noch an der inneren Zustimmung eine Folge, die im äußeren Rechtsbereich erkennbare Wirkungen zeigt. Schwieriger ist die Regelung des 1136 § 3 zu begründen. Wenn man davon ausgeht, daß der Begriff „occultus" dem in can. 1037 CIC für die Hindernisse gebrauchten entspricht, dann verlangt die Heilung einer Ehe mit beweisbarem Vorbehalt die Einhaltung der kanonischen Form, die einer Ehe mit nicht beweisbarem Vorbehalt eine Zustimmung „privatim et secreto", d.h. nicht amtlich und nicht öffentlich. Auch hier ist die Wirksamkeit der Heilung von Voraussetzungen abhängig, die sich der Beachtung im Rechtsleben entziehen. Hier haben nur Vorgänge Auswirkungen, die notfalls gerichtlich zugänglich sind. Jede Heilung eines Willensmangels wirkt zudem ex nunc, d.h. die Ehe entsteht erst im Zeitpunkt der Konvalidation.

leidet an einem Fehlen seines Objektes[226]. Daher sagt Köster: „Psychische Eheunfähigkeit bedeutet indirekt einen Konsensdefekt, weil das Objekt des Konsenses fehlt"[227].

Diese Argumentation ist jedoch nicht geeignet, Klarheit in die rechtliche Seite des Problems zu bringen. Sie schafft eine Gleichsetzung von gänzlich verschiedenen Kategorien. Unter dem Begriff „Konsensmängel" werden nun außer den schon sehr verschiedenen Sachverhalten der Simulation, der fehlenden oder falschen Kenntnis und der Unfreiheit des Willensentschlusses auch noch die Fälle gefaßt, in denen die Person frei, irrtumslos und ordnungsgemäß will, aber lediglich zur Ausführung des Gewollten unfähig ist. Besser als jedes Gegenargument zeigt vielleicht eine Schlußfolgerung, auf welches Glatteis und in welche Begriffsverwischung die Überlegung vom fehlenden Konsensobjekt hier führt: auch die Impotenz wäre ein Ehewillensmangel, denn auch hier „fehlt das Konsensobjekt"[228].

---

[226] S. u.a. *Keating* (Legal Test 31 Anm. 23), *LaDue* (Love 44), *Navarrete* (Mutationes 13 und Incapacitas 79), sowie *Köster* (Psychische Eheunfähigkeit 101).

[227] *Köster* (Psychische Eheunfähigkeit 101). Die Frage der Unheilbarkeit stellt sich nicht, wie *Lefebvre* (Jurisprudence 381) richtig sagt, wenn man die ganze Problematik der Unfähigkeit, eine Ehevertragspflicht zu erfüllen, dadurch in den Konsens hineinschiebt, daß man von einem Fehlen des Konsensobjektes spricht, wie es Anné in einer SRRDec v. 17. Januar 1967 Bd. 59(1967)23-36 tut und das als Fall des Nichtigkeitsgrundes „amentia" bezeichnet. Diese Argumentation übernimmt *Navarrete* (Incapacitas 63), indem er zustimmend die Entscheidung Anné's zitiert, wonach bei Nymphomanie ein gültiger Konsens fehle, „quia in ipso obiecto consensus deest elementum exclusivitatis iuris in corpus" (Nr. 11 dieses Urteils). Das Ergebnis ist richtig, aber nicht, weil es sich bei der Unfähigkeit zur Erfüllung der Ehepflichten um das Fehlen des Konsensobjektes und damit um einen Konsensmangel handelte, sondern weil die Nymphomanie die Erfüllung einer Unterlassungspflicht ausschließt. Bei der Übertragung der Argumente Anné's auf Handlungspflichten wäre nicht nur die Begründung, sondern auch das Ergebnis falsch. Auch *Ahern's* Überlegung (Incapacity 244), wie man das Erfüllungsunvermögen als Mangel an discretio iudicii und damit als Konsensmangel verstehen kann, würde das Heilbarkeitsproblem beseitigen. *Ahern* folgt seiner eigenen Konstruktion aber nicht, sondern behandelt die Heilbarkeitsfrage in Parallelität zur Impotenz (Incapacity 246). Zum Verständnis der Eheführungsunfähigkeit als Fall fehlenden Konsensobjektes vgl. auch *Lesage* (Jurisprudence 14-19).

[228] Diese Meinung wird tatsächlich vertreten. *Navarrete* (Incapacitas 79) schreibt: „Iam vero impotentia coeundi, stricte loquendo, non est impedimentum dirimens seu lex inhabilitans personam de se capacem matrimonii ineundi, sed est incapacitas praestandi obiectum consensus vel saltem elementum essentiale eiusdem, id est, ius in corpus in ordine ad copulam coniugalem." So richtig die Aussage ist, daß die Impotenz keine lex inhabilitans ist, die eine ehefähige Person eheunfähig macht – was auch niemand behauptet –, so wenig ist es die von ihm gewählte Umschreibung. Die Impotenz ist Tat-

Die Argumentation vom Konsensfehler scheitert daran, daß Konsens und Konsensobjekt zwei verschiedene Dinge sind, daß der Wille, sich zu etwas zu verpflichten, nicht identisch ist mit der Fähigkeit, die Verpflichtung zu erfüllen[229]. Es ist nicht begründbar, warum das Fehlen des Konsensobjektes ein Fehler des Konsenses selbst sein soll[230]. Konsens im Sinne des CIC ist – welche der drei Bedeutungen man auch nehme: Willensentschluß, Willenserklärung, Willenseinigung – eine geistige Aktivität, die nach außen tritt, aber in ihrem Bestand gänzlich unabhängig von der Verwirklichung ihres Inhaltes ist. Es läßt sich sagen, daß eine Willenseinigung keine Rechtsfolgen zeitigt, wenn ihr Gegenstand nicht in die Tat umzusetzen ist. Die Aussage, daß die Willenseinigung in einem solchen Falle in sich einen Fehler habe, ist nicht haltbar.

Das Argument vom fehlenden Konsensobjekt schafft einen neuen Konsensbegriff. Es läßt sich nämlich nur vertreten, wenn Konsensfehler gleichbedeutend mit rechtsunwirksamem Konsens gebraucht wird. Dann aber zieht man die Rechtsfolge dessen, was der Codex als Konsensmangel bezeichnet, in den Begriff selbst hinein. Daß hier weder die Klarheit der Sprache noch die der Sache selbst gefördert wird, braucht nicht näher dargelegt zu werden.

Es zeigt sich danach, daß die Deutung der Eheführungsunfähigkeit als Konsensfehler im herkömmlichen Sinne nicht haltbar ist. Aus dieser Einord-

---

sache, die kraft Naturrechtes die Sinnerfüllung der Ehe und damit in der Rechtswirkung ihre Gültigkeit vereitelt. Das geht aus can. 1068 § 1 CIC deutlich hervor. Bei dem gänzlichen Mißverständnis der tatsächlichen und rechtlichen Gesichtspunkte, die das Impotenz-Hindernis tragen, nimmt es kaum noch wunder, wenn *Navarrete* (Incapacitas 78) zur Einordnung der Impotenz unter die Ehehindernisse schreibt: „At merito potest quaeri num revera haec classificatio respondet structurae impotentiae coeundi, an potius debeat considerari uti hereditas confusionis quae in iure antecodicali vigebat in hac materia."

229 *Ogorzaly* (Law 105/106), der auch vom Konsensobjekt spricht, unterscheidet sachlich richtig: „One viewpoint holds that marriages are null and void due to defective consent. The other viewpoint focuses on the lack of the *object* of consent. This object is the ability of the party to fulfill essential marital obligations." Es ist allerdings problematisch, daß die Erfüllungs*fähigkeit* als Konsensobjekt bezeichnet wird, während Objekt des Konsenses tatsächlich die Begründung der ehevertraglichen Pflichten ist.

230 Richtig heißt es daher auch in einer SRRDec c. Serrano v. 5. April 1973 (in: RevEspDerCan 30(1974)107-128, hier 110): „Sed cum de incapacitate, nec de simulato aut coarctato obiecto consensus agitur, aptius aestimaretur et arctius cum praevalenti Iurisprudentia devinctum de habilitate subiectorum loqui quam de obiecto essentialiter imperfecto aut penitus deficiente."

nung läßt sich also auch nicht die Folgerung begründen, daß es auf die Unheilbarkeit nicht ankomme. Das Anliegen der Autoren, um die Unheilbarkeitsfrage herumzukommen, ist verständlich. Das Ziel, die Forderung nach Unheilbarkeit als unangemessen zu erweisen, entspringt einem durchaus richtigen Gefühl für die Sachlage. Doch bedarf es keines letztlich doch unpassierbaren Umweges, um die Problematik des can. 1068 § 1 CIC als Scheinproblem zu erweisen. Der Weg dazu führt nur über die Untersuchung der Frage bei der Impotenz selbst.

bb) Das Unheilbarkeitserfordernis bei der Impotenz[231]

(1) Die Aussage des can. 1068 § 1 CIC, die Impotenz sei ehevernichtend, wenn sie der Ehe vorausgeht und unheilbar ist, soll – gemäß der Lehre des alten Rechts und nach der Auskunft der Redaktoren des CIC interpretiert – bedeuten, daß *nur* die unheilbare Impotenz ehehindernd sei. Diese Ansicht hat ihren Ursprung in einer Entscheidung Innozenz' III. aus dem Jahre 1206[232], in der er sich mit dem Fall einer Frau auseinandersetzte, die von begutachtenden Matronen als zum Geschlechtsvollzug zu eng gebaut bezeichnet und daraufhin von ihrem ersten Mann getrennt worden war, sich später aber einem anderen Mann verband und mit ihm geschlechtlich verkehrte, der sie nun zu heiraten wünschte. Innozenz stellt fest, daß die erste Ehe wiederhergestellt werden müsse[223], weil die Impotenz irrtümlich angenommen worden sei. Sie habe sich einem anderen Mann gegenüber nicht gezeigt, also auch dem ersten gegenüber nicht bestanden. Eine relative körperliche Impotenz wird nicht erwogen. Ferner sagt Innozenz, die Impotenz der Frau sei gar kein Grund zur Trennung der Gatten gewesen, weil sie gefahrlos beseitigt werden konnte. Die Entscheidung des Innozenz III. steht vor einem tatsächlich und rechtlich ganz anderen Hintergrund als die Aussage des can. 1068 § 1 CIC. Innozenz kannte noch keine relative körperliche Impotenz. Er hatte keine Kriterien, um die Heilbarkeit einer Beischlafsunfähigkeit im voraus zu beurteilen. Seine Entscheidung entspringt einer Beurteilung des Falles im Nachhinein und argumentiert entsprechend.

---

231 Wir haben einen ersten Versuch der Aufarbeitung der Entstehung und kanonistischen Begründung des Unheilbarkeitserfordernisses an anderer Stelle vorgelegt (siehe *Lüdicke*, Impotenz). Wir können in diesem Zusammenhang nur die Ergebnisse zusammenfassend wiedergeben.

232 X 4, 15, 6

233 Einschränkungen der Entscheidung, die mit der Impotenz nicht unmittelbar zusammenhängen, bleiben hier der Vereinfachung halber außer Betracht.

Innozenz III. macht weiterhin keine doktrinäre Aussage, sondern eine disziplinäre. Die Frage an ihn lautete nicht, ob die ersten Gatten eine *gültige Ehe geschlossen* hatten, sondern ob die damals festgestellte Impotenz der Frau bei einer Beurteilung aufgrund der inzwischen eingetretenen Entwicklung als hinreichender Grund anzusehen sei, um die Trennung der ersten Gatten zu rechtfertigen. Darum die Frage, ob die Frau zu dem ersten Mann zurückkehren müsse oder ob sie bei dem zweiten bleiben könne.

Der Denkhintergrund für die Entscheidung des Innozenz ist das Eheverständnis vor dem Tridentinum. Es gab noch keine Formpflicht und damit auch keinen präzise fixierbaren Zeitpunkt, an dem sich die Gültigkeit oder Ungültigkeit einer Ehe entschied. Die Ehe wurde durch den formlosen Konsens der Partner begründet. Die Zusage der Gatten band vor der Öffentlichkeit, wenn nicht zwingende Gründe dem entgegenstanden. Solche Gründe waren die eigentlichen Ehehindernisse (erste Ehe, Weihe, Verwandtschaft, mangelndes Alter), aber auch die Erkenntnis, daß die Ehe ihren Zweck verfehlte. Dieser Zweck wurde mit „Erzeugung von Nachkommenschaft und Stillung der Leidenschaft" umschrieben. Beides kann nicht erreicht werden, wenn die Gatten zur copula unfähig sind.

Es stellt sich in einem solchen Falle die Frage, ob eine Trennung möglich sei. Die Frage war zu bejahen, wenn die Unmöglichkeit der Gatten, den Zweck ihrer Ehe zu erreichen, sicher schien. Ein daraufhin ergangenes Trennungsurteil konnte aber nur als provisorisch angesehen werden. Stellte sich irgendwann heraus, daß der Schein getrogen hatte, daß also die Partner doch noch die Fähigkeit zur copula gewinnen konnten, dann war die erste Ehe wiederherzustellen, auch wenn auf Grund des Trennungsurteils der gesunde Gatte eine zweite Ehe vor der Kirche geschlossen hatte. Der dem ersten Partner gegebene Konsens galt als fortwirkende Zusage, die solange den Schutz verdiente, wie die Zweckverfehlung der Ehe nicht sicher war. Der Erwerb der Beischlafsfähigkeit durch die getrennten Gatten zwang also stets zur Wiederaufnahme der ersten Ehe. Dabei kam es nicht darauf an, ob bei der Eheschliessung copula-Fähigkeit gegeben war, ob man sich hier also im Urteil getäuscht hatte, oder ob die Fähigkeit später erworben war[234]: in beiden Fällen konnte zum ersten Konsensaustausch die Sinnerfüllung der Ehe hinzukommen, Grund genug, die Gatten wieder zusammenzubringen.

Die Entscheidung des Innozenz ist in der Dekretalistenliteratur häufig behandelt, auch kritisiert und den fortschreitenden Erkenntnissen über die medizinisch-biologische Seite des Problems angepaßt worden. Unverändert

---

[234] Z.B. durch den häufigen Beischlaf mit einem anderen Mann!

blieb nur die Aussage, daß eine Ehe nicht getrennt werden darf, wenn sie noch die Chance der Sinnverwirklichung hat, d.h. wenn die Impotenz nicht unheilbar ist. Das war im vortridentinischen Eheverständnis durchaus richtig gesehen[235].

(2) Die Formpflicht-Einführung durch das Trienter Konzil[236] hat jedoch mit der Änderung des Eheverständnisses dem Unheilbarkeitserfordernis die Grundlage entzogen. Die Kanonistik hat sich darüber keine Rechenschaft gegeben, weil die Trienter Formpflicht nicht mit einem Mal, sondern in einem rund 350 Jahre dauernden Prozeß nach und nach verbindlich wurde. Erst der Codex schuf eine einheitliche Rechtslage und beseitigte die letzten Ausnahmen. So blieb der Wegfall der Grundlage für das Unheilbarkeitserfordernis unbemerkt.

Diese Grundlage lautete noch einmal kurz formuliert: Eine Ehe ist aufrechtzuerhalten, wenn die Voraussetzung ihrer Sinnerfüllung – die copula-Fähigkeit der Gatten – noch geschaffen werden kann. Der Konsens bindet, bis sicher ist, daß die Ehe ihren Zweck nicht erreichen kann.

Das bedeutete praktisch, daß auch Ehen aufrechterhalten wurden, deren Vollziehbarkeit ungewiß war, ungewiß blieb und mangels tatsächlicher Heilung auch niemals eintrat. Diese Ehen hatten ihren Zweck nicht erreicht: weder die Empfängnis von Kindern noch die Bedürfnisbefriedigung der Gatten war möglich.

Seit Inkrafttreten der tridentinischen Formpflicht entscheidet sich die Gültigkeit der Ehe im Moment des förmlichen Eheschließungsaktes. An dem Rechtszustand, der hier geschaffen wird – Gültigkeit oder Nichtigkeit der Ehe – ändert keine tatsächliche Entwicklung mehr etwas. Der Eintritt einer Impotenz nach gültiger Eheschließung (selbst vor Vollzug der Ehe) kann die Gültigkeit der Ehe nicht beseitigen. Die Heilung einer Impotenz kann die Nichtigkeit des Vertrages nicht beheben. Kriterium der Gültigkeit kann nur sein, ob im Formzeitpunkt Pflicht und Recht der Gatten entstanden sind. Das ist aber nicht der Fall, wenn die erklärte Zusage unerfüllbar war.

Auch der heilbar Impotente kann bei der Eheschließung keinen gültigen Vertrag zustande bringen. Seine Selbstverpflichtung, mit dem Partner den Geschlechtsakt zu vollziehen, geht ins Leere. Seine Erklärung bindet nicht, weil sie nicht erfüllbar ist.

---

235 Vgl. *Lüdicke* (Impotenz 53).

236 Vgl. oben Anm. 220.

Der Einwand, die Zusage könne ja später erfüllt werden, schlägt nicht durch. Erstens weiß man das nicht, denn dazu ist die tasächliche Heilung notwendig, die noch nicht erreicht ist und die von vielen Zufällen abhängen kann. Zweitens reicht zwar spätere Erfüllung zur Vervollständigung der äußeren Gestalt der Ehe, nicht aber spätere Erfüll*barkeit* der Verpflichtung zu ihrem gegenwärtigen Entstehen, zu ihrer Gültigkeit. Das Recht der Gatten entsteht, wenn der Zusagende seiner Pflicht genügen *kann*, nicht wenn er ihr später einmal tatsächlich genügt. Das Recht aber muß bei Vertragsabschluß entstehen, sonst scheitert das Rechtsgeschäft. Einen Ehevertrag auf spätere Rechte und Pflichten gibt es nicht[237].

Es müssen aber seit dem Inkrafttreten der Formpflicht, d.h. spätestens seit dem CIC, für die Heilbarkeitsfrage bei der Impotenz genau die gleichen Überlegungen gelten, die wir oben für die Eheführungsunfähigkeit allgemein angestellt hatten. Die Gültigkeit der Ehe hängt allein davon ab, ob die Partner *bei der Eheschließung* fähig sind, ihre Zusagen auch wahrzumachen. Das Gefüge von Rechten und Pflichten entsteht nur, wenn die Pflichten im Eheschließungszeitpunkt erfüllbar sind[238]. Der Vertrag ist nichtig, wenn das nicht der Fall ist. Für Spekulationen über künftige Fähigkeiten der Partner ist kein Raum[239].

---

[237] Deshalb kennt das kanonische Recht keine Befristung der Eheschließung. Die Beifügung einer notwendigen Zukunftsbedingung, die auf eine solche Befristung hinausliefe, wird ignoriert (can. 1092 n.1). Die Gründe, weshalb eine Ehe nach noch geltendem Recht von einem ungewissen zukünftigen Umstand abhängig gemacht werden kann (can. 1092 n.3), brauchen hier nicht erörtert zu werden.

[238] Vgl. auch oben Anm. 223.

[239] Es sei nur der Klarstellung halber darauf hingewiesen, daß Unfähigkeit gleichbedeutend ist mit Unmöglichkeit der Leistung. Dafür gelten die Kriterien, die in § 12 II 4 genannt sind. Anfangsschwierigkeiten der Gatten mit dem Ehevollzug begründen keine Unmöglichkeit, weil die Ausführung der copula nicht außerhalb der Fähigkeiten der Gatten liegt. Das ist nur der Fall, wenn die Behebung der Beischlafshemmnisse eigenem Bemühen unzugänglich ist.

4. KAPITEL

SYSTEMATISCHE FRAGEN

§ 19

Systematische Zuordnung der Eheführungsunfähigkeit

These: *Die Eheführungsunfähigkeit gehört dem rechtlichen Gehalt nach zu den dem Ehevertrag angepaßten Normen des allgemeinen Vertragsrechtes. Entsprechend dem System des CIC muß sie den Ehehindernissen zugerechnet werden.*

Nachdem die rechtlichen Grundlagen der Eheführungsunfähigkeit erarbeitet sind und diese selbst näher beschrieben und abgegrenzt ist, stellt sich nun die Frage nach der richtigen systematischen Einordnung. Dazu scheint es einen sehr einfachen Weg zu geben: Ein Fall von Eheführungsunfähigkeit – die psychisch bedingte Impotenz[240] – fällt unter can. 1068 § 1 CIC und stellt sich damit als Ehehindernis dar. Ist deswegen die Eheführungsunfähigkeit generell als Ehehindernis zu qualifizieren?

Die systematische Frage soll unvoreingenommen geprüft werden[241]. Es

[240] Vgl. § 13.

[241] Eine vorschnelle Festlegung, die allerdings durch den Gegenstand der Erörterung, nämlich die cann. 296 und 297 SE75 bewirkt sein dürfte, trifft *Morrisey* (Incapacity 5), wenn er bei der Erörterung der Frage nach der Unfähigkeit, eine Ehe einzugehen, gleich auf den Konsens abstellt und eine Voraussetzung seiner Darstellung so formuliert (ebd. 7): „Matrimonial consent must necessarily include a capacity to assume and to fulfill the essential rights and duties of the partnership." Wird das Problem so angegangen, ist die Weiche für die Überlegungen zur Systematik bereits gestellt, eine unvoreingenommene Prüfung damit erschwert.

ist also zuerst festzustellen, welchen rechtlichen Gehalt die Eheführungsunfähigkeit hat, und danach, welcher systematische Ort ihr gebührt[242].

I. Rechtlicher Gehalt der Eheführungsunfähigkeit

Der vor-rechtliche Befund, der die Eheführungsunfähigkeit charakterisiert, ist die Unfähigkeit eines Ehevertragspartners, eine Pflicht zu erfüllen, die dem Ehevertrag wesentlich ist. Im Rahmen unserer Themenstellung, die sich auf psychisch bedingte Ehenichtigkeitsgründe beschränkt, wurde diese Unfähigkeit näherhin dadurch bestimmt, daß sie auf einer Störung der psychischen Struktur des Kontrahenten beruht.

Der Rechtsgedanke, aufgrund dessen sich ergab, daß der geschilderte Befund die Nichtigkeit der Ehe herbeiführen müsse, lautete: Eine Verpflichtung ist rechtsunwirksam, die sich auf Unmögliches richtet. Ein Vertrag, der ohne eine solche Verpflichtung nicht bestehen kann, ist als ganzer nichtig[243].

Aus dieser allgemeinen Formulierung läßt sich die Rechtsfolge des genannten vor-rechtlichen Befundes entnehmen: ein Ehevertrag ist nichtig, wenn eine ihm wesentliche Verpflichtung von einem Partner nicht erfüllt werden kann. Dieser Satz ist eine Spezialisierung des allgemeinen Rechtsgrundsatzes, daß ein Vertrag nichtig ist, der zu einem wesentlichen Teil unerfüllbar ist.

Die hier angegebene Rechtsgrundlage läßt noch weitere spezielle Aussagen zu. Zunächst aber ist festzuhalten, daß das rechtliche Grundprinzip für die Nichtigkeitswirkung der Eheführungsunfähigkeit ein Satz ist, der für alle Arten von Rechtsgeschäften gilt, insbesondere für jeden Vertrag. Von daher kann man sagen: der rechtliche Gehalt der Eheführungsunfähigkeit ist ein Rechtssatz, der zum allgemeinen Vertragsrecht gehört.

---

242 Nur eine solche Betrachtungsweise kann zu befriedigenden Ergebnissen führen. Als Beispiel für den umgekehrten Weg sei die Theorie von *Lesage* (Jurisprudence 14 und 18) zur Unterscheidung von physischer und psychischer Impotenz angeführt. Erstere, sagt er, sei Ehehindernis – Begründung: can. 1068 § 1 CIC –, letztere Konsensfehler. Denn die psychisch bedingte Impotenz sei ein Fall von Fehlen des Konsensobjektes, ein Fall der incapacitas assumendi obligationes. . . Daß *Lesage* zum Begriff „Konsensfehler" den can. 1086 CIC zitiert, ist unverständlich (ebd. 18). Sein Artikel „Psychic Impotence, a Defect of Consent" scheint mir in erster Linie zu zeigen, wie ungeeignet der Begriff des „Konsensobjektes" als ius in corpus für das rechtliche Verständnis der Nichtigkeitswirkung der Impotenz ist.

243 Vgl. oben § 12.

II. Einordnung der Eheführungsunfähigkeit

1. Eheführungsunfähigkeit im allgemeinen Vertragsrecht?

Es wäre sicher nicht unnütz, unter die allgemeinen Normen des CIC, näherhin bei den Vorschriften über das rechtserhebliche Handeln[244], auch den Grundsatz aufzunehmen, daß unerfüllbare Verpflichtungen nicht rechtswirksam sind. Es wäre dann nur noch eine Aufgabe des rechtlichen Schlußfolgerns, die Eheführungsunfähigkeit als Ehenichtigkeitsgrund zu erkennen, d.h. die Ableitung zu vollziehen, die unter § 12 vorgenommen wurde.

Die Rechtssystematik soll neben der richtigen Abfolge gesetzgeberischer Anordnungen auch die praktische Handhabung der Normen erleichtern[245]. Deswegen kann es notwenig sein, eine Aussage an zwei Stellen zu bringen oder sie nur an dem systematischen Ort anführen, wo sie praktische Bedeutung gewinnt.

Wie schon einmal gesagt, besteht für ein allgemeines Vertragsrecht im CIC kein praktisches Bedürfnis. Manche Norm, die diesem Gebiet angehört, wird jedoch bei der Erfassung des Vertrages bedeutsam, der die kirchliche Rechtspraxis am meisten beschäftigt: der Ehe. Es erscheint daher sinnvoll, den Rechtsgrundsatz der Unmöglichkeit – mindestens auch – in seiner spezifisch eherechtlichen Ausprägung in das Normengefüge des CIC aufzunehmen. An welcher Stelle soll das geschehen?

2. Eheführungsunfähigkeit als Willensmangel?

Der eigentliche Grund, warum die Einordnung der Eheführungsunfähigkeit bei den Willensmängeln des CIC zu prüfen ist, liegt darin, daß zahlreiche Autoren eine solche Zuordnung befürworten. Die Meinung der Codex-Reform-Kommission, die Unfähigkeit zur Erfüllung ehelicher Pflichten sei unter die Ehewillensmängel einzuordnen, obwohl hier vom Kontrahenten ein einwandfreier Willensakt gesetzt werden könne, diese Einordnung sei jedoch nötig, um eine Vermengung mit der psychischen Impotenz zu vermeiden, hat Anhänger

---

244 Eine solche Normgruppe wird für das künftige erste Buch des CIC gewünscht von *Mörsdorf* (Systematik 8 und 27). Der Entwurf eines Schemas für die Normae generales der Codex-Reform-Kommission aus dem Jahre 1974 kennt auch einen Titel „De actibus iuridicis" (cann. 112-116), der aber den Rechtsgrundsatz von der Nichtigkeit nicht erfüllbarer Verpflichtungen nicht enthält.

245 Vgl. dazu *Schmitz* (Gesetzessystematik 3) und *Mörsdorf* (Systematik 4/5).

gefunden[246]. Sie selbst hat schon ihrerseits Vorbilder[247]. Sie beruhen auf

---

246 Die entsprechende Stelle aus der Relation von Petrus Huizing in Communicationes 3(1971)77 lautet: „In ultimo casu" (d.i. die incapacitas assumendi obligationes essentiales matrimonii proveniens ex gravi anomalia psycho-sexuali) „a parte contrahentis actus ille forte integer elici potest, ipsa tamen incapax est obiectum consensus implendi; quare tertius quoque casus recensendus videbatur inter defectus consensus, potius quam subsumendus sub nomine impotentiae, non quidem physicae, sed moralis, accedente ratione confusionis cum impotentia psychica vitandae." *Morrisey* (Legislation 354) unterstützt die Einordnung der Eheführungsunfähigkeit bei den Konsensmängeln durch die Codex-Reform-Kommission mit seinem Verständnis des Tatbestandes als „radical incapacity to give the object of the consent and consequently of entering into marriage." Anderer Ansicht ist *Bernhard* (Réflexion 275). Er betont: „Encore faudrait-il, à notre avis, pour parvenir à une clarification satisfaisante de la question, extraire totalement la problématique de l'incapacité morale de celle du consentement, et affirmer clairement qu'il s'agit d'un empêchement diriment d'ordre psychologique (au sens large du terme), affectant la personne du contractant inapte à remplir les obligations du mariage."

247 So etwa eine SRRDec c. Anné v. 17. Januar 1967 Bd. 59(1967)23-36, wo es heißt: „In casu, itaque, nymphomaniae dicendum est deesse validum consensum matrimonialem quia in ipso obiecto consensus deest elementum exclusivitatis iuris in corpus" (29). Heard (in einer SRRDec v. 5. Juni 1941 Bd. 33(1941)488-496, hier 494), auf den sich Anné beruft, formuliert unanfechtbarer: „Sed si mulier revera tali incoercibili instinctu sexuali laborabat, ut sub influxu eiusdem omni viro sese ineluctabiliter daret, tempore contractus non fuit domina corporis sui ideoque ius in idem nullimode transferre poterat." Aber auch in der Rechtsprechung gibt es Stimmen, die zwar eine Verwechselung zwischen Erfüllungsunvermögen und Impotenz im Sinne des Codex vermeiden wollen, dennoch aber ersteres zu den trennenden Hindernissen rechnen, die auf Eheunfähigkeit kraft natürlichen Rechtes beruhen. So heißt es in einer SRRDec c. Fagiolo v. 23. Januar 1970 (in: EphIC 27(1971)147-151, hier 150): „Forsitan expedit ut in novo Codice praecipue iuris naturalis radices nullitatis matrimonii recenseantur, quatenus fieri potest, ut capite differentiate et explicite dicatur de incapacitate assumendi onera matrimonialia uti impedimento dirimente." Schon 1957 hatte Sabattani in einer SRRDec v. 21. Juni 1957 (Bd. 49(1957)500-513, hier 503) auf die Vergleichbarkeit der rechtlichen Gesichtspunkte, die für die Beurteilung der Nymphomanie heranzuziehen sind, mit denen hingewiesen, die das Impotenz-Hindernis tragen. Obwohl er den Einwand, die Nymphomanin sei nicht impotent, sondern vielmehr hyperpotent, gleich abgewiesen hat, weil es nicht um die vergleichbare Sachlage, sondern um die gemeinsamen rechtlichen Gesichtspunkte gehe, ist Sabattani in seiner Aussage immer wieder mißverstanden worden, die so lautet: „*Relate vero ad inclusionem huius formae in schematibus iuridicis*, nymphomania videtur forsan magis accedere ad impotentiam quam ad vitium mentis." So hat etwa Pinna (SRRDec v. 4. April 1963 Bd. 55(1963)256-271, hier 260) unter Berufung auf eine SRRDec c. Heard v. 5. Juni 1941 (Bd. 33(1941)488-496) die Meinung verteidigt, die Nymphomanie gehöre nach beständiger Rota-Rechtsprechung zur dementia. Die Anwälte hatten in dem Fall, der 1941 c. Heard verhandelt wurde, bei der nymphomanen Frau die Parallelität ihrer Unfähigkeit zur Treue mit dem Hindernis der

dem Gedankengang, daß die Unfähigkeit zur Erfüllung wesentlicher Ehepflichten das Fehlen des Konsensobjektes bedeute, also einen Fehler des Konsenses selbst[248].

Es ist unerläßlich, sich noch einmal den Begriff des Konsensmangels im Sinne des CIC vor Augen zu führen. Es gibt nach der Vorstellung des Codex primäre Willensmängel, die dadurch charakterisiert sind, daß der Kontrahent anders erklärt als er will (Simulation)[249]. Es gibt sodann die Willensmängel, die auf einem Fehlen der Voraussetzungen des Willens selbst beruhen: auf Unkenntnis oder Irrtum[250]. Schließlich gibt es die Beeinträchtigung der freien Willensbildung durch die Wirkung schwerer Furcht[251] und die Verhinderung freier Willensäußerung durch Zwang[252]. Ferner gehört hierher die Bedingung im Sinne des can. 1092 CIC, bei der ebenfalls eine Abweichung zwischen Erklärung und Wille besteht. Alle anderen Tatbestände, die der CIC unter der Überschrift „De consensu matrimoniali" bringt, handeln nicht von Mängeln des Willens, sondern enthalten Rechts- und Beweisregeln oder Formvorschriften.

Impotenz zur Sprache gebracht. Das Urteil hatte die nähere Erörterung dieser Frage unterlassen, weil es bei der Nymphomanie nicht das Unheilbarkeitserfordernis, das bei der Impotenz galt, anerkannte und die Frau auch nicht als wirklich unfähig zur Treue ansah. Anné erwähnt das Urteil c. Sabattani von 1957 nicht. Seine Argumentation gegen die Vergleichbarkeit mit der Impotenz antwortet aber eher den dort gebrauchten Formulierungen, als denen, die sich im Urteil c. Heard finden. Anné's Haupt-Satz lautet: „Elementum *exclusivitatis usus*, . . . , non ingreditur conceptum iuridicum impotentiae." Der von Sabattani und auch von den Anwälten in der Causa c. Heard genannte Vergleichspunkt – Unfähigkeit zur Erfüllung wesentlicher Ehepflichten – ist nicht angenommen. Weitere Rechtsprechung zum Begriff „impotentia moralis" und zur Vergleichbarkeit von Eheführungsunfähigkeit und Impotenz erörtert *Mosiek* (Rechtsprechung 242-249).

248 Mit dem Ziel, die psychische Impotenz als Konsensmangel aufzuweisen, erörtert *Lesage* die Theorie vom Fehlen des Konsensobjektes ausführlich in seinem Artikel „Psychic Impotence". In einer SRRDec c. Anné v. 25. Februar 1969 (in: Monitor 96 (1971)21-39, hier 28) wird ein Fall von Homosexualität unter dem Gesichtspunkt des fehlenden Formalobjektes des Konsenses erörtert. Dennoch wird, und das ist beachtlich, überlegt: „. . . utrum necne talis homosexualitatis conditio, quae, peritorum judicio, insanabilis iam tempore nuptiarum exstiterit, constituat caput vere autonomum nullitatis matrimonii OB DEFECTUM OBIECTI FORMALIS consensus matrimonialis." Hier wird deutlich Abstand genommen von dem Fehlschluß, ein Fehlen des Konsensobjektes sei kategoriell mit den Konsensmängeln des CIC gleichzusetzen.

249 Vgl. dazu § 5.

250 S. o. § 4.

251 S. o. § 6, 2.

252 S. o. § 6, 1.

Charakteristikum der Willensmängel im CIC ist, daß sie Fehler des Willensaktes oder der Willenserklärung selbst sind. Sie bewirken die Unwirksamkeit der Erklärung, aber nicht jede Rechtsunwirksamkeit einer Erklärung beruht auf einem Fehler des Willens oder der Erklärung selbst. Auch eine unter Vorliegen von Hindernissen oder unter Nichtbeachtung der vorgeschriebenen Form abgegebene Erklärung ist nicht wirksam. Doch damit liegt noch kein Willensmangel vor. Von einem solchen kann nur gesprochen werden, wenn der Fehler im Willen oder im Erklärungsakt selbst liegt.

Die Argumentation vom fehlenden Konsensobjekt verwischt die bisher verwendeten Begriffe. Sie setzt den „defectus consensus" mit dem „rechtsunwirksamen Konsens" gleich. Es wird ja zugegeben, daß der Willensakt der Person intakt sein könne[253]; dennoch wird von Konsensmangel gesprochen, weil der in sich intakte Wille nicht rechtswirksam wird[254].

Wenn man die Kategorien klar unterscheidet, die die Systematik des Codex bestimmen, dann kann man als Willensmängel nur jene Sachverhalte ansehen, die im Bereich der Willensbildung und Willensäußerung liegen und deshalb die Rechtsunwirksamkeit der abgegebenen Erklärung bewirken. In diesen Bereich gehört die Eheführungsunfähigkeit nicht. Mag es auch Fälle geben, in denen neben der Fähigkeit, Pflichten aus dem Ehevertrag zu erfüllen, auch die Fähigkeit fehlt, einen zurechenbaren Willen zu bilden oder zu äußern, so ist die Eheführungsunfähigkeit doch dadurch charakterisiert, daß sie die Unmöglichkeit bedeutet, das auszuführen, was jemand im Ehevertrag zugesagt hat. Die Eheführungsunfähigkeit hat mit den Willensmängeln nur die Rechtsfolge gemeinsam: daß sie die Ehe nichtig macht. Sie ist als Ursache dieser Rechtsfolge jedoch mit den Willensmängeln nicht vergleichbar.

---

253 *Lefebvre* (Évolution 354) sagt: „En effet ce n'est pas le consentement même qui est troublé, mais c'est son objet qui fait défaut." Diese Aussage darf aber nicht dahin mißverstanden werden, als halte er die Unfähigkeit zur Erfüllung von Ehepflichten nicht für einen Willensmangel. Er übernimmt vielmehr von Anné (vgl. vorstehend Anm. 247) und *Navarrete* (Incapacitas 63) die Ansicht, Erfüllungsunvermögen bedeute das Fehlen des Konsensobjektes und damit selbst einen Konsensmangel (Jurisprudence 381). Er stellt fest, daß die Entwicklung der Rechtsprechung der Rota die Erkenntnis gebracht habe, daß die Unfähigkeit, die ehelichen Verpflichtungen zu übernehmen, etwas sei, was einen autonomen Nichtigkeitsgrund abgebe, und zwar den der Unmöglichkeit, das Konsensobjekt zu leisten (Jurisprudence 384). *Lefebvre* gesteht allerdings zu, daß die Frage offen sei, ob es nicht Unmöglichkeiten, das Konsensobjekt zu leisten, gebe, die die intellektuellen und volitiven Fähigkeiten unberührt lassen (ebd. 386).

254 Vgl. Anm. 246.

3. Eheführungsunfähigkeit als Ehehindernis

Die rechtliche Grundaussage, daß ein Vertrag nichtig sei, der sich auf unerfüllbare Verpflichtungen richtet, trägt an und für sich nur die Feststellung, daß die Eheführungsunfähigkeit ein Ehenichtigkeitsgrund sei. Dennoch sind weitere Aussagen möglich und nötig, um weitergehende Folgerungen für die kirchliche Rechtspraxis ziehen zu können.

Es ist wichtiges Anliegen des kanonischen Eherechtes, nicht nur ungültige Ehen als solche zu erkennen und zu erklären, sondern auch zu verhindern, daß sie geschlossen werden. Die Fälle, in denen der Eheschließungakt nur einen Rechtsschein erzeugen kann, nicht aber eine Ehe, bedeuten eine Störung der Rechtsordnung. Sie nach Möglichkeit auszuscheiden, muß daher Aufgabe der Normsetzung sein. Wo keine Möglichkeit besteht, die Gültigkeit der Ehe zu bewirken, sollte die Eingehung der Ehe verhindert werden.

(1) Eheführungsunfähigkeit als Hindernis im technischen Sinne

Ein Ehehindernis im technischen Sinne ist eine Gesetzesnorm, die nicht nur aussagt, daß die Ehe im erfaßten Fall nichtig ist, sondern auch, daß sie nicht geschlossen werden darf. Läßt sich die Eheführungsunfähigkeit in einer solchen Norm ausformulieren?

Zunächst wäre die Aussage erforderlich: „Die Ehe ist nichtig, wenn ein Partner zur Erfüllung einer dem Ehevertrag wesentlichen Pflicht unfähig ist.“ Soweit wäre zunächst ein Nichtigkeitsgrund ausgesagt. Unter welchen Voraussetzungen aber wäre die Eheschließung zu verhindern?

Daß ein Partner zur Erfüllung der wesentlichen Ehepflichten nicht fähig ist, kann vor seiner Eheschließung kaum einmal gesagt werden. Die Pflichten des Ehevertrages bestehen ja nur innerhalb der Ehe. Erst in ihr zeigt sich, ob sie erfüllt werden können. Mag man auch vor der Heirat sagen können, daß eine Person psychisch gestört ist, so wird man doch nicht die Prognose wagen, daß die Erfüllung der spezifischen Ehepflichten nicht möglich sein wird. Das könnte ein psychologischer Gutachter feststellen, nicht aber der Pfarrer, der das Paar zur Trauung zuläßt und an den sich eine Norm richten müßte, die ein Zulassungshindernis aufstellt.

Ein Grund, die Zulassung zur Eheschließung zu verweigern, liegt allenfalls dann auf der Hand, wenn eine Person heiraten will, deren erste Ehe wegen

Eheführungsunfähigkeit auf ihrer Seite für nichtig erklärt ist[255]. Ein dementsprechendes Urteil kann dann Grund dafür sein, das Paar nicht zuzulassen, wenn sich aus ihm schließen läßt, daß der betroffene Partner auch jetzt noch unfähig ist. Das kann nur dann der Fall sein, wenn die Diagnose auf unheilbare Unfähigkeit gelautet hat. Nur selten aber wird das aus dem Urteil zu entnehmen sein, zumal die Unheilbarkeit nicht entscheidungserheblich ist[256]. Wenn das Urteil also keine entsprechende Aussage enhält, kann der Pfarrer die Zulassung des betreffenden Ehebewerbers nicht verweigern.

Es ist von daher gesehen nicht sinnvoll, eine ausdrückliche Norm aufzustellen, wann eine Zulassung zur Eheschließung wegen Eheführungsunfähigkeit nicht geschehen darf.

(2) Eheführungsunfähigkeit als Ehehindernis im untechnischen Sinne

Als Ehehindernis im untechnischen Sinne wurde oben[257] eine Norm bezeichnet, die die Nichtigkeit einer Ehe zum Ausdruck bringt, die unter Vorliegen des Hindernisses geschlossen ist, jedoch selbst nicht sagt, daß die Ehe nicht geschlossen werden dürfe und vor allem nicht selbst Kriterien dafür angibt, wann die Ehezulassung zu verweigern ist. Die Konsequenz, daß eine Ehe nicht erlaubt ist, die dieses Hindernisses wegen nichtig sein würde, soll aus can. 1036 § 2 CIC entnommen werden, der die trennenden Ehehindernisse allgemein charakterisiert und auch sagt, daß die Eheschließung im Falle ihres Vorliegens verboten ist.

---

[255] *Ahern* (Incapacity 236 Anm. 14) schlägt vor, in Fällen, in denen die psychische Ehefähigkeit eines Partners zweifelhaft oder seine Unfähigkeit im Nichtigkeitsurteil über eine vorangegangene Ehe festgestellt ist, den neuen Brautpartner sorgfältig über die Sachlage ins Bild zu setzen. (Ebenso möglich wäre es, von dem neuen Partner die Bestätigung zu fordern, daß er das Nichtigkeitsurteil gelesen habe). *Ahern* gibt für die gerichtliche und verwaltungsmäßige Behandlung von psychisch eheunfähigen Partnern bezüglich ihrer Zulassung zu einer zweiten Ehe vier Regeln (Incapacity 247/248): 1. Ist die Ehenichtigkeit durch eine unheilbare Störung verursacht, soll die Wiederheirat verboten werden. 2. Bei heilbarer aber ungeheilter Störung soll die Wiederheirat bis zur Heilung verboten werden. 3. Wenn die Störung z.T. geheilt ist, muß die Wiederheirat im Zweifel zugelassen werden, wenn der betroffene Ehebewerber eine vollständige Heilung ablehnt. 4. Ist die Heilung erfolgt, bedarf es keines Zusatzes zum Urteil. So richtig diese Regeln in abstracto sein mögen, so wenig besteht die Möglichkeit, im konkreten Fall damit zu arbeiten.

[256] Vgl. oben § 18.

[257] § 10, 4a

Die Eheführungsunfähigkeit ist ein personabhängiger Ehenichtigkeitsgrund. Sie stellt sich als eine Eigenschaft des Partners dar, die es ihm unmöglich macht, rechtswirksam eine Ehe zu schließen. Das gilt – anders als bei einigen Fällen der Impotenz – auch bei der relativen Eheführungsunfähigkeit. Man kann deswegen nicht nur sagen, daß eine Ehe nichtig ist, die eine so betroffene Person schließt, sondern auch, daß die Person selbst eheunfähig ist. Von ihr abgegebene Ehevertragserklärungen können nicht wirksam werden, und darum läßt sich folgern, daß sie nicht zur gültigen Eheschließung fähig ist. Das Ehehindernis der Eheführungsunfähigkeit ist daher als persönliche Unfähigkeit zu formulieren. Aus diesen Erwägungen heraus ergibt sich dann folgender Vorschlag für einen gesetzlichen Tatbestand der Eheführungsunfähigkeit, der bei den Ehehindernissen einzuordnen wäre:

> Unfähig zum Eingehen einer Ehe ist, wer aufgrund einer Störung seiner psychischen Struktur nicht fähig ist, eine dem Ehevertrag wesentliche Rechtspflicht zu erfüllen.

5. KAPITEL

PROZESSFRAGEN

§ 20

Die Prozeßfrage im Falle der Eheführungsunfähigkeit

Der zweite Teil der Untersuchung der Eheführungsunfähigkeit soll mit einer Betrachtung der Probleme abschließen, die sich bei der Behandlung einer Nichtigkeitsklage stellen, die auf Eheführungsunfähigkeit gestützt ist.

1. Der Prüfungsgegenstand

Die Frage, auf die das Urteil im Ehenichtigkeitsprozeß zu antworten hat, lautet in den hier behandelten Fällen, ob es feststehe, daß die Ehe wegen Eheführungsunfähigkeit nichtig sei.

Die Antwort richtet sich in erster Linie nach Feststellungen, die sich auf den Zeitpunkt der Eheschließung beziehen. Anders aber als bei der Ehevertragsunfähigkeit muß hier zusätzlich beachtet werden, daß die Ehe nach der Eheschließung konvalidiert worden sein kann.

Bei der Ehevertragsunfähigkeit war die Frage einer Heilung der Ehe nicht aufzuwerfen, weil dort die Nichtigkeit aus einem Defekt des Konsenses folgte. Ohne erneuten Konsensaustausch konnte keine Gültigmachung der Ehe erfolgen.

Anders ist die Lage bei der Eheführungsunfähigkeit. Sie ist ein Ehehindernis, das wegfallen kann. Die Ehe kann dann unter bestimmten Voraussetzungen gültig werden, ohne daß der Konsens neu erklärt werden muß. Dabei sind für das Gericht einige Probleme zu beachten.

a) Ungeheilte Eheführungsunfähigkeit

Zunächst sei kurz vorweg gesagt, daß keinerlei Probleme entstehen, wenn die Eheführungsunfähigkeit, auf die sich die Ehenichtigkeitsklage stützt, noch im Prozeßzeitpunkt vorliegt. War der betroffene Partner bei der Eheschliessung eheunfähig und ist er es noch immer gleicherweise zur Zeit des Prozesses, dann kommt eine Konvalidation der Ehe nicht in Betracht. Das Hindernis, das die Ehe ungültig macht, liegt dann noch vor. Von der Unfähigkeit zur Erfüllung wesentlicher Ehepflichten kann nicht dispendiert werden. Das aber wäre die einzige Möglichkeit, wie die Rechtslage sich bei unverändertem Stand der Tatsachen gewandelt haben könnte.

b) Geheilte Eheführungsunfähigkeit

Ist die Eheführungsunfähigkeit, auf die die Klage sich beruft, zur Zeit des Prozesses beseitigt, dann erhebt sich die Frage, ob nicht auch die Ehe gültig geworden sein kann.

Die Eheführungsunfähigkeit ist, wie wir gesagt haben, ein Ehehindernis, eine Eigenschaft des Kontrahenten, die ihn unfähig macht, eine gültige Ehe zu schließen. Die Unfähigkeit kann wegfallen, die Ehe könnte dann gültig gemacht werden. Ob das geschehen ist, ob also die Ehe im Prozeßzeitpunkt noch nichtig ist, muß man nach verschiedenen Kriterien beurteilen, die sich nach der Formpflichtigkeit der Gatten richten.

(1) Ehe unter nicht Formpflichtigen

Ist die Ehe, die wegen Eheführungsunfähigkeit für nichtig erklärt werden soll, unter Personen geschlossen, die nicht der Formpflicht unterliegen, kann die Ehe auch ohne Sanation geheilt worden sein. Die Ehe konnte in einem solchen Falle schon gültig werden, wenn der Konsens fortdauerte, als die Heilung der Eheführungsunfähigkeit, der Wegfall des Hindernisses eintrat. Vor der Heilung konnte keine gültige Ehe entstehen, da dem ein Hindernis des natürlichen Rechtes im Wege stand. Der Konsens konnte deswegen, sofern er fortdauerte, erst nach dem Wegfall des Hindernisses ehebegründende Wirkung entfalten. Das ist bei den nicht Formpflichtigen – anders als bei den zur Beachtung der kanonischen Form Verpflichteten – möglich[258]. Im Prozeß ist daher nicht

[258] Zu der Auswirkung der tridentinischen Formpflicht, daß sie die Wirksamkeit des Konsenses auf den Formzeitpunkt beschränkt, während eine solche Begrenzung der rechtlichen Wirkkraft vorher nicht bestand, vgl. *Lüdicke* (Impotenz 78-87).

die Sanation zu prüfen, sondern die Fortdauer des Ehewillens bis zum Zeitpunkt der Heilung. Die Vermutung des can. 1093 CIC greift hier ein, wonach anzunehmen ist, daß der Wille fortgedauert hat. Doch wird man diese Vermutung nicht dahin überbewerten dürfen, daß nur ein erklärter Widerruf beachtlich sei oder ein formell auf die Lösung der Ehe gerichtetes Handeln (zivile Ehescheidungsklage), sondern jede ernsthafte und beweisbare Kundgabe des Partners, die eheliche Lebensgemeinschaft mit dem Eheführungsunfähigen nicht mehr zu wollen. Ausschlaggebend dafür ist der Zeitpunkt der Heilung.

(2) Ehe mit Dispens von der Form

Die Regeln für die Untersuchung der Ehen nichtformpflichtiger Personen gelten nicht, wenn die Kontrahenten an und für sich der Formpflicht unterliegen, von ihr aber durch Dispens freigestellt sind. Hier ist nämlich keineswegs von dem Grundsatz der Formpflicht befreit, daß alle Gültigkeitsvoraussetzungen der Ehe in einem öffentlich erkennbaren Eheschließungszeitpunkt vorliegen müssen, sondern lediglich von der Pflicht, die öffentliche Erkennbarkeit des Ehewillens durch eine Erklärung vor der Kirche zu bewirken. Die Dispens von der Form verschiebt den Eheschließungsakt vor eine andere Öffentlichkeit, in der Regel die des Staates. Der Zeitpunkt der Ziviltrauung ist dann der, der für die Gültigkeit der Ehe ausschlaggebend ist. Fehlt in diesem Moment die Eheführungsfähigkeit, dann genügt nicht die Fortdauer des Konsenses bis zur Heilung, um die Ehe gültig werden zu lassen, sondern nur die Konsenserneuerung nach Wegfall des Hindernisses. Diese Konsenserneuerung hat nach den Regeln der kanonischen Konvalidation zu erfolgen, da die Dispens von der Eheschließungsform nicht auch die von der Konvalidationsform beinhaltet. Im Prozeß sind also dieselben Untersuchungen anzustellen wie bei einer Ehe, die in kanonischer Form geschlossen ist.

(3) Ehe in kanonischer Form mit Konvalidation

Soll eine Ehe für nichtig erklärt werden, die in kanonischer Form geschlossen ist, die aber anfänglich wegen Eheführungsunfähigkeit nichtig gewesen sein und durch eine Konvalidation nach Behebung des Hindernisses gültig geworden sein soll, so ist zu prüfen, ob durch die Konvalidation eine gültige Ehe zustande gekommen ist[259]. Lagen bei der Konvalidation, dem er-

---

[259] Vgl. cann. 1133-1135 CIC.

neuten Konsensaustausch vor dem Priester und zwei Zeugen alle nötigen Voraussetzungen für eine gültige Ehe vor, dann kann die Prüfung hier abbrechen. Eine Ehenichtigkeitserklärung kann dann nicht stattfinden.

Stellt sich jedoch heraus, daß bei der Konvalidation ein Fehler gemacht wurde oder der Konsensaustausch nicht stattgefunden hat, oder auch, daß ein Partner bei der Konvalidation simuliert hat, daß ein neues Ehehindernis hinzugekommen war oder die Ehe aus einem anderen Gesichtspunkt nicht gültig begründet werden konnte, dann ist zu prüfen, ob es einer Konvalidation überhaupt wirklich bedurfte. Dann wird die erste formgerechte Eheschließung Gegenstand der Untersuchung[260]. Für die Prüfung ihrer Gültigkeit gelten keine besonderen Regeln. Nur in diesem Falle ist aber dem Klagegrund „Eheführungsunfähigkeit", der nach Heilung der Störung und Konvalidation der Ehe vorgebracht wird, nachzugehen.

2. Anhaltspunkte im Sachverhalt

Wie bei der Ehevertragsunfähigkeit ist Anhaltspunkt für die Frage nach einer Eheführungsunfähigkeit ein irgendwie abnormes Verhalten des betroffenen Partners in der Ehe. Näherhin muß erkennbar sein, daß er die betroffene Pflicht des Ehevertrages in einer Weise verletzt hat, die den Verdacht nahelegt, sein Verhalten in diesem Punkte habe sich seiner Steuerung entzogen. In §§ 14 und 16 ist dargelegt, daß das Verhalten allein nicht Kriterium der Urteilsfindung sein kann.

3. Gutachter

Wiederholt wurde herausgestellt, daß das Verhalten eines Partners, mit dem er gegen die Pflichten des Ehevertrags verstößt, nur dann Zeichen für seine Unfähigkeit zur Eheführung ist, wenn eine Störung seiner psychischen Struktur ihm die Beachtung der ehelichen Vertragspflichten unmöglich machte. Diese Feststellung kann das Gericht nicht ohne einen Gutachter aus dem Bereich Psychologie/Psychiatrie treffen. Die Beobachtungen der Personen, die mit dem betroffenen Kontrahenten lebten und nun über ihn aussagen, können nur Indiz, nicht aber Beweis dafür sein, daß anderes Verhalten

---

[260] Siehe dazu *Wrenn* (Convalidations).

dem Betroffenen unmöglich war. Die Unfähigkeit, normgerecht zu handeln, ist aber tragendes Merkmal des Nichtigkeitsgrundes „Eheführungsunfähigkeit."

Der Gutachter ist also zu fragen, ob die Störung der psychischen Struktur des Kontrahenten so geartet war, daß sie eine wirkliche Unfähigkeit mit sich brachte, eine dem Ehevertrag wesentliche Pflicht zu erfüllen. Welche Pflichten in Frage kommen und wie sie inhaltlich zu beschreiben sind, muß dem Gutachter vorgegeben werden. Nur wenn er weiß, unter welchen Voraussetzungen eine Pflicht des Ehevertrages im Rechtssinn erfüllt ist, kann er sagen, ob sie für den Kontrahenten erfüllbar war.

Der Gutachter hat ferner die Frage zu klären, ob die Eheführungsunfähigkeit im Eheschließungszeitpunkt vorlag. Eine Auskunft darüber, ob sie nur dem gewählten Partner gegenüber bestand oder allgemein wirksam war, ist für die Ehenichtigkeitserklärung nicht bedeutsam, wohl aber für die Frage, ob der Betroffene zu einer neuen Ehe zugelassen werden kann.

4. Richter

Dem Richter stellt sich zunächst die Frage, ob der Tatbestand einer Eheführungsunfähigkeit erfüllt ist. Dabei hat er nicht nur zu prüfen, ob ein Betroffener unfähig war, in seiner konkreten Ehe die Pflichten des Vertrages zu erfüllen, sondern auch, aus welcher Ursache heraus. Dabei ist es wichtig, zu beachten, daß nicht andere Bedingungen vorliegen dürfen, ohne die die Unfähigkeit nicht aufgetreten wäre, Bedingungen allerdings, die der Ehe nicht wesentlich sind[261].

Der Richter wird ferner darauf zu achten haben, ob die Aussagen des Gutachters die Folgerung rechtfertigen, die betroffene Person habe wesentliche Pflichten des Ehevertrages nicht erfüllen können. Es kann nicht als selbstverständlich gelten, daß jeder Gutachter, der für ein kirchliches Gericht arbeitet, voll mit der Begrifflichkeit und Problematik des kanonischen Rechtes vertraut ist.

Schließlich wird der Richter die stets zu treffende Entscheidung fällen müssen, ob er die moralische Gewißheit gewonnen hat, daß die beklagte Ehe wegen Eheführungsunfähigkeit nichtig ist.

---

[261] Näheres dazu unter § 16.

SCHLUSSBEMERKUNGEN

Zur Rechtsnatur der psychisch bedingten Ehenichtigkeitsgründe

In einer Phase, in der die kirchlichen Rechtsnormen sich im Erneuerungsprozeß befinden, ist die Frage naheliegend, ob die Praxis auf die gesetzgeberische Festlegung neuer Normen warten muß, um die in ihnen ausgedrückten Gedanken bei der Rechtsanwendung berücksichtigen zu können. Für das Eherecht heißt das näherhin: Kann einem Ehebewerber die Zulassung zur Eheschließung verweigert werden mit der Begründung, er sei aufgrund einer psychischen Störung nicht zur Ehevertragsschließung oder zur Erfüllung der Ehevertragspflichten fähig? Kann das Gericht Ehen aus solchen Gründen für nichtig erklären?

Die Frage nach der Anwendbarkeit der Nichtigkeitsgründe, der Ehevertrags- und Eheführungsunfähigkeit läßt sich nicht für beide Fälle gemeinsam beantworten, da sich verschiedene Aspekte ergeben. Auch sind die Probleme der Ehezulassung und der Nichtigkeitserklärung verschieden zu beurteilen.

1. Die Nichtigerklärung von Ehen

Ehevertragsunfähigkeit und Eheführungsunfähigkeit sind Nichtigkeitsgründe aus dem überpositiven Recht. Sie bedürfen zu ihrer Geltung und Anwendbarkeit keiner gesetzgeberischen Normierung.

a) Die Ehevertragsunfähigkeit

Die Ehevertragsunfähigkeit als Grund für die Nichtigkeit der Ehe ist die Konsequenz eines Rechtssystems, das die Achtung der Würde und Entscheidungsfreiheit des Menschen zu seinen Grundlagen zählt. Die Nichtigkeitswirkung der Ehevertragsunfähigkeit beruht darauf, daß die Rechtsordnung einen Menschen nicht an Erklärungen bindet, die er nicht zu verantworten vermag.

Rechtssysteme können den Weg zwischen Rechtssicherheit und Individualfreiheit verschieden gestalten. Zwischen den extremen Positionen, einen Menschen an jede Erklärung zu binden, die er im Rechtsbereich getan hat, und dem Individualwillen in seiner Wandelbarkeit als Maßstab der rechtlichen Pflicht muß ein Mittelweg gegangen werden. Die abendländischen Rechtsordnungen verlangen in bestimmten Fällen unwiderrufliche Zusagen. Zugleich aber binden sie die Unwiderruflichkeit an strenge Voraussetzungen. Das kanonische Recht, das zur Eheschließung eine unkündbare Entscheidung zu lebenslanger Bindung verlangt, kann eine solche Bindung nicht an geringe Voraussetzungen knüpfen. Wo Rechtsfolgen bedeutend sind, muß auch der sie auslösende Tatbestand streng gefaßt sein.

Man achtet die Würde des Menschen, wenn man ihn nur insoweit zur rechtlichen Verantwortung zieht, als er diese Verantwortung frei und entscheidungsbefähigt übernommen hat. Die unauflösliche Bindung des Ehevertrages, die durch den Sakramentscharakter der Ehe ein über den Rechtsbereich hinausgehendes Gewicht erhält, kann nur verpflichten, wenn sie in Freiheit und Entscheidungsfähigkeit bejaht ist. In can. 1081 § 1 CIC ist vorbildlich zum Ausdruck gebracht, daß eine Ehe als unwiderrufliche Zusage nicht anders zustande kommen kann als durch den ordnungsgemäßen Ehewillen.

In can. 2229 § 2 CIC findet sich ein Beispiel, wie der Gesetzgeber den Eintritt schwerwiegenderRechtsfolgen an die volle Verantwortlichkeit des Betroffenen bindet. Die sogenannten Tatstrafen, d.h. Strafen, die keiner richterlichen Verhängung bedürfen, um wirksam zu sein, erfordern in bestimmten Fällen den gehobenen Vorsatz. Sie treten nur dann ein, wenn keinerlei Minderung der Zurechenbarkeit im Bereich des Verstandes oder des Willens die Verantwortlichkeit des Täters beschränkt.

Aus dem gleichen Grundgedanken heraus schließt jede beträchtliche Minderung des Erkenntnis-, Willens- oder Handlungsvermögens eines Kontrahenten aus, daß die Rechtswirkungen eintreten, die mit der gültigen Ehe verbunden sind. Eine gegenteilige Ansicht machte das Heilsgeschenk Gottes, das frei angeboten ist und frei angenommen werden muß, zu einer Last, die Gnade zu einer Strafe.

Die dargestellte rechtliche Grundaussage des Nichtigkeitsgrundes Ehevertragsunfähigkeit gehört zum Grundbestand des kanonischen Rechtes. Meinungsvarianten gibt es nur über die Frage, welches Maß an Geistesfähigkeit mit Verantwortlichkeit gleichgesetzt werden kann, welcher Grad geistiger Entwicklung und Verarbeitungsfähigkeit erreicht sein muß, damit jemand sich selbst so binden kann, wie es eine gültige Ehe erfordert.

Diese Frage wird sich nicht endgültig und allgemein beantworten lassen. Sie ist abhängig von dem Menschenbild, dieses aber ist nicht von dem kulturellen Entwicklungsstand eines Volkes zu trennen. Das wird deutlich, wenn man vergleicht, welche Geistesfähigkeit von einem mitteleuropäischen Intellektuellen verlangt werden muß, damit die Entscheidung zur Ehe als seine verantwortete Zusage verstanden werden kann, und welches Maß an Erkenntnis und Willen von dem Angehörigen eines Naturvolkes gefordert werden muß, für den die Eheschließung noch weitgehend ein von der Sippe auferlegtes Schicksal ist. Hier bedarf es noch mancher Überlegung, nicht aber darüber, *ob* die Ehevertragsunfähigkeit in der gebrauchten Formulierung zur Begründung der Nichtigkeit einer Ehe angewendet werden könne. Das ist zweifellos der Fall.

b) Die Eheführungsunfähigkeit

Die Nichtigkeitswirkung der Eheführungsunfähigkeit beruht auf einem Satz, der unmittelbar aus der Sache selbst folgt, der ein Gebot der Logik ist: Nemo ad impossibile obligari potest, niemand kann zu etwas Unmöglichem verpflichtet werden. Die These, das Recht verlange unter Umständen auch Unmögliches, ist sinnlos. Wo nicht geleistet werden kann, kann nicht gefordert werden. Wo keine Pflicht besteht, kann von einem entsprechenden Recht nicht die Rede sein. Wo ein Vertrag sich auf Pflichten und Rechte richtet, die nicht entstehen können, da kann er selbst nicht rechtswirksam sein. Um die Richtigkeit und Anwendbarkeit dieser Aussagen zu bestätigen, bedarf es keiner gesetzgeberischen Positivierung. Der Sachzwang ist jeder positiven Norm vorgegeben[262].

---

[262] Di Felice (SRRDec v. 8. März 1973 in: Monitor 101(1976)85-91, hier 88) meint, die incapacitas „adimplendi iura et obligationes matrimonii“ sei eine Frage des zu setzenden Rechtes. Sein Argument: „. . . cum post nuptias perdifficile sit statuere, quandonam persona vere esset inhabilis ad onera coniugalia ferenda ob praecedentes graves anomalias. Res indefinita semper maneret, quin immo esset a posteriori idest tantum a conviventia commensuranda atque ansam praeberet confudendi solutionem vinculi validi (lege, divortium) cum declaratione vinculi irriti ab initio.“ Das Argument ist aber nicht ganz stichhaltig. Daß eine psychisch bedingte Unfähigkeit der geforderten Art eventuell schwer beweisbar ist, beseitigt nicht ihre materiell-rechtlichen Auswirkungen. Daß die Störungen, die die Erfüllung von Ehepflichten unmöglich machen, erst in der Ehe ganz deutlich werden, heißt ja nicht, daß sie erst nach der Eheschließung entstehen. Es ist letztlich ein psychiatrisches Problem, festzustellen, ob eine Unfähigkeit, die sich in der Ehe zeigt, schon bei der Eheschließung vorlag. Diese Frage ist aber nicht neu, sondern aus amentia-Prozessen geläufig.

Ebenfalls nicht recht überzeugend ist der folgende Satz aus einem Urteil des Ottawa

Dennoch hat auch die Eheführungsunfähigkeit ihre rechtliche Problematik. Sie liegt in der Bestimmung des Tatbestandsmerkmals „*wesentliche* Pflicht des Ehevertrages". Das kanonische Recht hat einige Wesensbestandteile der Ehe in Gesetzesnormen ausgedrückt (cann. 1013 und 1086 CIC), andere dürften noch unbestimmt und unzureichend abgeklärt sein. Die umfassendere Sicht der Ehe, die das Zweite Vatikanische Konzil formuliert hat, ist Anstoß zu weitergehender theologischer und rechtlicher Erwägung.

Kann die Eheführungsunfähigkeit als Ehenichtigkeitsgrund angewendet werden? Diese Frage ist klar zu bejahen, wenn der Tatbestand mit Gewißheit erfüllt ist. Dazu gehört, daß eine unzweifelhaft wesentliche Pflicht des Ehevertrages betroffen ist, daß eine wirkliche Unmöglichkeit der Pflichterfüllung vorliegt und daß – für *diesen* Ehenichtigkeitsgrund! – eine psychische Störung die Ursache ist. Liegen diese Voraussetzungen vor, dann steht einem Ehenichtigkeitsurteil nichts im Wege.

2. Verhinderung einer Ehe?

Sind die von uns beschriebenen Tatbestände bereits gegenwärtig als Ehehindernisse anwendbar, d.h. können sie Gesichtspunkte abgeben, um einen Ehebewerber nicht zur kirchlichen Eheschließung zuzulassen?

Jede Verweigerung einer Eheschließung muß daraufhin überprüft werden, ob sie nicht gegen das Recht eines jeden Menschen auf die Ehe verstößt[263]. Grundsätzlich kann nur dann die Eheassistenz versagt werden, wenn ein Part-

---

Regional Tribunal c. Latrémouille v. 28. Oktober 1974 (in: StC 8(1974)449-453, hier 451): „Psychic incapacity . . . by itself cannot be a *ground* of nullity until it is promulgated as an impediment; it remains *cause* of defective consent." Es ist ja keineswegs so, daß nur Konsensfehler ohne gesetzliche Positivierung ehevernichtend wirken. Auch Impotenz oder Eheband bedeuten Ehenichtigkeitsgründe unabhängig davon, ob sie im Gesetzesrecht genannt sind oder nicht.

Zutreffend hält Fagiolo (SRRDec v. 23. Januar 1970 in: EphIC 27(1971)147-151, hier 148) die Forderung nach einer Kodifizierung des Erfüllungsunvermögens für unnötig: „Quidquid est de novo codice, non est nunc ambigendum eum, qui incapax est assumendi onera essentialia matrimonii, incapacem quoque esse matrimonii ineundi, ex ipsa naturali ordinatione. . . Habilitas vero non ea tantum est quae ex iure positivo provenit, sed imprimis ea est in casu quam naturae ius statuit; iuxta huiusmodi ius habiles certe non sunt qui incapaces sunt percipiendi, acceptandi tradendique ius ad illam intimam vitae communionem quae natura sua ad prolem ordinata est quaeque dicitur recte matrimonium."

263 Vgl. can. 1035 CIC.

ner vom Recht gehindert ist, zu heiraten. Wäre die Eheschließung lediglich unerlaubt, müßte zunächst versucht werden, eine Dispens zu erlangen.

Ist der Vertragsunfähige, ist der Eheführungsunfähige *vom Recht* gehindert?

Man wird sagen müssen: die Tatsache, daß er eine ungültige Ehe anstrebt, rechtfertigt die Verweigerung der kirchlichen Eheschließung. Das Recht kann nicht in sich widersprüchlich sein, indem es eine Ehe zuläßt, die in Wahrheit Nicht-Ehe wäre[264]. Es kann auch nicht bewußt zugelassen werden, daß Partner eine Putativehe begründen, also ein Verhältnis, das sie wieder lösen können, wenn ihnen die rechtliche Nichtigkeit bekannt wird.

Dennoch ergibt sich aus can. 1038 § 2 CIC ein Problem. Dort ist festgelegt, daß einzig die oberste kirchliche Autorität Ehehindernisse aufstellen könne. Can. 1038 § 1 sagt, daß die authentische Feststellung, daß ein Tatbestand kraft göttlichen Rechtes ehehindernd sei, allein der obersten Autorität gebührt. Kann ohne eine solche Erklärung jemandem die Eheschließung verweigert werden, der an einer Eheunfähigkeit leidet, die nicht vom Gesetzgeber anerkannt ist?
Für die Verweigerung eines Rechtes gelten strengere Maßstäbe als für seine Gewährung. Der Bitte von Ehegatten um Feststellung der Nichtigkeit ihrer Ehe nachzukommen, ist weniger bedenklich, als ihnen gegen ihren Willen das Sakrament der Ehe zu verweigern. Zweifellos erfordert die Nichtigerklärung hohe Verantwortung, Achtung vor der Unauflöslichkeit der Ehe und moralische Sicherheit. Ein irriges Urteil, das immer möglich ist, führt die Betroffenen aber nicht in subjektives Unrecht. Wenn sie nach einem ungerechtfertigten Ehenichtigkeitsurteil erneut Ehen eingehen, können sie ihren guten Glauben auf das Urteil der Kirche gründen und subjektiv gerechtfertigt leben, wenn ihre Zweitehen auch ungültig sind.

---

[264] *Huizing* (Proposals 181/182) erwähnt die Forderung nach einem gesetzlichen Hindernis der sexuellen Perversion, der unheilbaren Drogensucht, der psychopathischen Persönlichkeit. Dieses Hindernis solle, so werde gefordert, nicht grundsätzlich das Recht auf die Ehe ausschließen, denn es könne davon dispensiert werden. Das Hindernis rechtfertige aber die Nichtigerklärung, wenn die Dispens nicht erfolgt sei. Dem hält *Huizing* zu Recht entgegen, daß zwischen der Aufstellung eines Hindernisses, „which has as its purpose the prevention of marriage which necessarily or generally will have an unhappy outcome", und der gesetzlichen Anerkennung eines Hindernisses aufgrund natürlichen Rechtes unterschieden werden müsse. *Huizing* sagt nicht ausdrücklich, daß im letzteren Falle, d.h. wenn die psychisch bedingte Unfähigkeit zur Pflichterfüllung ein Hindernis des Naturrechtes ist, eine Dispens gar nicht möglich ist. Doch scheint das der Grund zu sein, weshalb er den naturrechtlichen Charakter des Hindernisses betont.

Verweigert die Kirche aber zu Unrecht die Schließung einer Ehe, dann drängt sie das Paar in eine Situation, die es als widerrechtlich empfinden muß. Den Partnern, die in den heutigen Verhältnissen dann wohl lediglich standesamtlich heiraten, wird es verwehrt, kirchlich, d.h. sakramental die Ehe zu schließen, obwohl ihnen die Ehe nicht verweigert werden dürfte. Sie werden faktisch aus der Sakramentsgemeinschaft ausgeschlossen, obwohl es dafür keinen hinreichenden Grund gibt. Sie werden in einen von der Kirche mißbilligten Zustand gedrängt, ohne daß das notwendig wäre.

Von daher gebietet sich äußerste Vorsicht bei der Nicht-Zulassung zur kirchlichen Eheschließung. Das Risiko einer Putativehe wiegt gering gegenüber der Gefahr, ein Paar zu Unrecht in eine kirchliche Randposition zu drängen, es durch Verweigerung der Trauung in einen illegitimen Status zu versetzen und so aus der Sakramentsgemeinschaft auszuschließen.

Das Bedürfnis für ein Ehezulassungshindernis der Ehevertragsunfähigkeit ist ebensowenig dringend wie für ein Hindernis der Eheführungsunfähigkeit. Die kirchliche Rechtspraxis sollte daher nur in sicher begründeten, gänzlich unzweifelhaften Fällen ein Verbot der Zulassung zur zweiten Ehe erwägen und verhängen.

So wichtig die Feststellung ist, daß die dargestellten Ehenichtigkeitsgründe auf Grund psychischer Ursachen als anwendbares Recht angesehen werden müssen, so sehr bleiben noch Probleme zu lösen. Das sei mit den Worten von Ralph Brown gesagt: „Um die Heiligkeit der Ehe zu bewahren, ist es sehr dringlich, zwei sorgfältige formale Studien anzustellen. Die eine sollte präzise die wesentlichen Verpflichtungen der Ehe bestimmen; in der anderen sollten Psychiater und Kirchenrechtler Wege finden, um die Fähigkeit zur Übernahme von Ehepflichten festzustellen.“[265] Die zweite hier geforderte Untersuchung dürfte sich allerdings nicht nur auf die Fähigkeit zur Pflichterfüllung erstrecken, sondern müßte auch einen Beurteilungsmaßstab finden, um „ausreichende Fähigkeit zum Erkennen, Wollen und Handeln“ im Sinne der erarbeiteten Definition der Ehevertragsunfähigkeit zu bestimmen. „Inzwischen“, ist mit Brown zu sagen, „müssen wir Kanonisten unsere eigene Rechtsprechung studieren“.[266] Dieses Studium hat mit Aufmerksamkeit zu geschehen, damit erkannt wird, welche Sachaussagen die Jurisprudenz macht, welche sie nicht machen kann – Einzelfallentscheidungen sind keine kanonistischen Lehrbücher – und wieweit die Gerichte mit den Problemen nicht bloß „fertig

[265] Übersetzung des Autors aus *Brown* (Immaturity 59)
[266] Übersetzung des Autors aus *Brown* (Immaturity 59)

werden", sondern sie in juristisch klarer Weise lösen. Es reicht nicht aus, einmal gegebene Aussagen der Rechtsprechung zu wiederholen. Wenn nicht aus den Urteilsbegründungen materiell-rechtliche, fallunabhängige Rechtsaussagen herausgezogen werden, bleibt das Fundament der Urteilsfindung auch in Zukunft kasuistisch. Die Aufgabe besteht also darin, dieses Stadium zu überwinden in Richtung auf eine klare Erkenntnis und Normierung des anzuwendenden Rechtes.

ANHANG

Der Entwurf der CIC-Reform-Kommission für ein neues Sakramentenrecht von 1975 (SE75)

Nur selten treffen kanonistische Erörterungen in eine Phase der Reform des kirchlichen Rechtes, wie sie die gegenwärtige darstellt. In Auswirkung der Anregungen des 2. Vatikanischen Konzils befindet sich das gesamte Recht des Codex Iuris Canonici im Erneuerungsprozeß. In Anbetracht dessen sollte jede kanonistische Studie ihre Ergebnisse auf diesen Erneuerungsprozeß hin betrachten, sollte sie den Stand der Reform kritisch würdigen und die eigenen Aussagen so formulieren, daß sie für die Normsetzung fruchtbar werden können.

Für die Ergebnisse der vorliegenden Untersuchung heißt das, daß mit der Aussage, die erarbeiteten Tatbestände seien Ehehindernisse bzw. Ehenichtigkeitsgründe kraft natürlichen Rechtes, nicht Schluß gemacht werden soll. Die in der CIC-Reform-Kommission lautgewordene Ansicht, man solle in der Normierung der Ehenichtigkeitsgründe aus psychischen Ursachen nicht über das bislang im CIC Gesagte hinausgehen und der Rechtsprechung wie bisher ihren Teil überlassen[267], verkennt wohl die Schwierigkeiten, die sich für die kirchlichen Gerichte aus dem nicht gesatzten Recht ergeben, besonders für die diözesanen Gerichte, die nicht die gleiche Souveränität in der Schaffung von Richter-Recht haben wie etwa die Sacra Romana Rota.

Die Kommission zur Reform des CIC hat in den cann. 296 n.1 und 297 des SE 75[268] die Fallgruppen erfaßt, von denen in dieser Studie gehandelt wurde. Es wird, wenn diese Studie praktisch fruchtbar gemacht werden soll, zu untersuchen sein, inwieweit die gefundenen Ergebnisse mit den cann. des

[267] Communicationes 7(1975)50. *Fedele* (Innovazioni 407/408) ist der Ansicht, der beiden Tatbestände, die in can. 296 SE75 niedergelegt sind, habe es nicht bedurft. Es handele sich um Fälle, die „fanno capo ai ‚principia de incapacitate consensum matrimonialem validum eliciendi‘ “, die im geltenden Recht implizit enthalten seien. Eine authentische Interpretation des Gesetzgebers – als solche versteht *Fedele* die Formulierung in can. 296 SE75 – sei nicht erforderlich.

[268] Der Wortlaut der genannten cann. wird bei ihrer Würdigung zitiert werden.

Entwurfes übereinstimmen, welche Kritik von diesem Ausgangspunkt her zu üben ist und welche Texte als Alternativen vorgeschlagen werden können.

Die Formulierungen der cann. 296 und 297 SE 75 sind nicht erst durch die Veröffentlichung dieses Schemas im Jahre 1975 bekannt geworden. Schon 1971 berichtete Petrus Huizing als Relator des entsprechenden Coetus studiorum über die Ergebnisse der Debatten[269], aus denen die künftigen Formulierungen erkennbar wurden. Im Jahre 1975 wurde dann auch eine protokollartige Darstellung der Beratungen veröffentlicht[270]. Die kanonistische Literatur konnte so schon vor dem Bekanntwerden des SE 75 zu den geplanten Texten Stellung nehmen[271].

Es soll also nun geprüft werden, wie sich die Ergebnisse der vorstehend angestellten Untersuchungen zu den Texten des SE 75 verhalten, und zwar durch Kritik an den dort getroffenen Regelungen und durch Gegenvorschläge.

A) Ehevertragsunfähigkeit

Der Text des can. 296 n. 1 SE75 lautet: „Sunt incapaces matrimonii contrahendi qui mentis morbo aut gravi perturbatione animi ita afficiuntur ut matrimonialem consensum, utpote rationis usu carentes, elicere nequeant."[272] – „Unfähig zur Eheschließung sind die, die von Geisteskrankheit oder schwerer Verwirrung der Seele so betroffen sind, daß sie einen Ehewillen nicht äußern können, weil sie des Vernunftgebrauches entbehren."

---

[269] Communicationes 3(1971)69-81. Zu unserer Frage hier: 77.

[270] Communicationes 7(1975)41-53, soweit es unser Thema betrifft.

[271] Z.B. *Morrisey* (Legislation 353/354). Speziell mit den cann. 296 und 297 SE75 setzt sich kritisch auseinander Ombretta *Fumagalli Carulli*, L'incapacitá psichica nella riforma del matrimonio canonico, in: EphIC 32(1976)91-128.

[272] Zu diesem Tatbestand, bezogen allerdings auf die Relation der CIC-Reform-Kommission (Communicationes 3(1971)77) vgl. die Darlegungen von *Morrisey* (Incapacity 13-16). Er bezeichnet als springenden Punkt dieser „incapacity of personal responsibility" die „impossibility of giving the very object of consent" (13), obwohl er als kanonischen Grund der Ehenichtigkeit die „total incapacity to elicit a matrimonial consent on account of a mental illness or disorder whereby the use of reason is impeded" angibt, also die Formulierung, die sich auch in can. 296 n.1 SE75 findet. Er stellt fest, daß es Fälle gibt, in denen Konsensunfähigkeit und Unfähigkeit zur Erfüllung der wesentlichen Ehepflichten zusammen auftreten, aber auch Fälle, in denen nur das eine oder das andere vorliegt (16). Eine klare Scheidung der Tatbestände wird nicht erkennbar.

I. Kritik

1. Zunächst ist festzustellen, daß can. 296 SE75 inhaltlich mehr erfaßt als der oben gebrauchte Begriff der Ehevertragsunfähigkeit. In § 7 haben wir begründet, daß Ehevertragsunfähigkeit und vorübergehende Störung der Vertragsschließungsfähigkeit von der Sachlage wie von den rechtlichen Gesichtspunkten her zu unterscheiden sind. Im genannten can. 296 n.1 werden morbus mentis und perturbatio animi in eine Norm zusammengezogen.

Ehevertragsunfähigkeit bedeutet die habituelle Unfähigkeit eines Kontrahenten zur Bildung oder Äußerung eines zurechenbaren Ehewillens, weil seine Fähigkeit zum Erkennen, Wollen oder Handeln den Anforderungen nicht genügt, die an eine lebensentscheidende Willenserklärung gestellt werden müssen. Ursache dieser habituellen Unfähigkeit ist eine Störung der psychischen Struktur des Kontrahenten, die sich seiner willentlichen Beeinflussung entzieht. Sie liegt nicht nur momentan vor, d.h. im Augenblick der Eheschließung, sondern anhaltend. Sie behindert nicht nur die aktuelle Willensäußerung, sondern auch den der Ehe vorangehenden Erkenntnis- und Willensbildungsprozeß, der einer ordnungsgemäßen, von der Gesamtperson getragenen Entscheidung vorangeht.

Im Gegensatz dazu sind die vorübergehenden Störungen der Vertragsschließungsfähigkeit nicht habituelle Behinderungen der Person. Sie treten ohne permanent wirkende Ursache auf, werden aktuell durch Rauschmittel, Psychopharmaka, aber auch durch die Einwirkung starker Eindruckserlebnisse ausgelöst[273]. Sie vergehen wieder ohne therapeutische Einflußnahme. Sie hindern nicht, daß die Person in einem kontinuierlichen Erkenntnis- und Willensbildungsprozeß die Entscheidung zur Ehe fällt, sondern heben lediglich zur Zeit ihrer Wirksamkeit die Steuerungsfähigkeit der Person auf. Wird unter ihrem Einfluß eine Willenserklärung abgegeben, dann wird sie wegen aktuell vorliegender Verantwortungsunfähigkeit nicht anerkannt.

Vor dem Hintergrund dieser Ergebnisse stellen sich bei Betrachtung des can. 296 n. 1 SE75 zwei Fragen: Meint dieser Text mit der Gegenüberstellung von „morbus mentis“ und „perturbatio animi“ die oben erarbeitete Alternative? Und was ist gegebenenfalls kritisch zu diesem Text zu sagen?

---

[273] Vgl. dazu SRRDec c. Mattioli v. 6. November 1956(Bd. 48(1956)871-878, hier 873), in der beide Fallgruppen unter dem Begriff „amentia“ zusammengefaßt sind: „Vox ‚amentia‘, per se, non morbum indicat aut necessario significat, sed potius peculiarem mentis statum seu condicionem, interdum brevi duraturam, quae causis multiplicibus ac variis tribui potest: ut puta, somno, ebrietati, passioni vehementissimae, aut etiam morbi varii generis et gravitatis.“

2. Die Abgrenzung der Begriffe „Geisteskrankheit" und „seelische Verwirrung" ist in der kanonistischen Lehre nicht klar und eindeutig. Z.T. wird der ganze Bereich dessen, was oben unterschieden wurde, unter dem Stichwort „amentia" zusammengefaßt, z.T. werden die Fälle unterschieden. Manchmal dient die Bezeichnung „perturbatio animi" als Umschreibung von Geistesstörungen, die man nicht gerne als Geisteskrankheiten bezeichnet, also etwa für Psychosen oder Psychopathien[274].

Auch aus can. 296 n. 1 SE75 ist nicht klar zu entnehmen, ob morbus mentis und perturbatio animi nach dem Gesichtspunkt unterschieden werden, ob die psychische Störung habituell oder aktuell ist, oder ob vielmehr etwa der Schweregrad der Störung Unterscheidungskriterium sein soll.

In dem Vorschlag, den der Relator der Kommission als Diskussionsgrundlage unterbreitet hatte[275], waren die Fälle der Geisteskrankheit und der mangelnden Urteilskraft in einen Tatbestand (can. 1081 bis § 1), die perturbatio mentis in einen anderen aufgenommen (can. 1081 bis § 2), wobei die Auswirkung der perturbatio mentis damit beschrieben wurde, daß die Betroffenen „ab usu rationis actu impediuntur."

In der Diskussion wurde das Unterscheidungskriterium habitualis - actualis zunächst noch aufrechterhalten. Die vorletzte Fassung des Textes, die der Relator vorlegte, sprach auch noch von „perturbationibus mentis transitoriis". Nach einigen Vorschlägen, wie die Alternative habitualis–actualis anders eingebaut und vielleicht auf beide Ursachen, nämlich Geisteskrankheit und Geistesverwirrung, angewendet werden könnte, formulierte der Relator einen Text, der fast genau dem can. 296 n. 1 SE75 entsprach[276].

Die Abstimmung über diesen Text ergab keine voll befürwortende, eine ablehnende und elf modifizierende Stellungnahmen. Von den Modifizierungsvorschlägen erhielt keiner die notwendige Mehrheit. Lediglich für die Einführung des Wortes „animi" hinter „perturbatio" ergaben sich sechs Voten, allerdings auch sechs dagegen. Ein Grund, weshalb die Unterscheidung der Geistes-

---

[274] Vgl. dazu etwa die Begrifflichkeit einer SRRDec c. Lefebvre v. 17. Januar 1970 (in: Monitor 98(1973)181-188), die Neurosen unter dem Stichwort „perturbatio mentis" behandelt, weil sie nicht die Schwere von Geisteskrankheiten haben. Der Gesichtspunkt der Zeitweiligkeit ihres Vorliegens spielt hier keine Rolle. Ähnlich eine SRRDec c. Masala v. 21. April 1971 (in: Monitor 97(1972)49-73), wo im Zusammenhang mit Psychasthenie von perturbatio mentis gesprochen wird.

[275] Sitzung vom 11. und 12. Mai 1970, Protokoll darüber in Communicationes 7 (1975)41-47.

[276] Es fehlte lediglich das Wort „animi"; es hieß „afficiuntur ita ut" statt: „ita afficiuntur ut".

krankheit von der perturbatio animi anhand des Gesichtspunktes der Dauerhaftigkeit nicht mehr im Text zum Ausdruck kommt, ist aus dem Protokoll nicht zu entnehmen. Ausdrückliche Stellungnahmen gegen dieses Kriterium der Unterscheidung sind im Protokoll nicht erwähnt. Es kann deswegen davon ausgegangen werden, daß mit der Nennung von Geisteskrankheit und seelischer Verwirrung die Alternative gemeint ist, von der die Unterscheidung oben in § 7 ausging: habituelle psychische Erkrankung und vorübergehende Störung der Geistestätigkeit.

3. Gegen das Ergebnis der Kommisionsarbeit, das sich auch nur als Minimalkonsens bezeichnen läßt, weil sich kein Konsultor uneingeschränkt dafür ausgesprochen hat und von den vorgebrachten Modifizierungs-Wünschen nur einer berücksichtigt wurde, sind als Konsequenz der Erwägungen dieser Untersuchung folgende Einwände vorzubringen:

a) Es erscheint unzweckmäßig, die Fälle der amentia und der perturbatio animi in einen Tatbestand zusammenzufassen. Beide haben verschiedene Ursachen, unterschiedliche Erscheinungsbilder und einen anderen rechtlichen Gesichtspunkt als Grund ihrer Nichtigkeitswirkung[277]. Während bei den Geisteskranken die Nichtigkeit ihrer Konsenserklärung damit begründet werden muß, daß sie die erklärte Selbstverpflichtung nicht zu verantworten brauchen, weil ihnen die ausreichende Fähigkeit zur Erkenntnis, zum Wollen oder Handeln fehlt, hat die Nichtigkeitswirkung der perturbatio animi ihren Grund darin, daß der – eventuell schon vor der Störung gefaßte und fortdauernde – Ehewille in einem Zustand erklärt wird, in dem der Kontrahent aktuell nicht Herr seines Handelns ist. Der Geisteskranke kann einen rechtserheblichen Ehewillen nicht erklären, weil er die Verantwortung für seinen *Willen* nicht hat. Dem Verwirrten hingegen wird seine Erklärung nicht zugerechnet, weil er den *Erklärungsakt* nicht verantworten kann.

b) Geisteskranke und Verwirrte entbehren nicht in gleicher Weise des Vernunftgebrauches, wie der Text des SE75 es nahelegt. Nimmt man den Vernunftgebrauch als zusammenfassende Formel für die gesunden Fähigkeiten zum Erkennen, Wollen und dementsprechenden Handeln, so entbehren nur die Geisteskranken dieser Fähigkeit. Dem geäußerten Ehewillen fehlen die normalen Voraussetzungen seines Zustandekommens. Bei den Verwirrten hingegen fehlt zur Zeit der Konsensabgabe die Steuerungsfähigkeit. Der Wille,

[277] Vgl. § 7.

den sie äußern, kann durchaus Produkt eines gesunden, unbeeinträchtigten Vernunftgebrauches sein. Er wird aber nicht zugerechnet, weil die Erklärung selbst nicht in freier Verantwortung geschieht.

c) Bleiben die Fälle des morbus mentis und der perturbatio animi in einer Norm zusammen, dann erhält „matrimonialis consensus" eine doppelte Bedeutung innerhalb eines Satzes. Bei den Geisteskranken bedeutet er „Ehewille", der nicht erklärt werden kann, weil er nicht ordnungsgemäß gebildet wird, bei den Verwirrten „Ehewillenserklärung", die nicht zurechenbar abgegeben wird. Gelingt es dem Entwurf des Eherechtes schon nicht, die Bedeutungen, die das Wort „consensus" im Codex hat, klarstellend zu unterscheiden, so sollte doch innerhalb ein und desselben Satzes ein doppelter Sinn vermieden werden.

d) Folge der Geisteskrankheit oder der Verwirrung des Kontrahenten ist nicht, wie der Satzbau des Textes ergibt, daß der Ehepartner nicht einen Konsens äußern kann, sondern daß er des Vernunftgebrauches beraubt ist (was – wie dargelegt – für den Verwirrten nicht in gleicher Weise gilt). Daß er einen Konsens nicht äußern kann – gemeint ist: nicht rechtswirksam erklären kann –, ist eine rechtsfolgernde Aussage, die aus dem Sachverhalt des behinderten Vernunftgebrauches folgt. Hauptaussage des Textes müßte sein, daß eheunfähig diejenigen sind, die so von Geisteskrankheit beeinflußt sind, daß sie des Vernunftgebrauches entbehren. Denn dann können sie keinen gültigen Ehekonsens leisten. Der mangelnde Vernunftgebrauch kann nicht *rechtliche* Begründung für die Unfähigkeit zum Ehekonsens sein (. . utpote rationis usu carentes . .), sondern er ist der *Sachverhalt,* aus dem die rechtliche Folgerung der Konsensunfähigkeit zu ziehen ist[278].

e) Auch gegen die Einordnung des can. 296 n. 1 SE75 bei den Konsensnormen erheben sich Einwände. Sie beziehen sich auf den Teil der Aussage, der sich mit den Auswirkungen der Geisteskrankheit befaßt. Die Unterscheidung von dauernden und vorübergehenden Störungen hat auch Konsequenzen für den richtigen systematischen Ort der Tatbestände.

---

[278] Der begründende Nachsatz „utpote rationis usu carentes" fehlt auch in einem erörterten Textvorschlag. Er lautete: „Sunt incapaces matrimonii contrahendi qui morbo mentis laborant aut afficiuntur perturbationibus mentis transitoriis, ita ut consensum matrimonialem elicere nequeant." (Communicationes 7(1975)43).

aa) Der Geisteskranke ist unfähig, die Ehe zu schließen. Er leidet unter einer Befindlichkeit, die ihn unfähig macht, einen rechtserheblichen Ehewillen zu erklären. Eine solche Unfähigkeit bedeutet nach bisherigen Begriffen ein Ehehindernis. Die Norm des can. 1081 § 1 CIC (entsprechend can. 295 § 1 SE75) spricht über den Ehewillen, der nur ausreichend sei, wenn die Person „iure habilis" ist. Diese Einschränkung weist auf eine Voraussetzung hin, die nicht im Willensbereich liegt. Der Wille einer Person ist nur dann rechtserheblich, wenn er der Wille einer rechtlich fähigen Person ist. Einschränkungen der rechtlichen Fähigkeit (auch als Klarstellung der natürlichen Unfähigkeit wie bei der Ehevertragsunfähigkeit) werden durch die Ehehindernisse geschaffen, die in persönlichen Eigenschaften oder rechtserheblichen Umständen der Person beruhen können[279]. Die Geisteskrankheit ist ein Defekt, der schon im natürlichen Sinne unfähig macht, demnach auch rechtlich. Sie kann als Grund der Ehenichtigkeit nicht bei den Willensmängeln eingeordnet werden.

bb) Anders ist die Lage im Falle der Verwirrung. Denn hier entbehrt die Erklärung der Rechtskraft, weil die an sich ehefähige Person aktuell der Steuerungsfähigkeit ermangelte. Hier liegt ein Fehler der Konsensabgabe vor, der etwa dem Konsensfehler der Gewalteinwirkung oder der schweren Furcht der Art nach vergleichbar ist. Dieser Tatbestand gehört also zu Recht in den Abschnitt über den Ehekonsens (sofern hier nicht allein der Wille, sondern wie bisher auch die Erklärung des Willens abgehandelt werden soll). Aus der unterschiedlichen Einordnung von Geisteskrankheit und Geistesverwirrung in die Systematik des CIC ergibt sich ein weiteres starkes Argument, die beiden Tatbestände nicht in eine Norm zusammenzuziehen.

f) Auch unter rechtssprachlichem Gesichtspunkt stößt die vorgeschlagene Norm auf Bedenken. Indem can. 296 n.1 sowohl von den Geistesverwirrten wie den Geisteskranken aussagt, sie könnten keinen Ehewillen erklären und seien „incapaces matrimonii contrahendi", wird auch der Begriff der Unfähigkeit in zwei Bedeutungen gebraucht. Die Geisteskranken sind habituell, die Geistesverwirrten aber nur aktuell unfähig, die Ehe zu schließen. Es läßt sich nicht von beiden gleichermaßen sagen, daß sie nicht in der Lage seien, einen Ehewillen zu äußern. Nicht mit jeder habituellen Unfähigkeit zur Eheschliessung ist eine Unfähigkeit, einen Ehewillen zu erklären, notwendig verbunden.

---

[279] Vgl. § 10, 3b.

Der Geisteskranke kann sehr wohl wollen und seinen Willen erklären[280]. Nicht die Erklärung ist unmöglich oder auch nur gestört, sondern die Ursachenreihe aus Erkenntnis, Wollen und Handeln.

Beim vorübergehend Verwirrten bedeutet die Unfähigkeit, die Ehe zu schließen, weil er keinen Ehewillen erklären könne, etwas ganz anderes. Ihm mangelt im Erklärungszeitpunkt die Steuerungsfähigkeit. Was er erklärt, *kann* mit seiner verantworteten Willenshaltung übereinstimmen, *muß* es aber nicht. Die Erklärung kann Ausdruck seiner Erkenntnis und seines verantworteten Wollens sein. Die Störung der aktuellen Steuerungsfähigkeit schließt aber aus, das als sicher anzunehmen. Die Achtung vor der Bedeutung der Ehe gebietet daher, Erklärungen nur dann rechtlich binden zu lassen, wenn sie *sicher* Ausdruck der verantworteten Willenshaltung sind. „Unfähig zur Eheschließung" heißt also beim Verwirrten: Die Rechtsordnung akzeptiert seine Erklärung nicht, weil nicht sicher ist, daß sie Kundgabe seines wirklichen Wollens ist. „Unfähig zur Eheschließung" heißt dagegen beim Geisteskranken: Die Rechtsordnung legt der Erklärung keine Rechtswirkung bei, weil der Kontrahent sie auch dann nicht zu verantworten hat, wenn sie Ausdruck seines Wollens ist.

II. Alternativvorschlag

Das Bemühen um Alternativen zu dem Entwurf der Codex-Reform-Kommission kann sich nicht darauf beschränken, die von uns schon erarbeiteten Formulierungen[281] zu wiederholen. Drei Gesichtspunkte zwingen zu weiterreichenden Überlegungen:

– Ein Alternativvorschlag zu einem Entwurf, der von solcher Autorität getragen wird wie das Schema SE75, sollte sich eng an die vorgegebenen Formulierungen anschließen und nur das verändern, was durch die Sache selbst gefordert ist.

---

280 Der Geisteskranke kann einen actus existens setzen, nicht aber einen actus iuridice efficax. Ihm fehlt nicht die Fähigkeit zur Willens*tätigkeit*, sondern zur verantworteten Motivierung des Willens. Folge davon ist, daß dem geäußerten Willen keine rechtsschaffende Kraft zukommt. Damit wird der Meinung *Keating's* (Caput Nullitatis 393) widersprochen, der ausreichende Konsenserklärung und actus existens identifiziert, den er als „integral act of consent . . . a qualified human act which would suffice, of itself, to generate the marriage bond" versteht. Damit schafft er einen inneren Widerspruch zwischen dem von ihm gebrauchten Begriff und dem Inhalt, den er ihm beilegt.

281 Vgl. §§ 11 und 21.

- Die Alternativen müssen in der Sprache gefaßt sein, in der das Schema sich ausdrückt. Den Texten des SE75 können nicht einfach deutsche Formulierungen gegenübergestellt werden.
- Der Inhalt der fraglichen Normen des SE75 geht über den Bereich dessen hinaus, was wir unter den Begriffen Ehevertragsunfähigkeit und Eheführungsunfähigkeit erfaßt haben. Die Alternativvorschläge sollen aber nur das betreffen, was in der vorstehenden Untersuchung behandelt wurde.

Unter Beachtung dieser Gesichtspunkte soll jetzt ein Gegenvorschlag gemacht werden, der sich lediglich mit dem Tatbestand der Ehevertragsunfähigkeit befaßt:

Ein Ehehindernis der Geisteskrankheit als Alternative zu can. 296 n. 1 SE75 sollte formuliert werden:

„Incapax est matrimonii contrahendi qui tempore matrimonii celebrationis ob psychicam anomaliam eget rationis usu contractui matrimoniali proportionato.“ – „Unfähig zur Eheschließung ist, wer bei der Eheschließung wegen einer psychischen Störung einen dem Ehevertrag angemessenen Vernunftgebrauch nicht besitzt.“

Dazu wäre folgende Begründung zu geben:

(1) Wir schließen uns der Formulierung des Tatbestandes als Norm der persönlichen Eheunfähigkeit an, fassen aber die Feststellung “Incapax est . . .“ lieber in den Singular. Die kirchliche Eherechtspraxis hat im wesentlichen Einzelfälle zu bearbeiten. Die Verwendung des Plurals könnte das Mißverständnis aufkommen lassen, daß damit beide Ehepartner gemeint seien.

(2) Es gehört zum Tatbestand einer die Ehe nichtig machenden Ehevertragsunfähigkeit, daß sie zur Zeit der Eheschließung vorliegt. Das ist zwar nur klarstellend, aber nicht überflüssig.

(3) Der Begriff der „psychica anomalia“ entspricht der Verwendung in can. 297 SE75. In gleicher Weise wie beim Erfüllungsunvermögen ist eine Störung der psychischen Struktur Grundlage des hier gemeinten Unvermögens zur Eheschließung. „Psychica anomalia“ ist ein weiterer Begriff als „morbus mentis“. Die Gefahr ist geringer, daß nur schwere, in der klinischen Psychiatrie gängige Geisteskrankheiten anerkannnt werden, obwohl bereits leichtere Störungen der psychischen Struktur das nötige Erkenntnis-, Willens und Hand-

lungsvermögens ausschließen können. Bereits die Abnormität der psychischen Situation des Betroffenen kann relevant sein, nicht erst die Krankheit im klinischen Sinne.

(4) Mit der Formel „rationis usus contractui matrimoniali proportionatus" wird die von uns vorgenommene Aufspaltung der notwendigen geistig-seelischen Fähigkeiten in Erkennen, Wollen und Handeln wieder zusammengefaßt. Das ist unter rechtstheoretischem Gesichtspunkt keine Verbesserung, wohl aber unter praktischem. Unsere Unterscheidung zwänge bei der gerichtlichen Beweisaufnahme zu sehr differenzierten Feststellungen, die selbst von einem Gutachter oft nicht zu erbringen sein dürften[282]. Daß der Vernunftgebrauch des Kontrahenten für den Eheschluß nicht ausreichte, kann oft feststehen, ohne daß sich ermitteln läßt, in welchem Maße die einzelnen Fähigkeiten beeinträchtigt waren[283].

Das Kriterium „contractui matrimoniali proportionatus" ist, wie oben[284] dargelegt, nicht stringent, es bringt keine direkt handhabbare Abgrenzung der gemeinten Störungen. Dennoch kommt es einem Wunsch entgegen, der in den Debatten der Kommission laut wurde: nach einem neuen juridischen Kriterium, aus dem abgeleitet werden kann, wann der Ehekonsens fehlerhaft ist[285]. Es wurde m.E. nach zu Recht beanstandet, daß der vom Relator vor-

---

282 Mit Recht sagt *Ahern* (Incapacity 229): „There is no such thing as a sheer act of the intellect, a sheer act of the will or a sheer act of intellect and will together. There are only acts of the composite human person."

283 Es ist auch zu beachten, daß die mangelnde Zurechenbarkeit des Ehekonsenses auf der Unordnung der geistigen Fähigkeiten beruhen kann, ohne daß sich die Störung der einen oder anderen dieser Fähigkeiten gesondert ausweisen ließe. Das kommt etwa in einer SRRDec c. Mattioli v. 20. Dezember 1962 (Bd. 54(1962)706-725, hier 710/711) zum Ausdruck: „Ubi constet subiectum . . . tali aegritudine laborasse ut, integra manente eius intelligendi facultate, salvaque scientia seu notione de qua in can. 1082, perturbata tamen in eo appareat illa ordinatio ac conspiratio superiorum facultatum, intellectus scilicet ac voluntatis, ex qua procedit conscia et libera determinatio ad certum obiectum, cum facultate ad aliud divertendi: morali certitudine iudicari potest ac debet consensum maritalem a tali subiecto externe manifestatum, solummodo apparentem fuisse, et non realem, ideo essentialibus matrimonii iuribus et obligationibus gignendis absolute imparem." Der gleiche Gedanke findet sich in anderer Formulierung in einer SRRDec c. Mattioli v. 4. April 1966 Bd. 58(1966)209-222, hier 211. Beide Aussagen sind wiederaufgenommen in einer SRRDec c. Lefebvre v. 8. Juli 1967 Bd. 59 (1967)562-570, hier 564.

284 Vgl. § 3, 3c.

285 Communicationes 7(1975)43

geschlagene Text des can. 1081 bis § 1[286] kein Kriterium bot, anhand dessen eine Geisteskrankheit als so geartet qualifiziert werden konnte, daß sie den Konsens rechtserheblich behindert. Psychiatrischer Befund (morbus mentis) und Rechtsfolge (consensum . . . elicere non valent) standen unverbunden nebeneinander. Can. 296 n. 1 SE75 versucht diese Verbindung dadurch zu schaffen, daß er die Unfähigkeit zur Konsensabgabe mit dem fehlenden Vernunftgebrauch begründet. Diese Formel ist aber doch wohl einerseits zu eng, andererseits nicht aussagekräftig genug.

aa) Eine Person ist nicht erst dann eheunfähig, wenn sie des Vernunftgebrauches gänzlich entbehrt, rationis usu caret. Bis zu diesem Maße der Beeinträchtigung der Geistesfähigkeiten durch einen psychischen Defekt gibt es noch viele Zwischenstadien, die für den Ehekonsens nicht unerheblich sind.

bb) Über eingeschränktere Formen der Beeinträchtigung der Geistesfähigkeit sagt die in can. 296 n. 1 SE75 verwendete Formel nichts. Wie sollen Störungen beurteilt werden, die den Vernunftgebrauch nicht beseitigen, sondern nur behindern? Die den Betroffenen nicht gänzlich der Fähigkeit zum Vernunftgebrauch berauben, sondern lediglich z.B. seine Erkenntnisfähigkeit auf einem bestimmten Gebiete ausschließen, etwa dem der Ehe? Ohne an die vorhandene Geistesfähigkeit den Maßstab des für die Ehe Erforderlichen anzulegen, wird eine Beurteilung in Fällen nicht vollständigen Fehlens des Vernunftgebrauches nicht möglich sein.

B) Eheführungsunfähigkeit

Der Text des can. 297 SE75 lautet:

„Sunt incapaces matrimonii contrahendi qui ob gravem anomaliam psychosexualem obligationes matrimonii essentiales assumere nequeunt.“ – „Unfähig zur Eheschließung sind die, die wegen einer schweren psychosexuellen Anomalie die wesentlichen Pflichten der Ehe nicht übernehmen können.“

---

[286] „Qui ob morbum mentis vel ob defectum discretionis consensum matrimonialem elicere non valent incapaces sunt matrimonii contrahendi.“

Mit can. 297 SE75 soll die Fallgruppe in eine gesetzliche Norm gefaßt werden, die in der Rechtsprechung zu den Befunden Nymphomanie, Satyriasis, Homophilie etc. erarbeitet wurde[287], und die wir unter dem Begriff der Eheführungsunfähigkeit abstrakt formuliert haben. Der Text der CIC-Reform-Kommission entspricht in einigen Punkten dem gegenwärtigen Stand der kanonistischen Diskussion, doch läßt er noch einige Wünsche offen.

a) Die Formulierung, daß zur Ehe unfähig sei, wer die wesentlichen Pflichten der Ehe nicht *übernehmen* könne, ist das Ergebnis der bisherigen Literatur und Rechtsprechung zur Sache. Die Formulierung ist, wie oben[288] gezeigt wurde, ungenau und irreführend. Springender Punkt des rechtlichen Mechanismus der Ehenichtigkeit in diesen Fällen ist nicht die Unfähigkeit, die Ehepflichten zu übernehmen, sondern sie zu *erfüllen*. Ein Gesetz muß zuerst den Sachverhalt typisieren, dann die Rechtsfolge aussagen. Sachverhalt ist aber die zur Zeit der Eheschließung bestehende Unfähigkeit, die wesentliche Ehevertragspflicht zu erfüllen. Daß die Verpflichtung und mit ihr der Vertrag unwirksam bleibt, ist Rechtsfolge[289].

b) Gegen den angegebenen Grund für das Erfüllungsunvermögen, die anomalia psychosexualis, ist in der Literatur schon protestiert worden[290]. In der Tat gibt es keinen Grund dafür, psycho*sexuelle* Störungen als einzig mögliche Nichtigkeitsursache dieses Tatbestandes zu normieren. Es kommt darauf an,

---

287 Vgl. Communicationes 7(1975)49.

288 § 12, II 3b

289 In dem Text eines „can. 1081 bis“ mit zwei Paragraphen, den der Relator der Kommission vorgelegt hatte (Communicationes 7(1975)43), war formuliert: „Qui ab oneribus matrimonii essentialibus suscipiendis vel sustinendis animi defectu graviter praepediuntur.“ Hier kam der Gesichtspunkt des Erfüllungsunvermögens („sustinendis“) noch zum Ausdruck, wurde dann aber durch den Textvorschlag des Relators v. 13. Mai 1970 (ebd. 51) unterdrückt, der nur noch von „incapaces sint assumendi ipsas obligationes“ spricht. Zum Text des can. 297 SE75 schreibt *Bernhard* (L'incapacité 461): „Le projet de rédaction . . . ne contribue guère à clarifier le problème de l'incapacité morale (indépendamment même de l'expression *ob gravem anomaliam psychosexualem*): mieux eût valu à notre avis, envisager clairement le cas de ceux qui sont incapables de ***réaliser*** les obligations essentielles du mariage et ce **indépendamment** de l'incapacité de les *assumer*.“

290 Z. B. *Morrisey* (Legislation 353), *Navarrete* (Incapacitas 71), *Köster* (Psychische Eheunfähigkeit 102), *LaDue* (Erweiterung 484).

ob obligationes matrimonii essentiales unerfüllbar sind oder nicht. Wenn solche Pflichten immer sexuell bestimmt wären, wenn nur psychosexuelle Störungen ihre Erfüllung unmöglich machen könnten, dann könnte die Einschränkung der Ursache auf psychosexuelle Anomalien als Tautologie entfallen. Gibt es aber wesentliche nicht-sexuelle Ehepflichten[291], gibt es psychische nicht-sexuelle Anomalien, die sie unerfüllbar machen, dann ist ihre Nichtberücksichtigung durch die vorgenommene Beschränkung der Ursache ungerechtfertigt. Es blieben dann Fälle naturrechtlicher Nichtigkeit neben dem Gesetz stehen, die schon bekannt waren, als es geschaffen wurde, die aber dennoch nicht mitgeregelt wurden[292].

c) So wie das Wort „gravis“ im Text gebraucht ist, erfüllt es keine Funktion zur Beschreibung des Tatbestandes. Eingeführt wurde das Wort durch den Textvorschlag des Relators vom 13. Mai 1970, aber in ganz anderem Sinne: die sexuelle Anomalie sollte *so* schwer sein müssen, daß sie den Kontrahenten moralisch unfähig macht zur Übernahme seiner Verpflichtungen: „. . . qui talem gravem anomaliam sexualem patiuntur ut moraliter incapaces sint . . .“. In dieser Verwendung hatte das Wort „gravis“ noch eine Funktion: es unterschied die Störungen, die so schwer sind, daß sie eine Unfähigkeit bewirken, von denen, bei denen das nicht der Fall ist.

Im jetzigen absoluten Gebrauch hat das Wort „gravis“ keine Funktion. Für die Feststellung, ob eine Person unfähig ist, kommt es nicht darauf an, ob ihre psychische Störung schwer ist, sondern ob sie zur Erfüllung von Ehepflichten unfähig macht. Ob jede Störung, die unfähig macht, auch gleichzeitig als schwer bezeichnet werden kann, kann dahinstehen. Wie dargelegt wurde[293], ist die Fähigkeit zur Erfüllung von Ehepflichten ausschlaggebend, nicht die Schwere der verursachenden Anomalie.

---

291 *Lefebvre* (Évolution 354) hält es für unbezweifelbar, daß es außer den Fällen schwerer psycho-sexueller Störungen andere Fälle moralischer Impotenz, wie er sich ausdrückt, gebe, so etwa Charakterkonflikte auf neurotischer Basis.

292 Die Beschränkung der positiven Norm auf die Fälle psycho-sexueller Anomalien bringt auch Gefahren mit sich. So sagt Di Felice in einer SRRDec v. 8. März 1973 (in: Monitor 101(1976)85-91, hier 88) unter Betonung, daß die Problematik des Erfüllungsunvermögens eine quaestio de iure condendo sei, die Codex-Reform-Kommission habe nur das Erfüllungsunvermögen aus schwerer psycho-sexueller Anomalie ausformuliert. Er folgert: „Non igitur praevidetur statuere in nova lege nullitatem matrimonii ob incapacitatem assumendi obligationes communis vitae coniugalis.“ Hier wird also die Beschränkung des Entwurfs auf die psycho-sexuellen Anomalien bereits als Argument gegen die Nichtigkeitswirkung eines Unvermögens gebraucht, das sich auf andere Ehemerkmale als das ius in corpus bezieht.

293 § 12, II 4a

d) Die Eheführungsunfähigkeit, die Unmöglichkeit, wesentliche Pflichten der Ehe zu erfüllen, ist nach dem Ergebnis der obenstehenden Untersuchungen ein Ehehindernis[294]. Von daher muß der Einordnung des can. 297 SE75 unter die Normen über den Ehekonsens widersprochen werden. Bereits die richtige Feststellung dieses Canons, solcherweise Betroffene seien „incapaces matrimonii contrahendi", weist darauf hin, daß es sich hier um eine Ehehindernis handelt, das in einer persönlichen Befindlichkeit des Kontrahenten gründet. Die vom Relator der Kommission gegebene Begründung, das Erfüllungsunvermögen bei den Konsensmängeln einzuordnen statt unter dem Namen der moralischen Impotenz bei den Ehehindernissen, um nämlich Konfusion mit der psychischen Impotenz zu vermeiden[295], beruht auf einer vordergründigen Sicht der Dinge. Weder muß man von „moralischer Impotenz" sprechen, noch muß die Nähe zur psychischen Impotenz vermieden werden. Nach den oben getroffenen Feststellungen, daß die psychische Impotenz gerade ein Fall der incapacitas adimplendi obligationes matrimonii essentiales ex anomalia psychosexuali ist[296], kann das Argument der Kommission nicht aufrechterhalten werden. Can. 297 sollte daher zu den Ehehindernissen gezogen werden.

II. Alternativvorschlag

Der Tatbestand der Eheführungsunfähigkeit könnte unter Beachtung der Formulierungen des can. 297 des Entwurfs der Kommission wie folgt gefaßt werden:

„Incapax est matrimonii contrahendi qui tempore matrimonii celebrationis ob psychicam anomaliam obligationem matrimonii essentialem adimplere nequit." – „Unfähig zur Eheschließung ist, wer zur Zeit der Eheschließung

---

[294] Vgl. § 19.

[295] Communicationes 3(1971)77. Pieter *Huizing* hat sich bei einem Kolloquium in Straßburg 1971 in anderem Sinne geäußert. Er hat über die „moralische Impotenz" gesagt: „ Une fois de plus, une nouvelle figure juridique est enfermée dans une catégorie existante où elle n'est pas à sa place. Un défaut de consentement, comme acte humain, est ou bien un défaut de la part de l'intellect au bien de la part de la volonté, ou de toux les deux ensemble. La nymphomane n'est pas incapable de connaître et de comprendre ce que le mariage est, et c'est bien possible qu'elle veut sincèrement l'union exclusive et indissoluble avec un seul homme." (La dissolution du mariage depuis le Concile de Trente, in: RevDroitCan 21(1971)126-145, hier 144).

[296] Vgl. § 13.

wegen einer psychischen Störung eine der Ehe wesentliche Verpflichtung nicht erfüllen kann."

a) Die Klarstellung des entscheidungserheblichen Zeitpunktes ist hier wichtig, damit Fehlinterpretationen vermieden werden. Sie liegen nahe, weil die Eheführungsunfähigkeit sich nicht in einem Fehler des Eheschließungsaktes zeigt, sondern in einem Versagen bei der Eheführung. Der Schluß von der Ehegeschichte auf die Ehegültigkeit ist aber unerlaubt, wenn nicht im Zeitpunkt der Eheschließung die psychische Störung vorlag. Ferner ist klargestellt, daß es *nur* auf den Eheschließungszeitpunkt ankommt, nicht auf eine Prognose für die Zukunft. Damit ist die Heilbarkeitsfrage ausgeschieden.

b) Die Einschränkung des can. 297 SE75 auf die psycho*sexuellen* Anomalien als mögliche Ursache der Eheführungsunfähigkeit wird nicht übernommen. Sie entspricht nicht der tatsächlichen und rechtlichen Wirklichkeit.

c) Der Entwurf des can. 297 SE75 spricht von den Ehepflichten im Plural. Das ist nicht zweckmäßig. Die Ehe ist nichtig, wenn *eine* dem Ehevertrag wesentliche Pflicht nicht erfüllt werden kann. Betrifft die Unfähigkeit mehrere Pflichten, so vervielfältigt sich genaugenommen das Hindernis bzw. der Nichtigkeitsgrund. Die Fassung der Ehepflicht im Singular zwingt außerdem dazu, die unerfüllbare Ehepflicht namhaft zu machen und nicht im Nichtigkeitsurteil von der Feststellung einer psychischen Störung unmittelbar auf die Unfähigkeit zur Eheführung im allgemeinen überzuspringen.

d) Ausschlaggebender Sachverhalt der Eheführungsunfähigkeit ist die Unfähigkeit, eine wesentliche Ehepflicht zu *erfüllen*. Daher wird in unserem Vorschlag das Wort „assumere" durch „adimplere" ersetzt, die rechtsfolgernde Aussage durch die Beschreibung des Sachverhalts. Die Begründung, warum die Unfähigkeit zur Erfüllung die Rechtsunwirksamkeit der Verpflichtung herbeiführt, kann den Lehrbüchern überlassen werden.

C) Ergebnis

Bei der Betrachtung des Protokolls über die Arbeit der CIC-Reform-Kommission[297] stellt sich heraus, daß in den Beiträgen der Konsultoren und auch

[297] Siehe oben Anm. 269.

in Zwischenentwürfen des Relators viele Gesichtspunkte eine Rolle spielen, die in dem veröffentlichten Arbeitsergebnis, dem SE75, nicht mehr erscheinen. Bedenkt man, daß die cann. 296 n. 1 und 297 nicht den breiten Konsens der Konsultoren wiedergeben, sondern bloß einen Minimalkompromiß darstellen, den kleinsten Nenner, auf den sich die auseinandergehenden Meinungen zurückführen ließen, dann darf man den Stand der Arbeiten am künftigen Text der Gesetzesnorm als noch offen bezeichnen. Vielleicht kann die vorstehende Untersuchung dazu beitragen, in einigen Einzelfragen Klarheit und Einigung zu schaffen.

ABKÜRZUNGEN

AAS	Acta Apostolicae Sedis, Commentarium Officiale, Rom seit 1919
AfkKR	Archiv für katholisches Kirchenrecht, hrsgg. im Kanonistischen Institut der Universität München, Innsbruck/Mainz seit 1857
Apollinaris	Apollinaris, Commentarius iuridico-canonicus, hrsgg. vom Institutum Utriusque Iuris Pontificiae Universitatis Lateranensis, Rom seit 1928
can., cann.	canon, canones
CIC	Codex Iuris Canonici, Rom 1917
Communicationes	Communicationes, hrsgg. von der Pontificia Commissio Codici Iuris Canonici Recognoscendo, Rom seit 1969
CorpIC	Corpus Iuris Canonici (siehe im Literaturverzeichnis unter: Friedberg, *Corpus Iuris Canonici*)
Dec.	Decisio
DirEccl	Il Diritto Ecclesiastico, Mailand seit 1890
EphIC	Ephemerides Iuris Canonici, Rom seit 1945
EPO	Eheprozeßordnung = Instructio servanda a tribunalibus dioecesanis in pertractandis causis de nullitate matrimoniorum, edita die 15 Augusti 1936, AAS 28(1936)313-361
Jurist	The Jurist, Studies in Church Law and Ministry, Hrsg: The Catholic University of America, Washington DC. seit 1941
Monitor	Monitor Ecclesiasticus, Neapel seit 1876
Periodica	Periodica de re morali liturgica canonica, Rom seit 1941
RevDroitCan	Revue de Droit Canonique, Straßburg seit 1951
RevEspDerCan	Revista Espanola de Derecho Canonico, Salamanca seit 1946
SE75	Sakramentenrechtsentwurf 1975: Schema Documenti Pontificii quo Disciplina Canonica de Sacramentis recognoscitur, Vatikan 1975.
SRRDec	Sacrae Romanae Rotae Decisio (Erläuterung: Urteile, die in der amtlichen Entscheidungssammlung der Rota – Decisiones seu Sententiae, Vatikan seit 1909 – abgedruckt sind, werden unter Angabe der Band-Nummer zitiert. Bei den übrigen Urteilen der Rota ist die jeweilige Zeitschrift angegeben.)
StC	Studia Canonica, Revue Canadienne de Droit Canonique, Ottawa seit 1967

VERZEICHNIS DER ABGEKÜRZT ZITIERTEN LITERATUR

Im nachfolgenden Verzeichnis sind die in den Anmerkungen abgekürzt zitierten Werke in der Weise angegeben, daß das Stichwort aus dem Titel, das in den Anmerkungen dem Namen des Autors beigegeben ist, *kursiv* wiedergegeben wird. Die in Klammern angefügten Anmerkungszahlen verweisen auf die Stellen, an denen das angegebene Werk verarbeitet ist.

Ahern, Maurice B., Psychological *Incapacity* for Marriage, in: StC 7(1973)227-251 (Anm. 21, 58, 60, 67, 70, 74, 94, 101, 112, 135, 152, 172, 178, 182, 207, 209, 221, 227, 255, 282)

d'Avack, Pietro Agostino, *Cause* di nullità e di divorzio nel diritto matrimoniale canonico, Bd. 1: Nuova edizione integralmente rinnovata, Florenz 1952 (Anm. 101)

Bartoloni, Massimiliano, Sulla *capacità* di intendere e di volere degli psicopatici, in: DirEccl 81(1970I)141-145 (Anm. 31, 33)

Bernhard, Jean, L'*incapacité* morale: incapacité à assumer ou à accomplir les obligations du mariage? in: Etudes de droit et d'histoire, Melanges Mgr. H. Wagnon, Louvain 1976, 455-472 (Anm. 152, 289)

– *Réflexion* critique sur l'incapacité morale, in: RevDroitCan 25(1975)274-286 (Anm. 150, 152, 246)

Boccafola, Kenneth A., The Requirement of *Perpetuity* for the Impediment of Impotence, Rom 1975 (Anm. 149, 162)

Bordeleau, Jean-Marc, *Homosexualité* et nullité du mariage, in: StC 2(1968)223-246 (Anm. 135)

Boulanger, Viateur, *Problèmes* matrimoniaux. La recherche actuelle des canonistes, Principales orientations, in: StC 7(1973)215-226 (Anm. 18, 52, 127, 189)

Brown, Ralph, *Immaturity* as an Impediment to Marriage, in: Theology Digest, St. Louis 18(1970)55-61 (Anm. 57, 265, 266)

– A Canonical Problem of Mental *Incompetence* in Marriage, in: Heythrop Journal, Heythrop-Oxford 10(1969)146-161 (Anm. 130, 175)

Caffarra, Carlo, *Charitas* coniugalis et consensus matrimonialis. Reflexiones ethico-theologicae, in: Periodica 65(1976)613-618 (Anm. 172)

Cuschieri, Andreas, *Morbus mentis* in iure matrimoniali canonico, in: RevEspDerCan 23(1968)111-155 (Anm. 16)

– *Paranoia*: Partial or Integral Insanity? In: Jurist 29(1969)416-423 (Anm. 16)

Daley, Roger, The *Distinction* Between the Lack of Due Discretion and the Inability to Fulfill the Obligations of Marriage, in: StC 9(1975)153-166 (Anm. 29)

Eysink, A. H., Is de *huwelijksliefde* rechts-theologisch relevant? In:- Bijdragen, Tijdschrift voor filosofie en theologie, Zevenaar 35(1974)65-81 (Anm. 172)

Fedele, Pio, A proposito delle *innovazioni* proposte dalla commissione per la revisione del C.I.C. in tema di consenso matrimoniale, in: L'Année Canonique, Paris 17(1973) 365-412 (Anm. 172, 182, 267)

Finnegan, John T., The *Capacity* to Marry, in: Jurist 29(1969)141-156 (Anm. 15, 132)

– The Current *Jurisprudence* Concerning the Psychopathic Personality, in: Jurist 27 (1967)440-453 (Anm. 135, 148, 149, 153, 155, 182, 191, 202)

Flatten, Heinrich, Die *Koppelung* der Klagegründe metus und simulatio im Ehenichtigkeitsurteil, in: Österreichisches Archiv für Kirchenrecht, Wien 10(1959)235-248 (Anm. 118)

– Der Ausschluß der ehelichen *Treuepflicht* im kanonischen Eheprozeß, in: Trierer Theologische Zeitschrift, Trier 60(1951)333-343 (Anm. 176, 212)

Friedberg, Emil (Hrsg.), *Corpus Iuris Canonici*, Bd. I: Decretum Gratiani, Bd. II: Decretalium Collectiones, Leipzig 1879/1881, Nachdrucke Leipzig 1922 und Graz 1955 (Anm. 70, 136)

Gasparri, Pietro, Tractatus canonicus *de matrimonio*, Rom 1932 (2. Auflage der Ausgabe ad mentem Codicis) (Anm. 71, 82, 162)

Groß, Karl, *Lehrbuch* des katholischen Kirchenrechts, Wien [4]1903 (Anm. 165)

de la Hera, *L'ordonnance* du mariage à ses fins, in: L'Année Canonique, Paris 17(1973) 555-568 (Anm. 172, 182)

Huizing, Peter, Some *Proposals* for the Formation of Matrimonial Law: Impediments, Consent, Form, in: The Heythrop Journal, Heythrop-Oxford 7(1966)161-182 (Anm. 264)

Jemolo, A.C., Il *matrimonio* nel diritto canonico, Mailand 1941, Nachdruck 1945 (Anm. 25)

Keating, John R., The *Bearing* of Mental Impairment on the Validity of Marriage (an analysis of rotal jurisprudence), Rom 1964 (Anm. 59, 79, 126, 148, 210, 211, 215)

– The *Caput Nullitatis* in Insanity Cases, in: Jurist 22(1962)391-411 (Anm. 125, 280)

– The *Legal Test* of Marital Insanity, in: StC 1(1967)21-36 (Anm. 40, 56, 62, 131, 144, 152, 154, 164, 185, 209, 226)

– Sociopathic *Personality*, in: Jurist 25(1965)429-438 (Anm. 103, 107)

– The *Province* of Law and the Province of Forensic Psychiatry in Marriage Nullity Trials, in: StC 4(1970)5-23 (Anm. 130)

Kelleher, Stephen J., Relative and Absolute *Incapacity* to Marry, in: Jurist 29(1969) 326-331 (Anm. 205)

Köster, Laurentius, *Psychische Eheunfähigkeit* als Nichtigkeitsgrund, in: Diaconia et Ius, Festgabe für Heinrich Flatten, München 1973, 79-104 (Anm. 17, 40, 144, 198, 199, 209, 211, 215, 226, 227, 290)

LaDue, William, Die *Erweiterung* der Kriterien für Fälle mangelnder Unterscheidungsfähigkeit, in: Concilium (deutsch) Mainz 9(1973)481-486 (Anm. 27, 290)
(Die englische Fassung findet sich in: Concilium (englisch) New York und London 9(1973)61-71.)

– Conjugal *Love* and the Juridical Structure of Christan Marriage, in: Jurist 34(1974) 36-67 (Anm. 42, 144, 156, 164, 172, 206, 226)

Lefebvre, Charles, L'*Évolution* actuelle de la jurisprudence matrimoniale, in: RevDroit Can 24(1974)350-375 (Anm. 44, 102, 135, 168, 180, 209, 253, 291)

– La *jurisprudence* rotale et l'incapacité d'assumer les obligations conjugales, in: Rev DroitCan 24(1974)376-386 (Anm. 5, 138, 147, 148, 172, 182, 190, 227, 253)

Lesage, Germain, The *Consortium vitae* conjugalis: nature and applications, in: StC 6 (1972)99-113 (Anm. 172, 207)

– Questions actuelles de *jurisprudence* matrimoniale, in: StC 5(1971)5-27 (Anm. 56, 68, 185, 227, 242)

– *Psychic Impotence*, a Defect of Consent, in: StC 4(1970)61-78 (Anm. 185, 248)

Lüdicke, Klaus, Die Rechtswirkungen der heilbaren *Impotenz*, Kan. Dissertation München 1977 (Anm. 116, 170, 193, 231, 235, 258). Gekürzter Abdruck in AfkKR 146(1977).

– Zur *Rechtsnatur* des Ehevertrages. Eine Auseinandersetzung mit der Vorstellung von „traditio et acceptatio iurium" als Inhalt des ehelichen Konsensaustausches, in: AfkKR 145(1976)152-163 (Anm. 160, 205)

McMahon, Heber, The *Role* of Psychiatric and Psychological Experts in Nullity Cases, in: StC 9(1975)63-75 (Anm. 148, 158)

Ménard, Pierre, The *Invalidating Force* of Homosexuality, in: StC 3(1969)5-21 (Anm. 148, 166, 182)

Morrisey, Francis G., The *Incapacity* of Entering into Marriage, in: StC 8(1974)5-21 (Anm. 5, 8, 35, 50, 80, 112, 151, 172, 206, 211, 241, 272)

– Preparing Ourselves for the New Marriage *Legislation*, in: Jurist 33(1973)343-357 (Anm. 35, 113, 173, 246, 271, 290)

Mörsdorf, Klaus, *Lehrbuch* des Kirchenrechtes, Paderborn Bd. I ^{11}1964, Bd. II ^{11}1967 (Anm. 45, 96, 117, 119, 167)

– Die *Rechtssprache* des Codex Iuris Canonici, Paderborn 1937 (Anm. 66)

– Zur Neuordnung der *Systematik* des Codex Iuris Canonici, in: AfkKR 137(1968)3-38 (Anm. 47, 244, 245)

Mosiek, Ulrich, Kirchliches *Eherecht*, Nachkonziliare Rechtslage und konzipierte Neufassung, Freiburg ^{3}1976 (Anm. 45)

– Neuestes aus der *Rechtsprechung* der S.R.Rota, in: Österreichisches Archiv für Kirchenrecht, Wien 26(1975)241-270 (Anm. 247)

Murtagh, Cyril, The Judicial Importance of „*Amor* Conjugalis", in: StC 7(1973)49-57 (derselbe Text mit anders angeordneten Fußnoten in: Jurist 33(1973)377-383; hier zitiert nach StC) (Anm. 48, 172, 192)

– The Jurisprudential *Approach* to the Consortium Vitae, in: StC 9(1975)309-323 (Anm. 158, 172, 180, 221)

– The *Consortium Vitae* and some Implications of the Jurisprudence on Verum Semen, in: StC 8(1974)123-132 (Anm. 182)

Navarrete, Urbanus, *Amor* coniugalis et consensus matrimonialis, in: Periodica 65(1976) 619-632 (Anm. 172)

– „*Incapacitas* assumendi onera" uti caput autonomum nullitatis matrimonii, in: Periodica 61(1972)47-80 (Anm. 40, 142, 143, 144, 148, 182, 227, 228, 253, 290)

– *Mutationes* et praevisae innovationes in iure matrimoniale, in: Prawo Kanoniczne, Kwartalnik Prawo-Historyczny, Warschau, 15(1972)3-17 (Anm. 113, 131, 141, 143, 144, 164, 192, 203, 226)

– *Structura* iuridica matrimonii secundum Concilium Vaticanum II, Rom o.J. (Anm. 172)

Ogorzaly, Stanley J., The *Law* in Psychological Inability Cases, in:Jurist 30(1970)103-106 (Anm. 14, 37, 149, 229)

Picard, Normand, L'*immaturité* et le consentement matrimonial, in: StC 9(1975)37-56 (Anm. 81)

Primetshofer, Bruno, Zur Frage der psychischen *Eheunfähigkeit*, in:RevDroitCan 24 (1974)203-222 (Anm. 5, 40, 148, 194)

Regatillo, Eduardus F., *Ius Sacramentarium*, Santander ²1949 (Anm. 26)

Reinhardt, Marion Justin, The Incidence of *Mental Disorder*, in: StC 6(1972)209-225 (Anm. 54, 207, 209)

Ritty, Charles J., Possible *Invalidity* of Marriage by Reason of Sexual Anomalies, in: Jurist 23(1963)394-422 (Anm. 16)

Russon, Gordon W., The *Assessment* of Personality Disorder in Marriage, in: StC 9 (1975)57-61 (Anm. 28, 186)

Sabattani, Aurelio, L'*Évolution* de la jurisprudence dans les causes de nullité de marriage pour incapacité psychique, in: StC 1(1967)143-161 (Anm. 10, 11, 12, 19, 20, 148)

Sanson, Robert J., *Jurisprudence* for Marriage, Based on Doctrine, in: StC 10(1976)5-36 (Anm. 172, 173, 180)

Scheuermann, Audomar, Die irrtümliche *Eheauffassung*, in: Österreichisches Archiv für Kirchenrecht 17(1966)168-186 (Anm. 85)

– Der *Ehewille* der Nichtkatholiken und der nichtpraktizierenden Katholiken, in: Österreichisches Archiv für Kirchenrecht 9(1958)104-122,198-218 und 269-287 (Anm. 85)

Schmalzgrueber, Franz, *Jus ecclesiasticum* universum, Rom 1843-1845 (Anm. 82)

Schmitz, Heribert, Die *Gesetzessystematik* des Codex Iuris Canonici, Lib. I-III, München 1963 (Anm. 245)

Szentirmai, A., *De consensu* matrimoniali ob ebrietatem nullo, in: Periodica 44(1955) 369-384 (Anm. 103)

Villeggiante, Sebastiano, L'*incapacità* psicologica come causa di nullità del matrimonio in diritto canonico. Estratto da: Studi di diritto canonico in onore di Marcello Magliocchetti Bd. III (eigenständige Seitenzählung), Rom 1974 (Anm. 18, 26, 51, 57, 92, 102, 160, 164)

Wrenn, Lawrence G., Marriage and *Cohabitation*, in: Jurist 27(1967)85-89 (Anm. 180)

– Invalid *Convalidations*, in: Jurist 32(1972)253-265 (Anm. 260)

– Updating the *Law* on Marriage, in: Jurist 27(1967)267-282 (Anm. 126)

– An *Outline* of a Jurisprudence on Sociopathy, in: Jurist 28(1968)470-485 (Anm. 16, 131, 210)

Zapp, Hartmut, Die *Geisteskrankheit* in der Ehekonsenslehre des Thomas Sanchez, Köln und Wien 1971 (Anm. 123)

– *Incapacitas* im Sinne von Erfüllungsunvermögen des Ehevertrages – ein neuer Ehenichtigkeitsgrund? In: AfkKR 141(1972)449-482 (Anm. 7, 9, 40, 68, 74, 88, 123, 138, 194, 196)

VERZEICHNIS DER ZITIERTEN URTEILE

Die in Klammern angegebenen Anmerkungszahlen verweisen auf die Stellen, an denen das jeweilige Urteil verarbeitet ist.

1. Apostolische Signatur

5. Dezember 1972 c. Staffa, Prot.N. 3196/72, in: Apollinaris 46(1973)281-292 und in: Periodica 62(1973)567-580 (Anm. 39, 151, 180, 209)

29. November 1975 c. Staffa in: Apollinaris 49(1976)31-48 und in: Periodica 66(1977) 297-325 (Anm. 44, 172, 201, 221)

2. Sacra Romana Rota

28. Juli 1928 c. Massimi Bd. 20(1928)317-322 (Anm. 87, 90)
28. Januar 1929 c. Manucci Bd. 21(1929)59-64 (Anm. 109)
20. Mai 1930 c. Quattrocolo Bd. 22(1930)282-296 (Anm. 176)
10. Juli 1931 c. Massimi Bd. 23(1931)273-279 (Anm. 95)
8. August 1931 c. Manucci Bd. 23(1931)371-378 (Anm. 61)
11. Dezember 1937 c. Jullien Bd. 29(1937)733-740 (Anm. 106)
25. Februar 1941 c. Wynen Bd. 33(1941)144-168 (Anm. 59, 67, 73, 77)
5. Juni 1941 c. Heard Bd. 33(1941)488-496 (Anm. 32, 213, 247)
16. Oktober 1942 c. Jullien Bd. 34(1942)775-781 (Anm. 135)
16. Juni 1943 c. Quattrocolo Bd. 35(1943)431-451 (Anm. 87)
16. Juli 1943 c. Canestri Bd. 35(1943)594-612 (Anm. 30)
7. März 1946 c. Wynen Bd. 38(1946)129-142 (Anm. 86)
27. Juli 1949 c. Mattioli Bd. 41(1949)429-435 (Anm. 218)
30. Januar 1954 c. Heard Bd. 46(1954)82-86 (Anm. 148)
6. November 1956 c. Mattioli Bd. 48(1956)871-878 (Anm. 101, 148, 273)
17. Mai 1957 c. Staffa Bd. 49(1957)426-430 (Anm. 70, 72)
21. Juni 1957 c. Sabattani Bd. 49(1957)500-513 (Anm. 5, 247)
28. November 1957 c. Mattioli Bd. 49(1957)773-780 (Anm. 148, 197)
3. Dezember 1957 c. Felici Bd. 49(1957)787-796 (Anm. 70, 78)
26. April 1958 c. Lefebvre Bd. 50(1958)277-281 (Anm. 194)
8. Juli 1958 c. Pasquazi Bd. 50(1958)426-435 (Anm. 89, 125)
19. Dezember 1959 c. Lefebvre Bd. 51(1959)609-614 (Anm. 194)
24. Februar 1961 c. Sabattani Bd. 53(1961)116-132 (Anm. 50, 57)
24. März 1961 c. Sabattani Bd. 53(1961)155-169 (Anm. 91)
16. Mai 1961 c. Fiore Bd. 53(1961)232-240 (Anm. 61, 69)

25. November 1961 c. Anné Bd. 53(1961)561-571 (Anm. 16)
19. Dezember 1961 c. De Jorio Bd. 53(1961)610-620 (Anm. 68)
20. Dezember 1962 c. Mattioli Bd. 54(1962)706-725 (Anm. 51, 283)
4. April 1963 c. Pinna Bd. 55(1963)256-271 (Anm. 247)
15. November 1965 c. Bonet Bd. 57(1965)827-832 (Anm. 100)
4. April 1966 c. Mattioli Bd. 58(1966)209-222 (Anm. 283)
17. Januar 1967 c. Anné Bd. 59(1967)23-36 (Anm. 5, 39 sekundär, 213, 227, 247, 253)
6. Juli 1967 c. Lefebvre Bd. 59(1967)553-561 (Anm. 75)
8. Juli 1967 c. Lefebvre Bd. 59(1967)562-570 (Anm. 283)
2. Dezember 1967 c. Lefebvre Bd. 59(1967)798-807 (Anm. 159, 182, 197, 223)
11. Dezember 1967 c. Bonet (Anm. 51 sekundär)
16. Juli 1968 c. Anné in: Monitor 94(1969)408-416 (Anm. 187)
4. Mai 1968 c. Lefebvre (Anm. 102 sekundär)
30. November 1968 c. Fiore in: EphIC 26(1970)197-208 (Anm. 172)
25. Februar 1969 c. Anné in: DirEccl 81(1970II)219-234, sowie in: Monitor 96(1971)21-39 und in: EphIC 26(1970)419-442 (Anm. 144, 156, 164, 172, 181, 206, 248)
30. Juli 1969 c. Pinto in: Monitor 96(1971)510-514 (Anm. 172)
17. Januar 1970 c. Lefevbre in: Monitor 98(1973)181-188 (Anm. 102 sekundär, 274)
23. Januar 1970 c. Fagiolo in: EphIC 27(1971)147-151 (Anm. 247, 262)
19. Dezember 1970 c. Filipiak Prot.N. 255/70 (Anm. 92 sekundär, 102 sekundär, 111 sekundär)
18. März 1971 c. Pinto in: Periodica 61(1972)439-445 (Anm. 39 sekundär, 209, 224)
21. April 1971 c. Masala in: Monitor 97(1972)49-73 (Anm. 97, 247)
23. Juni 1971 c. De Jorio in: DirEccl 82(1971II)198-201 (Anm. 187)
15. Januar 1972 c. Lefebvre in: EphIC 28(1972)319-324 (Anm. 213)
13. Mai 1972 c. Ewers in: DirEccl 83(1972II)219-221 (Anm. 63)
27. Mai 1972 c. Ewers in: Monitor 98(1973)208-217 (Anm. 51)
25. Oktober 1972 c. Bejan in: RevDroitCan 24(1974)72-87 (Anm. 102)
26. Oktober 1972 c. Anné in: EphIC 29(1973)109-117 (Anm. 105)
2. Dezember 1972 c. Ewers in: Monitor 98(1973)235-243 (Anm. 99)
3. Februar 1973 c. Anné (Anm. 182 sekundär)
8. März 1973 c. Di Felice in: Monitor 101(1976)85-91 (Anm. 36, 262, 292)
5. April 1973 c. Serrano in: RevEspDerCan 30(1974)107-128 (Anm. 134, 177, 230)
9. Juni 1973 c. Di Felice in: Monitor 99(1974)197-205 (Anm. 57)
4. Februar 1974 c. Pinto in: Monitor 100(1975)106-115 (Anm. 63)
12. März 1975 c. Masala in: EphIC 32(1976)271-279 (Anm. 172)
17. Januar 1976 c. Di Felice in: EphIC 32(1976)284-285 (Anm. 197)
31. Januar 1976 c. Lefebvre in: EphIC 32(1976)285-287 (Anm. 224)

3. Andere Gerichte

13. Mai 1965 Vicariatus Urbis c. Said in: Monitor 93(1968)306-314 (Anm. 55)
9. Januar 1968 Quebec c. Grenier in: Monitor 93(1968)179-185 (Anm. 104)
9. April 1969 Ottawa c. Latrémouille in: StC 3(1969)153-163 (Anm. 34, 168)

8. August 1969 Hartford in: Jurist 29(1969)451-456 (Anm. 216)

2. Oktober 1970 Quebec c. Grenier in: StC 4(1970)315-320 (Anm. 55)

4. April 1974 c. Latrémouille in: StC 8(1974)191-197 (Anm. 16)

29. Mai 1974 Portsmouth c. O'Ryan in: StC 8(1974)433-438 (Anm. 182)

28. Oktober 1974 Ottawa c. Latrémouille in: StC 8(1974)449-453 (Anm. 64, 169, 262)

19. März 1975 Paterson c. Tierney in: StC 9(1975)178-184 (Anm. 207)

11. Juni 1975 Quebec c. Morrisey in: StC 9(1975)184-187 (Anm. 150, 157)

c. Provost in: Jurist 33(1973)418-428 (Anm. 25, 133, 184, 204, 209)

Brooklyn c. Besendorfer in: StC 8(1974)443-449 (Anm. 159, 205)